本书获中国农业农村部"全球渔业资源调查监测评估专项"
"上海高水平地方高校建设"项目资助

全球最新北极战略及政策汇编
（2019—2023）

Compilation of Latest Global Arctic Strategies and Policies
（2019-2023）

邹磊磊　编译

中国海洋大学出版社
· 青岛 ·

图书在版编目（CIP）数据

全球最新北极战略及政策汇编：2019—2023/邹磊
磊编译．-- 青岛：中国海洋大学出版社，2024.12.
ISBN 978-7-5670-3961-2

Ⅰ.D5

中国国家版本馆 CIP 数据核字第 2024H7R028 号

全球最新北极战略及政策汇编（2019—2023）

QUANQIU ZUIXIN BEIJI ZHANLUE JI ZHENGCE HUIBIAN（2019-2023）

出版发行	中国海洋大学出版社		
社　　址	青岛市香港东路 23 号	邮政编码	266071
出 版 人	刘文菁		
网　　址	http://pub.ouc.edu.cn		
订购电话	0532-82032573（传真）		
责任编辑	杨亦飞	电　　话	0532-85902533
印　　制	青岛国彩印刷股份有限公司		
版　　次	2024 年 12 月第 1 版		
印　　次	2024 年 12 月第 1 次印刷		
成品尺寸	170 mm × 240 mm		
印　　张	14.5		
字　　数	245 千		
印　　数	1—1 000		
定　　价	59.00 元		

发现印装质量问题，请致电 0532-58700166，由印刷厂负责调换。

FOREWORD 前言

　　我的专业是海洋环境保护与治理。我从 2011 年开始关注北极研究，最初仅关注北极海洋生物资源养护和管理。随着不断学习以及与其他学者交流，我发现北极研究具有跨专业特点，因为任何北极事务均和北极地缘政治、国际关系、经济、文化、法律等问题息息相关。以北极北冰洋中央海域渔业管理研究为例，研究者不仅需要熟悉渔业管理相关的框架法律——《联合国海洋法公约》，还要熟悉北极国家之间、北极与非北极国家之间开展渔业谈判时的博弈，也需关注北极原住民知识、北极外渔业管理知识对北极渔业管理的重要性。随着国家管辖外海洋生物多样性谈判的深入，研究者还需关注该谈判下达成的《国家管辖外海域生物多样性养护和可持续利用协定》对未来北极渔业管理的影响。若从地缘政治、国际关系、管理等视角分析北极问题，除了要考虑全球政治、经济、文化的大背景，还要考虑各相关国家针对北极制定的相关战略与政策，因为这是无形的指挥棒，引导着各国的北极理念和行动。得益于网络信息的公开，国内的北极研究者能很方便地获得相关国家发布的北极战略与政策文件，但是，由于语言的限制及相关国家更新文件的步伐不一致，学者需耗费大量的精力跟进这些文件。为了能为国内的北极研究者提供系统并全新的全球北极战略与政策信息，我着手本书的编译工作。

　　本书覆盖了 2019 年至 2023 年全球发布的大部分北极战略与政策：不仅涉及北极理事会、欧盟等论坛或组织所发布的重要宣言和计划，也涉及 10 个国家所发布的相关文件；既包括美国、俄罗斯等重要北极国家，也包括德国、法国、英国、荷兰、印度等非北极国家；既有各国对过去北极工作的回顾，也有对未来工作的展望；既有各国政府发布的全面战略与政策文件，也有各国相关部门（如外交部、国防部、能源部)发布的针对性文件。希望本书能为相关的北极研究者提供一站式的北极战略与政策信息服务。

我具有英语语言、海洋管理的跨学科教育背景，得益于此，近几年我专注于国别与区域学的科研和学科建设工作，带领着一支英语语言、国际法、海洋管理、渔业管理的跨专业教师和学生团队，探索着英语特色海洋人才、海洋特色英语人才的培养之路，也试图开创海洋视角下的国别与区域学，为上海海洋大学外国语学院的特色人才培养、跨学科科研创新献出绵薄之力。感谢我所带领的团队为本书的编译所给予的帮助，也感谢中国农业农村部全球渔业资源调查监测评估专项、上海高水平地方高校建设项目对本书出版的资助。

在编译本书的过程中，一些国家陆续发布或更新了本国的北极战略与政策文件，鉴于本书体量有限，未来我将致力于编译另外一些国家的重要文件并出版。

由于编译材料繁杂，书中难免有不当之处，敬请批评指正。

邹磊磊

2023 年 10 月 31 日

CONTENTS 目录

2021 年第十二届
北极理事会部长级会议雷克雅未克宣言①

发布时间:2021 年 5 月

发布者:北极理事会

  第十二届北极理事会(Arctic Council)部长级会议在冰岛雷克雅未克(Reykjavik)召开,与会者包括来自北极八国的部长及来自理事会的六个永久参与方(Permanent Participants)的代表。会议标志着冰岛第二次担任北极理事会主席任期的结束。

  会议重申希望建设一个和平、稳定且维持建设性合作的北极的承诺。

  会议庆祝北极理事会成立 25 周年,以及致力于实现北极地区可持续发展及北极环境保护方面所取得的进展;强调北极理事会作为北极最高级别合作论坛应发挥的作用;重申应致力于进一步发展北极理事会,并为其工作提供战略指导。

  会议认识到北极各国以及永久参与方在应对新挑战、新机遇时展现出的合作力量;强调各方在促进北极地区及北极事务负责任治理时占据的独特地位。

  会议强调实现《巴黎协定》("Paris Agreement")设定的目标的重要性;借此呼吁《巴黎协定》所有缔约方,包括北极国家和北极理事会观察员国,按照《巴黎协定》设定的目标,执行、加强国家自主贡献,并采取其他措施。

  会议注意到个人及社会在北极理事会工作中发挥的关键作用;重申北极居民的福祉是北极理事会工作的核心;认识到北极社会、文化和经济的多样性;承认毁灭性的流行性疾病所带来的影响。

---

① 本文编译于 "Reykjavik Declaration 2021 on the Occasion of the Twelfth Ministerial Meeting of the Arctic Council"。

会议认识到原住民享有的权利、其特殊的生存环境，以及北极理事会永久参与方所发挥的独特作用；注意到《联合国土著人民权利宣言》（"United Nations Declaration on the Rights of Indigenous Peoples"）在北极地区发挥的作用。

会议注意到，受环境变化及其他因素的影响，北极更易被接近，这为新的以及不断扩展的经济活动提供了更多机遇；重申经济活动应当是透明且可持续的；强调采用缓解气候变化的方法，如向低排放、节能的方式转型，以促进可持续就业岗位的创造。

会议承认北极独特的生物多样性；关切气候变化及其他压力对北极生态系统造成的严重威胁；重申北极环境保护的承诺。

会议强调加强并可持续开展北极科学考察以及长期观察的重要性；注意到科学数据、传统知识及本土知识是北极决策及北极理事会工作的信息基础。

会议赞赏在疫情紧迫的环境中，作为主席国，冰岛带领北极理事会的下属机构完成的全面且高质量的工作。

会议重申联合国可持续发展目标（United Nations Sustainable Development Goals）的重要性以及在 2030 年前采取有效措施的必要性。

特此，会议做出以下宣言。

一、北极人民及社区

（1）重申北极理事会支持在促进建立安全、健康的北极社区以及提升北极居民福祉方面开展合作；认识到气候变化对北极造成的影响越来越大；关切新冠疫情对北极社区的影响；支持北极理事会就疫情对北极造成的影响进行评估及为应对疫情做出的努力；鼓励进一步采取措施，提高北极社区的能力，以应对未来的全球性健康挑战及北极地区面临的其他重大生命健康威胁。

（2）基于致死性疾病的突发，如感染新冠病毒的教训，认识到人类健康、动物及环境之间的内在联系；支持持续推进"北极——共享健康"项目，建立环北极的北极健康专家网（Circumpolar Networks of Arctic Health Experts）；重申支持北极地区的心理健康保护和自杀防护；注意到在减少持续性有机污染物（Persistent Organic Pollutants）、重金属及其他有毒物质污染方面取得的进步；支持发布《俄罗斯快速环境评估示范项目》（"Rapid Environmental Assessment

Demonstration Project in Russia")报告,该报告分析了农药存储设备对人类及环境造成的威胁;鼓励在此领域继续开展工作。

(3)关切到尽管北极原住民体内多种污染物含量持续下降,但他们仍然是全球最有可能接触到积累在传统维生食物中污染物的人;重申北极理事会继续支持研究新型的、不断出现但受管制的污染物;敦促北极各国查阅参考近期有关持续性有机污染物、汞及人类健康和污染物及其建议的报告;呼吁大力落实《斯德哥尔摩公约》("Stockholm Convention")和《水俣公约》("Minamata Convention")中规定的举措,尽可能减少持续性有机污染物及汞的排放。

(4)强调北极理事会的核心角色之一就是理解并解决北极偏远社区的需求及挑战;支持落实《基于社区的炭黑及公共健康评估》("Community-Based Black Carbon and Public Health Assessment"),这有助于减少因烹饪、取暖以及能源加工所造成的炭黑排放;注意加大力度减少北极偏远社区及原住民社区的污染物排放,从而为共同的环境保护和气候变化应对贡献力量。

(5)认识到清洁、安全的能源对于未来北极社区的复原力十分重要;强调持续推进北极远程能源网络研究院(Arctic Remote Energy Networks Academy)的工作;强调在北极社区提倡使用可持续、价格合宜且可靠的清洁能源的重要性;鼓励进一步推动北极使用创新性的可再生能源解决方案并加强相关能力建设,以对抗气候变化。

(6)认识到加强危机预防、准备以及应对措施,以减缓危机对北极居民及北极环境造成的负面影响的重要性;支持持续采取行动以确保《北极海洋油污预防与应对合作协议》("Agreement on Marine Oil Pollution Preparedness and Response in the Arctic")及《北极海空搜救合作协定》("Agreement on Cooperation on Aeronautical and Maritime Search and Rescue in the Arctic")的落实;认识到北极地区遭遇野火的可能性正在增加;认可针对这一严峻挑战而持续加强的环北极合作;鼓励采取行动,使可持续发展活动的推进能够抵消气候变化、人为灾害及自然灾害带来的不断变化的影响。

(7)认可就核放射性物质泄露的意外事故及威胁而合作开展的准备及应对方面的知识、经验分享;支持冰岛任轮值主席国期间推进建立的辐射问题专家小组,专家小组可检测包括核废料在内的相关风险并提出缓解措施。

(8)赞赏在发展和壮大环极地地方环境观察网络(Circumpolar Local

Environmental Observer Network）方面取得的进展，及其参与度的不断提高；认识到其在能力建设及知识共享上呈现出的价值，如在原住民及当地青年中间开展的能力建设和知识共享；希望该项目能够得到进一步支持。

（9）强调性别平等及尊重北极可持续发展多样性的重要性，支持发布《泛北极报告——北极性别平等（第三阶段）》（"Pan-Arctic Report, Gender Equality in the Arctic, Phase 3"）；鼓励在北极理事会工作中主要采用基于性别的分析方法；呼吁在北极进一步采取行动，以促进性别平等。

（10）认识到推动北极青年参与国际合作的重要性；支持由北极理事会下属机构提出的青年参与倡议；鼓励高级北极官员继续寻求实用且创新的方法支持青年的跨境合作，并增强其对北极事务的兴趣。

（11）支持联合国启动"国际土著语言十年（2022—2032 年）（International Decade of Indigenous Languages, 2022-2032）"项目；强调北极各土著语言及知识之间存在明显联系；鼓励举办活动，以帮助讲土著语言的人，传承并加强土著语言的使用；支持"北极原住民语言学及文化遗产数字化"（Digitalization of Linguistic and Cultural Heritage of Indigenous Peoples of the Arctic）项目。

二、可持续的经济发展

（12）重申保持并进一步增强北极活力的必要性，以保障北极居民能够寻求就业机会，并增强经济社会福祉。

（13）重申理解不断发展的北极经济的独特性及多样性的重要性；承认原住民商业活动及传统生计手段在北极经济中发挥的重要作用；支持发布第四册《北部经济 2020》（"Economy of the North-ECONOR 2020"）报告；鼓励高级北极官员继续采取行动，保持并增强北极社区的经济多样性。

（14）重申北极进一步发展可持续经济并促进经济增长的重要性；承认北极负责任的资源管理及可持续经济发展对该地区生计所发挥的作用；支持与其他利益攸关方合作，采用具体的方法进一步推动可持续的经济活动；鼓励创新和企业家精神。

（15）适度强调对具有复原力的基础设施进行负责任、低排放以及可持续投资和开发的重要性。例如，增强能源、互联互通及交通网络建设，以造福北极社区，帮助北极居民更方便地享用相关公共服务；认识到与私营部门合作的重要性,以促进向低排放经济转型;鼓励在考量对生物多样性及传统土地使用的影响后,在涉及公共利益及能力建设的问题上开展合作。

(16)支持北极食物创新团队的工作;支持本土食物的生产;强调北极粮食安全的重要性,加强北极地区在全球食品可持续生产中发挥的作用。

(17)承认维持北极海洋生物资源可持续发展的重要性;支持发布《北极地区的蓝色生物经济》("Blue Bioeconomy in the Arctic Region")报告;强调通过可持续管理及负责任利用北极海洋生物资源,可以使北极经济发展具有巨大潜力;鼓励北极各国适当促进蓝色生物经济的可持续发展。

(18)认识到增加北极就业机会及提高居民生活水平的必要性;承认支持北极商业发展的重要性;强调在尊重原住民权利的同时,负责任地执行所有大、中、小型项目。

三、气候、绿色能源方案、环境及生物多样性

(19)高度关切过去50年里北极温度的增幅是全球均值的3倍,对环境、生物多样性、社会、基础设施及许多仅达温饱水平的北极社区均产生了恶劣影响;认识到北极的炭黑存储加速了北极冰雪的融化,加剧了气候变化带来的恶劣影响。并且,未来全球的温室气体(Greenhouse Gas)及短寿命气候污染物(Short-Lived Climate Pollutants)排放会很大程度上决定北极的气候变化情况;重申应加强行动完成长期气候目标并高效执行《巴黎协定》,以减少温室气体及短寿命气候污染物的排放,减缓全球平均气温及北极气温的上升速度。

(20)深度关切持续增加的全球人为温室气体及短寿命气候污染物排放,该类物质会迫使气候变化进一步恶化,并对居民、社会、生态系统以及包括许多仅达温饱水平的北极社区造成广泛的恶劣影响;强调加速完成《巴黎协定》中设定的长期温度目标的必要性。

(21)支持发布《2021 年北极气候变化更新:关键趋势、影响》及《2021 年短寿命气候影响因素》("Arctic Climate Change Update 2021: Key Trends" and "Impacts and Short-Lived Climate Forces 2021")报告;指导北极理事会继续并深入推进其对北极地区气候变化影响、适应和缓解的监测和评估工作,并为政府间气候变化专门委员会(Intergovernmental Panel on Climate Change)、政府间生物多样性和生态系统服务科学政策平台(Intergovernmental Science-Policy Platform on

Biodiversity and Ecosystem Services）以及其他相关国际组织的评估提供信息和帮助，以推动采取更有力的全球行动，减缓温室气体及短寿命气候污染物的排放，并防止生物多样性的丧失。

（22）通过《专家团队就炭黑及甲烷 2021 年度进展及建议总结》（"Expert Group on Black Carbon and Methane, Summary of Progress and Recommendations 2021"）报告。该报告总结了北极各国及几个观察员国在减少炭黑及甲烷排放方面取得的共同进展；鼓励北极各国及观察员国开展合作，并按照报告中给出的建议采取行动；支持到 2025 年，炭黑排放水平将较 2013 年的水平降低 25%～33%；强烈鼓励观察员国致力于实现类似的减排目标；考虑在可能的情况下更新减排目标，并在下一届北极理事会部长级会议（Arctic Council Ministerial Meeting）上提出新的建议报告；注意到要想大幅减少甲烷的整体排放水平，还需要采取更多的行动和方法。

（23）支持减少北极燃烧石油及天然气行业的炭黑及甲烷排放的工作；重申北极在减少短寿命气候污染物排放方面持续开展合作的重要性。

（24）意识到北极正在快速变暖，海洋冰雪覆盖率锐减，海岸线腐蚀，以及正在遭受的气候变化带来的其他影响；认识到在各个层面采取气候变化适应措施的迫切性；支持增强各个社区适应气候变化的能力建设的工作；鼓励采取进一步行动，以确认并分享应对这些挑战的最佳实践。

（25）认识到北极原住民是最不可能引起气候变化的群体之一，但是最先观察到气候变化及最先受气候变化影响的群体之一；注意到在与低排放经济相关的问题上，与原住民进行真诚协商十分重要。

（26）支持发布《零度北极：传统的碳中和北极建设概念》（"Zero Arctic: Concepts for Carbon Neutral Arctic Construction Based on Tradition"）报告；敦促做出更多努力，以支持创新性方式、能力发展及技术发展，从而推动采取可靠、清洁的能源解决方案。

（27）注意到基于脆弱的生态系统及生物多样性，北极有潜力受益于并开发可持续且低排放能源、关键矿物质、创新性解决方案，从而可能加速全球的可持续能源转型；支持北极社区的可再生能源发展及在此领域的合作，同时高标准保护健康、安全及环境，并进一步提升其可靠性。

（28）认识到生物多样性的内在价值及生物多样性养护是全球共同关注

的问题；强调生物多样性对北极居民环境、文化、经济及精神福祉的重要性；强调保护北极生态系统的重要性；推动以自然为基础的解决方法，如建立保护区、开展原住民主导的保护工作及其他有效的区域性保护措施，以保护包括北极物种在内的北极生物多样性；呼吁采取行动推进生态系统管理方法，以生物多样性为主导进行相关决策，并适当地继续推进《生物多样性公约》（"Convention on Biological Diversity"）的落实。

（29）强调对北极生物多样性进行可持续性（Sustainability）监测及保护的重要性；支持发布《陆地生物多样性状态》（"State of the Terrestrial Biodiversity"）报告及《2021—2025 年新的环极地生物多样性监测项目战略计划》（"New Circumpolar Biodiversity Monitoring Program Strategic Plan 2021-2025"）；鼓励进一步采取行动，提供监测所需，并撰写北极生态系统生物多样性状态报告，为国际、国家及地区倡议提供相关信息。

（30）认识到北极湿地及北方森林保护了生物多样性，有利于大幅缓解气候变化，有助于气候适应，为北极及全球社区提供了重要的生态系统服务，如碳存储及建立对气候变化影响的复原力；支持发布《北极湿地的复原力及管理：关键发现及建议》（"Resilience and Management of Arctic Wetlands: Key Findings and Recommendations"）报告；鼓励落实报告中的建议，并继续推进有关北极湿地的工作。

四、北极海洋环境

（31）关切二氧化碳浓度上升、海洋酸化及气候变化对北极海洋和海岸环境的广泛影响（这些影响包括海冰的消融）：决定继续监测和评估这些影响，为旨在加强海洋活动和北极环境保护有关的合作的决策和行动提供信息。

（32）关切不断增大的气候变化压力及北极海洋生物多样性和海岸社区面临的其他压力；注意到《不断变化的北极海洋保护区》（"Marine Protected Areas in a Changing Arctic"）及《原住民粮食安全——变化莫测的海洋影响》（"Indigenous Food Security in the Arctic—Implications of a Changing Ocean"）提供的信息概要；认识到按照国家立法及国际法律、基于现有的最佳科学数据，并将社会经济影响纳入考量，海洋保护区及其他有效的区域性保护措施也可以作为增强生物多样性保护及提高复原力的有效工具；支持在此问题上持续采取行动。

（33）支持高级北极官员（Senior Arctic Officials）及专家就海洋相关问题开展第一届高级北极官员海洋机制（Senior Arctic Officials Marine Mechanism）对话，以落实 2019 年北极海洋合作工作组建议（Task Force on Arctic Marine Cooperation,2019）；期待在下一任轮值主席国的带领下继续开展此类对话。

（34）重申《北极海洋战略计划（2015—2025 年）》（"Arctic Marine Strategic Plan 2015-2025"）及《北极生物多样性行动（2013—2021 年）》（"Actions for Arctic Biodiversity 2013-2021"）的重要性，它们为北极海洋生物资源养护和可持续利用提供战略方向；支持更新修订《北极海洋战略计划（2015—2025 年）》，为新问题及逐渐凸显的问题提供新的战略行动；期待经各方批准的《预防中北冰洋不管制公海渔业协定》（"International Agreement to Prevent Unregulated Fishing in the High Seas of the Central Arctic Ocean"）即刻生效。

（35）支持发布《北极海洋生态互联互通模型最终报告》（"Final Report on Modelling Arctic Oceanographic Connectivity"），感谢"环极地生物多样性监测"（Circumpolar Biodiversity Monitoring Program）项目为建立监测和评估北极海岸生态系统的知识共创平台做出的努力。

（36）重申生态系统管理方法对北极海洋环境的重要性；鼓励参照 2019 年的《北极海洋生态系统实施生态系统管理方法指南》（"Guidelines for Implementing an Ecosystem Approach to Management of Arctic Marine Ecosystems"）；支持在此方面的相关活动。

（37）关切长程污染物对北极环境及野生生物的影响，在《北极对于可持续性有机污染物及化学物质的新担忧：2020 年气候变化的影响》（"POPs and Chemicals of Emerging Arctic Concern:Influence of Climate Change in 2020"）、《2021 年度政策制定者总结及汞评估》（"Summary for Policy Makers and Mercury Assessment,2021"）中对影响均有记载；支持进一步研究气候变化对污染物的影响；鼓励利用科学、传统知识及本土知识进行污染物及气候变化研究；合作提供北极数据，供国际化学品协定审议。

（38）关切北极环境中存在的海洋垃圾及微塑料；决定大力改善垃圾管理制度，以防止并减少海洋垃圾污染；鼓励北极各国采用循环的生命周期解决方法，与相关地区及国际组织合作，解决废品及海洋垃圾问题。

（39）支持包括微塑料处理在内的海洋垃圾治理工作；批准《北极海洋垃圾

区域性行动计划》("Regional Action Plan on Marine Litter in the Arctic");认识到该行动计划对于减少该地区海洋垃圾发挥的重要作用;强调保证行动计划有效实施的必要性;呼吁观察员国适当采取行动,以减少来自北极之外的海洋垃圾。

(40)支持发布《垃圾及微塑料监测计划》("Litter and Microplastics Monitoring Plan"),以补充《北极海洋垃圾区域性行动计划》及其他国际活动;鼓励北极各国在北极地区落实该计划。

(41)认识到由于与全球有效垃圾管理系统之间存在差距,造成了北极海洋垃圾泛滥;支持加强北极固体垃圾及海洋垃圾无害环境管理能力建设的合作及努力;承认加强北极航运合作的重要性,包括在国际海事组织(International Maritime Organization)框架下的合作;支持就北极地区港口接收设施的区域安排开展工作,以促进对船舶产生的废物进行有效管理。

(42)关注北极航运的发展;支持更新北极海洋航运评估(Arctic Marine Shipping Assessment)建议;承认北极航运最佳实践信息论坛(Arctic Shipping Best Practice Information Forum)在促进制定极地守则方面发挥的作用;鼓励与相关利益攸关方合作,为促进整个环北极地区的安全及可持续航运做出有意义的努力。

(43)认识到由于北极地区的航运活动日益增加,有必要开发航运路线,从而使对沿海社区和海洋环境的负面影响最小化;支持发布《北极地区的水下噪声——了解影响和确定管理解决方案——第一阶段最终报告》("Underwater Noise in the Arctic—Understanding Impacts and Defining Management Solutions—Final Phase I Report")、《北极地区低影响航运走廊》("Law Impact Shipping Corridors in the Arctic")报告和《原住民和当地社区切实参与海洋活动的参考指南》("Meaningful Engagement of Indigenous Peoples and Local Communities in Marine Activities Reference Guide")。

(44)支持开发关于环北极地区溢油应对可行性及北极风险评估的网络工具,以及制作关于小社区预防、准备和应对溢油的网络视频,鼓励北极各国适当推广使用这些工具。

(45)支持《国际防止船舶造成污染公约》("MARPOL")关于禁止在北极水域使用和运载作为燃料的重油的修正案,以保护海洋环境;支持建立关于替代燃料及其特性的知识库，以了解其在寒冷水域的表现，为今后北极地区的漏油预防、准备和应对活动提供信息。

（46）支持联合国宣布的《海洋科学促进可持续发展十年计划（2021—2030年）》（"Decade of Ocean Science for Sustainable Development，2021-2030"）项目；注意该项目预期成果的重要性，包括对北极海洋环境的重要性。

五、发展北极理事会

（47）回顾1996年9月19日签署的《渥太华宣言》（"Ottawa Declaration"）。该宣言宣告了北极理事会的成立，赞扬北极理事会在过去25年就共同的北极问题开展的成功合作，并承认确保北极理事会迎接未来的挑战而做好准备的必要性，决定通过一项战略计划指导理事会未来10年的工作，并指示北极高级官员采取必要行动，以落实该计划。

（48）承认国际科学合作在获取有关北极地区自然灾害、气候变化和污染状况的最新数据方面发挥的重要作用，并指导北极高级官员探讨北极理事会开展北冰洋科学考察的可能性。

（49）支持审查北极理事会秘书处（Arctic Council Secretariat）前6年的工作，认可秘书处成立以来一直有效且高效地运转，以支持北极理事会的工作，进一步注意到随后应根据审查结果对秘书处的管理文件进行修改，并指示北极高级官员领导秘书处继续成功地支持理事会的活动。

（50）支持重新修订《北极理事会的交流战略（2020年）》（"Arctic Council's Communications Strategy，2020"），重申北极理事会及其所有附属机构友好交流的重要性，并要求北极高级官员促进交流的有效协调及推动北极理事会所有报告的公开查阅。

（51）认识到北极理事会永久参与方的宝贵贡献及原住民秘书处提供的支持，鼓励努力加强其能力，以充分和有效地参与北极理事会重点领域的工作。

（52）认识到充分应对北极环境的快速变化需依赖持续的观测网络和可靠的数据，以加深理解并为决策提供信息，支持在落实数据管理和获取的指导原则方面的不断进步，并促进北极理事会数据的可查找、可获取、可互操作、可重复使用及广泛共享。

（53）支持北极地区高级官员成立非正式小组，以评估进一步加强北极理事会项目融资和项目支持规定（Project Support Instrument）的未来发展，决定将项目支持规定的运作期限延长至 2023 年底，鼓励北极国家在此期间继续自愿捐款支持项目支持规定，并指示北极高级官员在 2023 年的部长级会议上报告这一问题。

（54）支持《北极理事会——北极海岸警卫队论坛合作声明》（"Arctic Council-Arctic Coast Guard Forum Statement of Cooperation"），以加强和促进北极地区安全、可持续和负责任的海事活动，并期待与北极海岸警卫队论坛加强合作。

（55）赞赏北极经济理事会（Arctic Economic Council）和北极理事会于 2019 年 10 月在雷克雅未克举行第一次联席会议，并期待北极理事会与北极经济理事会和其他非政府和私营部门经营者进一步合作。

（56）支持北极理事会和北极区域水文学委员会（Arctic Regional Hydrographic Commission）关于北极水文学的联合宣言。该宣言鼓励北极国家政府改善北极地区的水深和水文测量、数据收集和制图方法。

（57）赞赏 2021 年 5 月在东京举行的第三次北极科学部长会议，并注意到会议上通过的《部长联合声明》（"Joint Statement of Ministers"）。

（58）祝贺北极大学（University of the Arctic）联盟成立 20 周年，认识到北极大学联盟——一个由北极区域内外的大学、学院和研究机构组成的学术网——在北极知识和科学方面所作出的宝贵贡献，注意到北极理事会在 2001 年建立北极大学联盟时发挥的作用，并支持北极大学联盟于 2020 年在芬兰正式注册，以进一步加强其组织建设。

（59）认识到观察员国在北极理事会工作中发挥的重要作用，注意到北极高级官员和附属机构为加强其有意义的参与所做出的持续努力，指示北极高级官员审查观察员国发挥的作用以及他们继续参与理事会工作的方式，并呼吁观察员国加强对北极理事会项目的切实参与及为完成目标所做的切实努力。

（60）注意到 1998—2000 年和 2017 年，对费尔班克斯观察员小组（Fairbanks Group of Observers）进行了第二次审查，重申被审查者的观察员地位，并指示北极高级官员对罗瓦涅米观察员小组（Rovaniemi Group of Observers）进行第二次审查，并在 2023 年向各国部长报告审查结果。

（61）通过北极高级官员提交给各国部长的报告（包括其工作组的工作计划和工作成果），批准北极理事会秘书处 2022—2023 年的预算报告，指示北极高级官员审查北极理事会各工作组和其他附属机构发挥的作用，并在必要时调整其任务和职责。

（62）感谢冰岛在 2019—2021 年担任北极理事会轮值主席国时发挥的作用，欣然接受俄罗斯提出的 2021—2023 年担任理事会轮值主席国，并在 2023 年主办第 13 次部长级会议的提议。

北极理事会 2021—2030 年战略计划[①]

发布时间：2021 年 5 月

发布者：北极理事会

在北极理事会成立 25 周年之际，第 12 届北极理事会部长级会议通过了《北极理事会 2021—2030 年战略计划》（"Arctic Council Strategic Plan, 2021-2030"）。该战略计划反映了北极国家及永久参与方推动北极可持续发展、环境保护和良好治理的共同价值观及共同愿望。

一、北极及北极理事会 2030 年战略愿景

展望 2030 年，北极理事会希望北极仍是一个和平、稳定且维持建设性合作的地区，并且对于包括原住民在内的所有在此安居定所的居民而言，北极生机勃勃、繁荣富强、持续发展且十分安全。在这里，居民的权利及福祉得以尊重。北极将坚守这样的信念——良好的生态系统和栖息地是北极的重中之重。北极各国乃至世界各国都应重视北极环境的特殊性及脆弱性。

在尊重环境的同时，北极居民将通过多种途径促进社会及经济可持续发展。保护并可持续利用北极自然资源是对北极所有居民的权利及文化的尊重，这有助于构建具有复原力的社会。北极气候快速变暖所呈现出的特殊的脆弱性，将持续得到世界各国的广泛关注，而这也正是北极理事会采取行动的强大动力。此外，北极各国会持续在解决气候问题的多边论坛上申述北极声音，提醒并敦促国际社会完成《巴黎协定》中设定的目标。

北极理事会仍然会作为开展北极合作的主要政府间论坛，持续加深对北极地区重大事务的认知、理解并加快行动，继续维护适用于该地区的坚实的法律

---

① 本文编译于 "Arctic Council Strategic Plan 2021 to 2030"。

框架。北极理事会将有效促进整个北极地区的社会及经济发展,缓解并适应气候变化以向低排放社会转型及保护环境。为应对新现实、抓住新机遇以及应对国际社会对其工作的新增关注,北极理事会会进一步细化其工作方法并调整其工作结构,包括与观察员国及其他合作伙伴之间的合作。

二、战略目标

北极理事会 2021—2030 年工作目标如下。

1. 北极气候

监测、分析并强调气候变化对北极的影响,鼓励遵守《巴黎协定》和支持采取力度更大的全球措施,从而减少温室气体和短寿命气候污染物的排放,并增强环北极地区的如下合作:气候科学及观测;减排;气候变化缓解、适应和复原力及有利于缓解气候问题的知识和创新性技术交流。

2. 健康及具有复原力的北极生态系统

基于现有的最佳科学,推动北极生物多样性、生态系统及物种栖息地的污染防治、监测、分析、养护及保护,尊重可持续发展对北极当代及后代居民的重要性。

3. 健康的北极海洋环境

推动北极海洋环境的养护和可持续利用,造福北极当代及后代居民;鼓励海上安全、海洋污染防治;合作加强对北极海洋环境的认知;监测并评估当前的及未来的气候变化会对北极海洋生态系统造成的影响;携手加强有关海洋问题的合作;加强对于有关北极水域法治及现行法律框架的尊重。

4. 可持续的社会发展

加强工作,增强社会和文化包容,提高所有北极居民特别是原住民的健康水平、安全水平、复原力,并增进其社会福祉。

5. 可持续的经济发展

推动北极地区可持续且多样化的经济发展合作,促进经济合作并推动创新、可持续及低排放的技术知识和信息分享,以造福北极居民特别是北极原住民,并增强其复原力。

6.知识及交流

合理构想、收集、分析并交流科学、传统知识及本土知识;加深北极各地区乃至世界各地对北极的理解,为政策设计及政策制定提供信息。

7.发展北极理事会

将北极理事会发展成北极地区最高级别的论坛,以便高效协商与合作;提升其能力,从而有效应对北极地区的新挑战、新机遇。

三、战略行动

特列出以下战略行动,作为对 2021—2030 年各战略目标的补充。

1.北极气候

北极理事会将做出以下努力。

(1)由于气候变化对北极地区生态系统内部及各生态系统之间、民生及经济所造成的影响加速扩大,因此需采用现有的最佳的科学手段,基于社区观察、传统知识和本土知识,加强监测、分析、预测和发布气候变化所造成的影响的数据和信息。

(2)所有与北极理事会相关的项目和政策建议应将气候变化和生物多样性考量在内。

(3)鼓励全球为缓解气候变化做出更大的努力,在解决气候问题的多边论坛上申述北极观点,如原住民的观点,以增强对北极特殊的脆弱性及不断演变的气候变化所造成的影响的关注,并敦促国际社会努力完成《巴黎协定》中设定的目标。

(4)在北极乃至世界各地,加大行动力度,减少北极环境中存留的温室气体和短寿命气候污染物,如合作减少炭黑和甲烷气体的排放。

(5)由于北极地区较纬度较低地区气温增幅更大,因此需增强北极社区的适应力及复原力。

(6)鼓励合作以加强北极气象观察和服务,从而加深对北极天气、气候现象及变化的认知,提高当地人活动的安全水平。

(7)在北极推动使用清洁能源和技术,提高能源利用率,以减少气候变化的影响。

2. 健康及具有复原力的北极生态系统

北极理事会将做出以下努力。

（1）基于现有的最佳科学、传统知识和本土知识，增强对北极脆弱生态系统的保护，保护当地的生物多样性，并负责任地利用北极自然资源。

（2）鼓励北极各国之间加强合作，监测北极生物多样性、生态系统的状态及污染物和其他化境压力对环境及人类健康造成的影响；科学分析生态系统的状态及发展趋势，科学制订行动计划及指南，并基于传统知识和本土知识持续加深对相关问题的理解。

（3）在涉及北极污染和其他环境问题治理的国际论坛上，推动北极各国进行合作；在涉及北极及其居民的问题上，鼓励北极各国提出包括原住民视角在内的北极观点。

（4）鼓励各级采取行动，治理影响北极居民健康和环境的污染物、有毒物质及放射性物质，并适当增强居民对此类问题的意识。

（5）积极行动以解决对维持北极生态系统及北极居民健康十分关键的问题，鼓励北极各国之间就北极生态系统管理方法开展合作，从而基于现有的最佳科学手段促进生态系统保护和可持续利用。

（6）支持保护及恢复对北极物种至关重要的湿地和栖息地。

（7）支持国际社会为养护自然和生物多样性所做出的努力，并提供包括北极原住民在内的北极人民对上述努力的观点。

3. 健康的北极海洋环境

北极理事会将做出以下努力。

（1）增强有关北极海洋和海岸地区的合作，并基于科学建议及传统和本土知识，推动相关保护及可持续利用。

（2）鼓励北极各国之间就安全和可持续航运以及其他涉及北极海洋环境的经济活动开展合作，支持影响北极水域的规则和标准的合理修订。

（3）支持落实 2011 年颁布的《北极海空搜救合作协定》（"Agreement on Cooperation on Aeronautical and Maritime Search and Rescue in the Arctic"和 2013 年颁布的《北极海洋石油污染预防与应对合作协议》，从而降低船员安全、人类健康以及北极环境所面临的风险。

（4）尊重国际法作为北极治理的法律框架。例如，《联合国海洋法公约》（"United Nations Convention on the Law of the Sea"），必须贯彻落实其中有关北极海洋环境治理的规定；同时，强调沿海国应承担的责任和需发挥的作用，作出更大的全球性贡献。

（5）在对于北极海洋环境健康至关重要的问题上采取区域性合作，支持监测并鼓励采用生态系统管理方法，以加强北极海洋资源保护并促进其可持续利用。

4. 可持续的社会发展

北极理事会将做出以下努力。

（1）就普遍提升北极居民特别是原住民的健康水平、安全水平及长期福祉方面加强合作，且所有相关活动均需将社会因素纳入考量。

（2）持续提高北极居民及旅居者的安全水平；识别并研究新的自然及人为灾害风险，制定预防、准备、应对及缓解方法，力求削弱其不良的环境、社会及经济影响。

（3）持续提高公共健康水平，根据具体问题"因地制宜"，潜心制定并调整防治方法，提供高质量的医疗服务，以适用于当地文化和人口结构，特别是解决北极多个社区的心理疾病问题以及降低不断攀升的自杀风险。

（4）聚焦北极具体情况，就传染病、流行病及大流行病方面加强合作，为北极及其居民制订一套恰当的防控及应对方案。

（5）促进北极的性别平等及非歧视，以促进公共部门和私营部门可持续、均衡地领导及决策。

（6）鼓励北极青年实质性参与社会活动，一方面可以支持并知晓理事会的工作，另一方面可以提高自身能力。

（7）推动北极居民接受高质量、文化契合的教育，如与北极地区的教育机构、北极大学联盟及其他组织进行合作。

（8）提倡尊重北极原住民，关注《联合国土著人民权利宣言》并鼓励参加联合国"国际土著语言十年（2022—2032 年）"倡议。

（9）向地方一级传达北极活动，并鼓励其适度参与，鼓励北极各地区之间的合作及人文交流。

5. 可持续的经济发展

北极理事会将做出以下努力。

（1）就发展和增强北极可持续投资的有利条件及其他经济活动加强合作。

（2）继续鼓励低排放北极经济的可持续发展，如与相关论坛合作，从而为当代及后代居民构建一个健康、有活力的北极社区。

（3）指导决策者保障民生，促进民生多样化。

（4）支持且鼓励向可持续、低排放社会转型，如利用清洁技术、促进创新及发展循环经济。

（5）寻求可持续的经济发展与传统生活方式的对接，尊重北极原住民的权利、文化及历史。

（6）采取负责任的态度，推动北极资源一体化发展，如发展环境及文化可持续的旅游业。

（7）继续解决实体和数字联通的问题，这是一个跨领域的主题，也是开展北极可持续社会经济发展、交通、搜索、救援及其他活动的先决条件。

6. 知识及交流

北极理事会将做出以下努力。

（1）强调科学评估的重要性，以加深对于北极的认知和理解，并为政策设计及政策制定提供信息。

（2）基于不同的知识体系，恰当利用科学、传统知识和本土知识推动知识共创，为北极居民及其社区相关的政策设计和政策制定提供信息。

（3）推动科学合作及北极研究合作，鼓励公开获取并分享北极相关数据，如落实 2017 年签署的《加强北极国际科学合作协定》（"Agreement on Enhancing International Arctic Scientific Cooperation"）。

（4）为了北极居民及其社区，利用现有的最佳的科学手段，提出具有针对性且具体的政策层面的建议，为决策者做决议提供信息。

（5）在其他区域或者国际论坛提出解决北极问题的方法时，鼓励及时交换信息和观点。

（6）利用战略性通信工具和机制适当地增强北极地区乃至全世界对北极理事会工作的意识。

7. 发展北极理事会

北极理事会将做出以下努力。

（1）坚守其构建和平、稳定及维持建设性合作的北极的承诺，继续尊重对北极地区有关问题进行负责任治理的国际法律框架。

（2）审查北极理事会工作方法、组织及结构并按需更新，以便其成功落实战略计划；在北极理事会各工作组及下属机构内部及之间对接工作计划和活动，并支持此项战略计划；坚决认定北极理事会为统一整体。

（3）旨在确定政策建议充满雄心壮志，并基于现有的最佳科学，适当地运用传统知识和本土知识（切实可行且优先级别最高）。

（4）加强永久参与方的能力建设，以促进其基于共同优先事项，全面有效地参与北极理事会的活动。

（5）审查北极理事会的融资情况，包括北极理事会秘书处、原住民秘书处（Indigenous Peoples' Secretariat）和工作组秘书处（Secretariats of the Working Groups），并评估进一步扩大项目融资的需求。

（6）增强观察员国建设性、均衡和实质性的参与，并鼓励他们积极参与北极理事会相关活动。

（7）加强及进一步促进与相关公共和私人机构，包括北极海岸警卫队论坛、北极经济理事会、国际和政府间机构的合作，以及在一些倡议上的合作，以反映北极与世界各国之间的相互联系。

（8）2025 年进行战略计划的中期审查，2030 年进行终期审查。

雷克雅未克

2021 年 5 月 20 日

德国北极政策指南：
承担责任，建立信任，塑造未来[①]

发布时间：2019 年 8 月

发布者：德国联邦政府

为实现未来北极地区的可持续发展，德国联邦政府（以下简称"联邦政府"）在德国北极政策指南（Germany's Arctic Policy Guidelines）的指导下，正努力在北极地区承担更大责任。

联邦政府认为，北极这一地区正在经历前所未有的剧变。由于全球变暖、极地冰盖加速融化，对国际社会而言，北极地区的生态、政治和经济重要性日益提升。因此，联邦政府认为，根据《巴黎协定》，努力实现世界范围内的气候保护越来越有必要。联邦政府致力于保护北极，使其成为一个基本上没有冲突的和平的地区。各国应充分考虑北极高度敏感的生态系统，以环境友好的方式开发该地区的经济潜力。

联邦政府：

（1）认可预防性原则（Precautionary Principle）和污染者付费原则（Polluter Pays Principle）是北极所有环境和经济活动的基本原则。

（2）承诺遵守所有的国际和区域协定，并呼吁各方遵守关于北极开发利用的、具有法律约束力的规则。

（3）支持多边合作，尤其是北极理事会层面开展的各项国际合作，并承诺在负责任行动的前提下，以合作的方式解决北极地区主权主张重叠问题。

（4）坚信取得的北极科学成果对北极政策制定至关重要，并在此基础上努

[①] 本文编译于"Germany's Arctic Policy Guidelines: Assuming Responsibility, Creating Trust, Shaping the Future"。

力维护和拓展自由和负责任的北极研究。

（5）为保护北极独特的生物多样性，致力于进一步设立北极保护区（Protected Areas）和不受干扰区（Quiet Zones），并推进海洋生物资源的可持续利用。

（6）德国在研究、技术和环境标准方面积累了丰富的专业知识，坚信能够为北极经济可持续发展和未来发展的可预测性作出积极贡献。

（7）致力于根据《联合国海洋法公约》维护北极海域的航行自由，努力完善为实现北极协调、安全和环保的航运而制定的框架规则，特别是国际海事组织协调下制定的框架规则。

（8）承诺遵守关于矿产资源勘探和开采的具有法律约束力的相关规则；认为有必要为北极制定最高的环境标准。

（9）认识到北极原住民的特殊处境，支持他们在自己的家园享有自由、健康和自决生活的权力。

（10）认为有必要在目前北极自然资源具有重大经济价值的背景下，在开发北极自然资源方面履行环境责任。

一、北极：德国北极政策的影响因素和影响领域

1. 北极地区

北极的主要特点是水的融化和冰冻。就地理角度而言，该地区由海冰、内陆冰、雪和永久冻土组成。

北极不仅是全球气候变化的敏感指标，也是地球整体气候系统的重要组成部分。北极海冰面积、冰盖体积以及永久冻土面积的变化对全球影响深远，将加剧气候挑战，包括德国在内的全球都将受其影响。

北极理事会是促进北极合作的最重要政府间论坛。根据北极理事会的规定，北极包括北冰洋及丹麦（格陵兰岛）、芬兰、冰岛、加拿大、挪威（包括斯匹次卑尔根岛）、俄罗斯、瑞典和美国（阿拉斯加州）8 个北极国家的北部陆地。

2. 区域和全球的持续性气候和环境保护

北极是全球变暖的早期预警系统，气候变化的影响很早就在该地区显露出来。目前，北极地区的变暖速度大约是世界其他地区的 2 倍。这里冰层融化，

冰盖面积缩小，对太阳辐射的反射随之减少，从而加速了气候变暖。主要由化石燃料燃烧产生的炭黑颗粒沉降在海冰上，进一步加速海冰表面的融化。

联合国政府间气候变化专门委员会预测，如果 21 世纪末全球变暖升温 1.5 ℃，那么北冰洋每 100 年就会迎来一次"无冰之夏"。如果届时全球升温 2 ℃，北冰洋可能每 10 年就会出现一次"无冰之夏"。除此之外，热平衡的巨变导致广泛分布于北极地区的永久冻土解冻，从而释放大量的甲烷等强效的天然温室气体，这也会导致大气变暖。

此外，石油和天然气等在北极地区开采的原材料会造成温室气体排放，从而加剧气候变化。在北极观测到的气候变化将通过反馈过程影响整个地球。如今北半球的大气环流已经发生变化，正在影响欧洲和德国的天气模式。除了温度上升导致的海水热膨胀之外，格陵兰岛冰盖的融化也会导致全球海平面上升。到 21 世纪末，海平面预计上升 1 米，甚至可能更高，这将给欧洲造成严重后果。

北极被认为是一个极其敏感的生态系统，该地区极端的生存条件导致动植物在适应该环境时需要承受巨大的压力。海冰减少、海洋逐渐酸化、开发海洋资源的经济压力增大……这些问题无一不威胁着栖息于北极的物种。

此外，包括德国在内的世界其他地区的持久性有机污染物、汞和垃圾威胁着北极的动植物。令人担忧的是，海冰作为储存和运输微塑料颗粒的一种媒介，一旦融化可能会释放出大量的塑料颗粒。

不断变化的环境条件降低了进入该地区开展研究和开发渔场、石油和天然气、矿产资源等北极资源的难度。海冰的减少有利于北极海域的航道得到更密集的使用，从而增加了这些航道的负担。近几十年来，废气、废水和废物大幅增加，水下噪声污染加剧，外来物种入侵的风险也显著增加。

德国联邦环境署（German Environment Agency）和德国联邦自然保护局（German Federal Agency for Nature Conservation）在环境保护方面积累了全面广博的专业知识，为北极理事会工作组和专家组的工作作出积极贡献。

持续性的气候和环境保护是德国北极政策的关键要素。为了将人类活动导致的全球变暖控制在 2 ℃ 以内，或尽可能控制在 1.5 ℃ 以内，从而实现《巴黎协定》的目标，德国也必须严格执行减少温室气体排放的必要措施。

联邦政府致力于国家、欧盟（European Union）和国际层面的气候保护。联邦政府致力于实现《2050 年气候行动计划》（"2050 Climate Action Plan"）及其减排目标。德国计划出台一项 2030 年气候行动计划以及一项法案，以确保气候保护目标的实现。

此外，德国境内航运及德国公司的国际航运也必须减少炭黑排放。联邦政府积极支持国际海事组织在减少炭黑排放方面采取的行动。

联邦政府支持世界气象组织（World Meteorological Organization）目前在建的北极区域气候中心网（Arctic Regional Climate Center Network）以及其他国际机构的行动。这些行动将弥补其他气候监测系统的不足，并将这些气候监测系统打造成一个可以使用数十年的永久性气候监测系统。德国与北极环境之间存在重要关联性，深化德国民众对这一关联性的认识具有重要意义。

保护北极的独特环境、生存条件和生物多样性是联邦政府的最优关切。预防性原则和污染者付费原则是所有北极环境政策制定和经济活动的基本原则。必须把可能导致未来北极环境污染的事物扼杀在摇篮里；必须填补人类活动对北极环境影响的现有知识空白；必须事先对潜在的北极环境负担或损害进行深入研究，尤其是在现有科学知识不完善的情况下，必须避免或减少这种环境负担或损害。基于污染者付费原则，那些对环境造成不利影响的行为体理应为消除或减少所造成的环境污染买单，这将促使人们避免或结束有害环境的活动。

如果经济发展不注意保护环境，原材料开采的最高环境标准缺位，那么随着全球原材料需求的增加，北极地区的环境污染会愈演愈烈。在这个敏感的生态系统中，如何处理采矿废物是一个值得特别关注的问题。

考虑到《2030 年议程》（"2030 Agenda"）设定的可持续发展目标，联邦政府正在努力确定北极地区的环境污染源，并降低污染排放强度。德国向国际社会承诺，德国将尽力降低有害物质释放的强度，并根据《斯德哥尔摩公约》和《水俣公约》，致力于防止和减少持久性有机污染物和汞的排放。

作为打击海洋垃圾的重要参与者，联邦政府在国际和区域范围内开展了一系列行动：近期在担任集团主席国期间通过了《七国集团打击海洋垃圾行动计划》（"G7 Action Plan to Combat Marine Litter"）和《二十国集团海洋垃圾行动计划》（"G20 Action Plan on Marine Litter"），此前对《保护东北大西洋海洋环境公约》（"Convention for the Protection of the Marine Environment of the North-East Atlantic，OSPAR"）和波罗的海海洋环境保护委员会（Marine Environment

Protection Committee）的海洋垃圾行动计划制订作出了重大贡献,联邦政府也支持北极监测等区域行动计划的制订。

联邦政府坚持致力于减少废弃物的产生量,从而减少海洋污染。减少环境污染的行动可以在区域和地方层面长期进行,如可以采用环境友好型的技术、燃料以及采取负责任的行为。这些行动适用于工业污染者、旅游、航运、渔业和研究,也适用于该地区和全球各地的家庭。

随着预防性原则的持续应用,联邦政府主张,应在环境日益受到威胁的北极地区增加经济开发活动之前设立保护区,以保护生物多样性和环境。联邦政府努力将研究成果用于确定环境和生物独特的区域。与此同时,为了保护海洋哺乳动物、鱼类和北极候鸟等移栖物种,联邦政府支持国家保护区的设立和国际项目的开展,如支持北极理事会"北极动植物保护"（Conservation of Arctic Flora and Fauna）工作组框架内的北极候鸟倡议（"Arctic Migratory Birds Initiative"）,以及针对欧洲海域制定的各项保护措施。

3. 北极的国际合作

北极理事会成立于 1996 年,是一个旨在平衡北极八国和原住民利益的主要政府间论坛,其常设秘书处设在挪威特罗姆瑟（Tromsø）。除了北极国家之外,北极理事会还设有 6 个原住民组织（作为永久参与方）,以及包括德国在内的其他国家和组织组成的观察员。

北极国家、北极研究专家以及原住民之间的北极合作促进了信息交流,有助于采取多边方式平衡国际和区域利益。北极理事会的实际工作由 6 个工作组协作开展,工作内容涉及开展保护生物多样性的各项研究和发展项目,以及协调开展交通运输部门的研究和发展项目。

《联合国海洋法公约》构成了海洋资源使用和养护、海洋环境保护和海洋科学研究的普适性法律框架,其内容也适用于北极海域。《联合国海洋法公约》规定了沿海国家和其他国家之间进行合作时须承担的相应义务,旨在让缔约国在国家、区域和全球层面进行合作,并努力实现对海洋环境的有效保护。

鉴于人们对北极及北极相关活动的兴趣日益浓厚,《联合国海洋法公约》条款将在规范北极活动方面起重要作用。它规定了大陆架的定义和划界、航行权力、船舶的过境通行与无害通过、海洋科学研究的自由、生物资源的使用和养护，以及包括冰封区域在内的海洋环境污染的预防、减少和控制。

促成《联合国海洋法公约执行协定》（"UNCLOS Implementing Agreement"）对保护北冰洋至关重要。该协议旨在保护和可持续利用国家管辖范围外的海洋生物多样性。

国际海事组织管理国际航运事务，旨在改善海上安全，减少航运对环境的污染。于 2017 年生效的《极地规则》（"Polar Code"）是管理北冰洋航运、具有约束力的一揽子法规和建议，旨在让航运变得更安全、更环保。

在 1972 年《奥斯陆公约》和 1974 年《巴黎公约》的基础上于 1992 年签订的《保护东北大西洋海洋环境公约》是旨在保护北海和东北大西洋的国际公约。该公约着眼于预防和消除海洋污染，并号召设立一个连贯的海洋保护区（Marine Protected Areas）网络。1982 年成立的东北大西洋渔业委员会（North East Atlantic Fisheries Commission, NEAFC）则促进了大西洋和北冰洋公海鱼类种群的可持续开发。

2016 年，欧盟在发布的《欧盟北极政策建议》（"An Integrated EU Policy for the Arctic"）中提出，欧盟将通过发展交通网络和数字化基础设施等方式，为适应北极变化和经济可持续发展作出贡献。

作为观察员，联邦政府通过在北极理事会中的积极作为继续落实德国的北极承诺。例如，支持德国科研机构和联邦政府部门的专家参与北极理事会各工作组的工作，贡献德国在北极研究和保护生态环境方面所积累的专业知识以及资助北极研究项目。

联邦政府欢迎与北极理事会中的北极八国开展建设性合作。联邦政府将加强此类合作，积极开展具体的科研合作项目。与北极国家及其他北极理事会观察员培养双边合作关系，也为联邦政府交流北极政策提供了额外的平台。

在对话与合作的同时，联邦政府将《联合国海洋法公约》等现行国际法视为解决区域和国际范围内领土和划界争端的基础。联邦政府致力于加强跨部门的国际合作以及贯彻落实《2030 年议程》。联邦政府正在落实这一承诺，如通过《保护东北大西洋海洋环境公约》，和东北大西洋渔业委员会共同管理东北大西洋国家管辖范围外的人类活动，以及建立由多利益相关方参与的跨部门、跨国家的区域海事政策合作平台——海洋区域论坛（Marine Regions Forum）。

联邦政府致力于为矿产资源的勘探和开采制定具有法律约束力的法规。

联邦政府认为,有必要制定最高环境标准以及事故突发情况下保护环境的多国战略,并有必要建立一个有约束力的制度体系对破坏环境行为进行责任追究。

联邦政府非常重视及时执行具有约束力的法规以及自愿遵守《极地规则》的重要建议,以便为北极航运建立安全和环境的高标准。《极地规则》的进一步发展还应致力于建立一个全面的环境保护体系。该体系对北极的所有船舶具有同等的约束力,应将灰水(Grey Water)和水下噪声污染的管理纳入其中。

对标南极的保护行动,在敏感的北极地区也应采取预防性措施,杜绝石油泄漏事故,全面禁止重油,这些是联邦政府关注的其他重要事务。联邦政府反对在北极使用存在环境风险的核动力船舶或其他核动力设施。

支持为特殊地区指定更为严格的废水排放或废物进口规定,或设立排放控制区(Emission Control Areas),以减少硫和氮氧化物(Nitrogen Oxides)的排放。德国将继续大力支持在北极地区禁止运输重油的倡议,国际海事组织目前正在磋商该倡议。支持设立特别敏感海域(Particularly Sensitive Sea Areas, PSSA),从而进一步减轻对敏感生态系统造成的压力。

4. 德国北极政策的安全政策维度

由于利益重叠、领土争端、资源冲突、威胁感知差异等问题,北极地区的行为规范和问题解决机制正日益受到全球各国的质疑,北极合作面临困境。北极有限的原材料储量和通航能力日益提升的航道都可能成为各国采取不合作行为的根源,这些增加了该地区出现危机的可能性。

若干国家加大军事行动力度以维护自身北极利益的举动,可能导致北极的军备竞赛。另外,由于北极受经济和军事双重价值凸显、现代化程度不断提高、科技进步以及外部干扰增多等因素的影响,部分国家正在模糊进攻性和防御性行动之间的界限,增加了北极地区发生军事冲突的可能性。事故、环境灾害等其他因素也会加剧北极行为体之间潜在的紧张关系。

上述问题增加了北极出现不合作行为的可能性,威胁该地区的经济、环境和安全政策的稳定性,从而危及德国的安全利益。北极安全取决于以下因素:武力可以在何种程度上解决主权主张重叠问题;就海床和原材料矿床开发权所达成的协定;就西北航道(Northwest Passage)和东北航道(Northeast Passage)的航道法律地位、使用法规所达成的协定。

诚如德国《2016 年安全政策与联邦国防军未来白皮书》（"2016 White Paper on German Security Policy and the Future of the Bundeswehr"）所言："北极态势发展将影响德国的安全利益。"联邦政府出台的全面的北极方针政策和承诺框架明确了德国联邦国防军的任务。

德国的北极安全和防务政策旨在保护北极，使其成为一个基本上没有冲突的地区，促进北极合作，从而在尊重既有规范规则的基础上和平利用北极。

为了抵制愈演愈烈的北极地区军事化趋势，联邦政府主张一切北极军事行动都应该具备鲜明的防御特征。

联邦政府的北极行动重在及早发现、预防和遏制北极地区潜在的危机和冲突。同时，联邦政府正努力通过预防和建立信任的方式，发挥自身的调解能力，化解北极危机和冲突。

为了保护北极使其成为一个基本上没有冲突的地区，继续将北极地区纳入稳定的多边体系至关重要。区域性机构是多边体系的重要组成部分。联邦政府致力于在多边体系的框架内，基于现有法律，通过达成共识的方式，解决利益冲突问题。

作为欧盟和北约（North Atlantic Treaty Organization）成员国，联邦政府明确承诺履行其联盟义务，并主张欧盟和北约在北极安全政策影响方面进行更深入的参与。在此背景下，联邦政府支持联邦国防军与合作伙伴以及盟国相互交流经验和进行联合军演。

联邦政府致力于在《联合国海洋法公约》框架下保障北极海域的航行自由。

联邦政府将《欧盟海洋安全战略》（"EU Maritime Security Strategy"）视为重要的基础性文件。该战略措施旨在加强欧盟抵御外部干扰的复原力、扩展能力，以缓和北极空域和海域局势，提高北极及北极之外空间态势的关联性意识。

5. 北极地区的尖端科学研究

北极地区变化引发的全球性影响，让探索北极变得愈发紧迫。了解北极环境的脆弱性、复原力及其对北极社会的影响是实现北极可持续发展的先决条件。

德意志联邦共和国是一个高北地区（High North）的国际行为体，在极地研究、政治参与以及关于北极未来和可持续发展的磋商方面具有很强的影响力。

联邦政府与所有北极国家合作,在北极陆地和北冰洋开展双边和多边合作项目。

德国的北极研究得益于出色的研究基础设施,包括阿尔弗雷德·魏格纳极地和海洋研究所(Alfred Wegener Institute for Polar and Marine Research)的"极地之星(Polarstern)"破冰科考船,"极地五号(Polar 5)"和"极地六号(Polar 6)"科考飞机,以及位于斯匹次卑尔根岛(Spitsbergen)、由阿尔弗雷德·魏格纳极地和海洋研究所与法国保尔－埃米尔·维克多极地研究所(French Polar Institute Paul-Émile Victor)共同运行的德－法极地研究站(AWIPEV)。德国北极研究的重点是北极在全球气候系统中的作用。

为了加强德国学术界、政界和商界的北极利益相关方之间的信息交流与合作,阿尔弗雷德·魏格纳极地和海洋研究所与德国联邦主管部门密切协作,成立了德国北极事务办公室(German Arctic Office)。德国北极事务办公室能够为决策者提供直接的科学建议。这种直接的信息交流渠道让科研成果得以在相关政治决策初期发挥作用,提升德国北极政策的科学性。

德国积极支持由北极理事会协调制定、旨在加强北极研究合作的协议,并致力于这些协议的贯彻落实。

《北极的快速变化:国际责任下的极地研究》("Rapid Changes in the Arctic: Polar Research in Global Responsibility")指出了德国北极研究的当务之急。文件中确立的北极研究目标着重了解北极生态系统的功能,采取综合措施观察和量化北极在全球过渡时期的变化,分析北极显著的变化过程及在此背景下的全球关联性。德国北极研究旨在通过对北极的观察、对北极变化过程的理解和建模,提高该地区未来发展的可预测性。对自然资源利用机会和风险的研究,有利于以负责任的方式利用环境,从而促进可持续发展。这种研究的开展必须符合北极国家和当地居民的社会经济利益。

德国北极研究计划战略是基于联邦政府的 MARE:N 研究计划提出的,MARE:N 研究计划即沿海、海洋和极地的可持续性研究(Coastal, Marine and Polar Research for Sustainability)。此外,联邦政府致力于实现北极国家和参与北极研究的国家在第二届北极科学部长级会议(Arctic Science Ministerial)上签署的《部长联合声明》所提出的战略目标。该声明旨在加强和进一步协调国际合作,以了解北极地区正在经历的快速变化。未来德国北极研究的国际合作将深化和完善以下领域：(1)观测和数据共享；(2)区域和全球变化；(3)北极居民面临的全球变化挑战。

德国开展北极研究的资金主要来自阿尔弗雷德·魏格纳研究所－亥姆霍兹极地海洋研究中心(Helmholtz Centers AWI)、基尔亥姆霍兹海洋研究中心(Helmholtz Center for Ocean Research Kiel)和德国宇航中心(German Aerospace Center)等研究机构以及针对性的研究计划所获得的财政支持。德国联邦地球科学和自然资源研究所(Federal Institute for Geosciences and Natural Resources)负责北极地质发展和矿产资源形成等基本问题的研究，着重于北冰洋边缘地区的科学研究和北极资源潜力的评估。对开展气候、环境和经济政策研究的交叉学科和跨学科项目的财政支持是开展北极研究的关键。

部分北极国家正根据《联合国海洋法公约》积极争取实现扩大本国大陆架边界的诉求。联邦政府致力于确保所有学科背景下的海洋科学研究可以进入这些区域。

德国的北极研究旨在为了解北极及北极引发的区域性和全球性影响作出重要贡献，并将这些了解到的知识传递给社会公众和相关决策者。北极研究的开展必须符合北极国家、原住民以及当地居民的利益。此外，围绕北极研究开展的活动理应以负责任的方式进行，并符合最高的环境标准。

联邦政府继续支持国家的可持续发展战略，特别是《可持续发展研究框架计划》("Framework Programme Research for Sustainable Development")，并高度重视沿海、海洋和极地的可持续性研究框架下关于研究政策的对话，从而找到可以解决未来海洋问题的科学方案。

6.坚持可持续发展

北极圈以北被认为蕴藏着全球30％以上未被发现的石油和天然气等化石燃料。天然气在北极圈以北尤为富集，俄罗斯、挪威和美国(阿拉斯加州)已经开采出大量的天然气。人们对原材料矿床的勘探活动将导致北极地区的海上交通大幅增长。

在夏季，沿欧洲、亚洲和美洲大陆北部海岸线的东北和西北航道的通航能力提高，无冰的东北航道将成为连接欧洲北部港口和东亚港口的最短航线。航道的缩短虽有诸多益处，但也面临一些挑战，如海冰的不可预测性、目前应急救援能力的不足、北极运输货船的匮乏。

近年来,北极地区的观光巡游需求显著增加。繁忙的航线和景点已经对北极部分地区的生态系统产生了重要影响。考虑到北极日益增长的游轮和游客数量,发展可持续旅游业成为当务之急。为了保护北极敏感的生态系统,未来的旅游活动应该满足特殊环境相容性的要求。

在敏感的北极生态系统内进行的所有经济活动都必须符合最高环境保护和安全标准。为了预防北冰洋公海渔业发展出现乱象,中国、丹麦(法罗群岛和格陵兰岛)、欧盟、冰岛、日本、加拿大、韩国、挪威、俄罗斯和美国达成《预防中北冰洋不管制公海渔业的协定》("Agreement to Prevent Unregulated High Seas Fisheries in the Central Arctic Ocean")。该协定将禁止在该公海海域开展捕捞活动作为原则性问题。德国作为欧盟成员国之一受该协定的约束。

鉴于航行时间的缩减、燃料消耗的减少以及成本的降低,未来北极航道会为德国航运业创造大量的机遇。联邦政府致力于在综合考量严格的环境法规和原住民利益的情况下,让船舶顺利、安全、和平地通过北极海域。联邦政府坚决致力于制定和落实适用于北极敏感生态系统内所有经济活动的最高环境和安全标准。

国际社会必须为北冰洋制定一个有约束力的灾难应对机制,从而提升对环境破坏进行早期预警、预防和消除的能力。联邦政府正尝试与北极国家开展合作,为航运安全问题提供公平、公正且可持续的长期解决方案。

作为国际海事组织的一员,联邦政府正努力推进北极海域监控、基础设施建设和海上搜救能力的完善,也参与了《欧盟海上安全战略行动计划》的制订和实施,该行动计划也涉及北极。在与欧洲北极国家对话过程中,联邦政府正在寻求适宜发展自身民用能力的领域。航标、通信线路和基地建设应尽可能覆盖更广泛的区域。联邦政府也支持提高电子海图效度和质量的相关措施。

作为观察员国,联邦政府支持北极理事会及其工作组为实现北极旅游业可持续发展所做的努力。

北极海域日益提升的通航能力以及严格的环境标准,为创新型船舶制造业提供了一个极具潜力的市场。作为全球领先的技术输出国之一,德国的船舶厂和供应商致力于环保高效的创新型船舶推进系统的研发、破冰船等特殊船舶的建造以及尖端海洋技术的应用。

即使采用最高的环境标准和现有的最佳科学技术，也不能完全避免原材料开采对北极造成的负面环境影响。为了减少这些影响，联邦政府正倡导北极国家设立非经济用途的保护区。为了减少全球范围内的资源开采活动，联邦政府将继续致力于延长原材料的生命周期，促进原材料的回收和再利用，提高资源利用率。

长期稳定的能源供应和可持续的原材料供应对德国至关重要。天然气被认为是一种相对低排放的化石燃料，有助于在向气候中性能源供应（Climate Neutral Energy Supply）过渡过程中减少空气污染物的排放。德国早已从北极国家挪威和俄罗斯进口本国所需的大部分天然气。

目前，大型液化天然气（Liquefied Natural Gas）接收站的发展和破冰运输船的建造，让未敷设天然气管道的远方市场得以用上北极天然气。德国企业利用其专业知识和技能为此提供技术支持。

在国际渔业组织中，德国联邦政府通过欧盟承诺养护和可持续利用北极海洋生物资源，旨在确保有效防范非法、不报告和不管制捕捞行为（Illegal, Unreported and Unregulated Fishing）。

7. 让当地居民和原住民参与其中

除了全球性影响外，气候变化对生活在北极地区的约 400 万人的生活方式产生了显著影响，尤其是北极原住民（约占总人口的 10%）。原住民的传统知识在北极研究中发挥了重要作用，促进了对北极地区变化的环境、社会和经济影响的理解。

北极变暖、矿产资源开发、经济发展、航运发展都加剧了北极环境破坏与生态系统变化，从而威胁北极原住民的生计、健康和文化传统。协调好北极原住民需求、国家政策和国际形势三者间的关系是一项极具挑战性的任务。

联邦政府对北极原住民做出承诺，并特别承诺尊重和承认他们的自由权和自决权。联邦政府必须将他们的领土主张和参与资源经济利用的权利纳入考量。根据《联合国土著人民权利宣言》，联邦政府支持北极原住民，着意于批准保护原住民的《独立国家土著和部落居民公约》国际劳工组织第 169 号公约。

联邦政府欢迎原住民作为平等的一方参与北极理事会的决策。联邦政府必须继续对环境保护、原住民的文化认同、领土主张以及北极资源经济利用的参与予以特别关切。北极理事会的工作组必须将原住民的传统知识纳入考量，并利用他们积累的专业知识开展相关工作。

为了贯彻落实"绝不让一个人掉队"的核心原则，《2030 年议程》强调让特别容易"掉队"的弱势群体参与进来，尤其是北极原住民，并虑及他们的具体诉求。北极应该得到可持续的利用，北极当地民众的需求理应被纳入考量。国家应该履行保护人权的义务。此外，在北极地区经营的公司需要承担尊重人权的责任，这一点也很重要。

联邦政府致力于加强与区域和多边组织现有机构之间的合作，这些组织旨在促进科学和国际合作。地方和区域的行政和经济模式应作为双方合作的出发点。

二、展望：承担责任，建立信任，塑造未来

像北极这样脆弱敏感却对全球气候产生重要影响的地区举世罕见。20 世纪 80 年代以来，北极海冰的表面积缩减了 50%，北极内陆冰川融化导致海平面不断上升。冰面面积的缩减削弱了对太阳光的反射强度，导致气温不断攀升；储存在永冻土中的温室气体随着土壤的解冻而被释放，进一步加剧全球变暖的态势。从动物界食物链的变化到无冰的航道，再到目前北极原材料开采的竞争，北极冰川融化会产生深远和重要的影响。

对于德国联邦政府来说，这就是承担北极责任和采取北极行动的理由。北极的未来值得德国予以充分关切。

联邦政府致力于构建一个适用于气候、环境及安全等所有关键领域的明确的国际规则框架。这一框架将继续强化北极理事会和国际海事组织等机构的作用。《联合国海洋法公约》等国际公约必须在北极得以严格遵守和落实。受北极地区发展直接影响的当地居民和原住民应得以参与北极事务。

在不断完善的着眼于北极的国际法律框架中，气候和环境保护是重点关注对象。联邦政府认为预防性原则和污染者付费原则是北极地区所有活动的基本原则。因此，联邦政府致力于确保本国、欧洲和国际层面的法规和气候保护目标能够得到遵守和实施。与此同时，德国致力于对北极地区的资源开采活动进行可持续和环境无害化管理，管理手段包括使用环境友好型技术设立保护区，以保护生物多样性，以及使用其他具有北极针对性的管理制度。在此背景

下，北极前沿研究是德国参与北极事务的重要基石。为此，深入了解北极地区在全球（气候）系统中的作用具有重要意义。

联邦政府致力于将北极纳入德国多元化的资源安全体系，并致力于开展安全和环境友好的航运。

联邦政府旨在对抗北极现有的地缘政治紧张局势，避免北极地区的（利益）冲突和潜在危机的发生。联邦政府必须保护适用的北极航运和过境通行权。此外，联邦政府致力于确保北约和欧盟也对北极及北极安全政策方面的重要性予以更多关切。联邦政府拒绝任何使北极军事化的企图。

联邦政府欲通过北极政策指南，凸显全面的德国北极政策对北极的重要性，并强调所有行为体对这一敏感地区的共同责任。

2035 年前俄罗斯联邦北极地区发展和国家安全保障战略①

发布时间:2020 年 10 月
发布者:俄罗斯联邦政府

关于《2035 年前俄罗斯联邦北极地区发展和国家安全保障战略》的俄罗斯联邦总统令

根据 2014 年 6 月 28 日第 172-FZ 号联邦法《俄罗斯联邦战略规划》第十七条规定:

(1)批准所附《2035 年前俄罗斯联邦北极区发展和国家安全保障战略》。

(2)俄罗斯联邦政府:

① 在 3 个月内批准统一行动计划,以实施 2020 年 3 月 5 日第 164 号俄罗斯联邦总统令批准的《2035 年前俄罗斯联邦北极地区国家政策基础》(以下简称《北极政策基础》)以及现行法令批准的《2035 年前俄罗斯联邦北极地区发展和国家安全保障战略》(以下简称《北极战略》);

② 确保《北极战略》的实施;

③ 监督《北极战略》的实施;

④ 向俄罗斯联邦总统提交关于《北极战略》实施情况的年度进展报告。

---

① 本中文译本是根据俄罗斯海洋研究学院提供的非官方英译本翻译而来;英译本是根据俄罗斯联邦政府发布的俄语版文本翻译而来,由俄罗斯政府法律信息互联网门户网站发布,并注明仅供研究和教育用。本文编译于 "Strategy for Development of the Arctic Zone of the Russian Federation and Provision of National Security for the Period Up to 2035"。如需该英文原文,请查找 "Strategy for Development of the Arctic Zone of the Russian Federation and Provision of National Security for the Period Up to 2035"。

（3）建议领土属于俄罗斯联邦北极地区的俄罗斯联邦各地当局在开展北极行动时,将《北极战略》的规定作为行动指导,并根据俄罗斯联邦各地的社会经济发展战略和国家发展计划进行适当修改。

（4）现行总统令自签署之日起生效。

（盖章）

总统办公室　　　　　俄罗斯联邦总统普京

莫斯科,克里姆林宫

2020 年 10 月 26 日

2020 年 10 月 26 日第 645 号俄罗斯联邦总统令批准

2035 年前俄罗斯联邦北极地区发展和国家安全保障战略

一、一般条款

（1）现行《北极战略》是确保俄罗斯联邦国家安全（以下简称“国家安全”）的战略规划文件,旨在实施《北极政策基础》、实现北极地区发展和国家安全保障主要目标的措施,以及实施这些措施的阶段和预期成果。

（2）现行《北极战略》的法律框架是《俄罗斯联邦宪法》（“Constitution of the Russian Federation”）、2014 年 6 月 28 日第 172-FZ 号《俄罗斯联邦战略规划联邦法》（Federal Law of 28 June 2014 No. 172-FZ on “Strategic Planning in the Russian Federation”）、《俄罗斯联邦国家安全战略》（“National Security Strategy of the Russian Federation”）、《俄罗斯联邦外交政策概念》（“Concept of the Foreign Policy of the Russian Federation”）、《俄罗斯联邦科技发展战略》（“Strategy for the Scientific and Technological Development of the Russian Federation”）、《2025 年前俄罗斯联邦区域发展国家政策基本原则》（“Fundamentals of the State

Policy for Regional Development of the Russian Federation for the Period Up to 2025"）、2014 年 5 月 2 日第 296 号《俄罗斯联邦北极区陆地领土》总统令（Decree of the President of the Russian Federation of 2nd May 2014 No. 296 on the "Land Territories of the Arctic Zone of the Russian Federation"）、2018 年 5 月 7 日第 204 号《2024 年前俄罗斯联邦发展国家目的和战略目标》（7th May 2018 No. 204 on "National Goals and Strategic Objectives for Development of the Russian Federation for the Period Up to 2024"）、2020 年 6 月 21 日第 474 号《2030 年前俄罗斯联邦发展国家目标》（21st June 2020 No. 474 on "National Objectives for Development of the Russian Federation for the Period Up to 2030"）。

（3）在现行《北极战略》中，"北极"和"俄罗斯联邦北极地区"（以下简称"北极地区"）的含义与《北极政策基础》中的含义相同。

（4）北极地区的特点决定了其在社会经济发展和确保北极国家安全方面的独特方法，这些特点为：

① 极端的环境和气候条件、极低的人口密度以及交通和社会基础设施的发展水平；

② 生态系统对外部影响的高度敏感，尤其是在俄罗斯联邦原住民少数民族（以下简称"原住民少数民族"）的定居点；

③ 气候变化——既带来新的经济机遇，也给经济活动和环境带来风险；

④ 与北方海航道（Northern Sea Route）之间建立的地理、历史和经济联系；

⑤ 北极各地区之间工业和经济发展的不平衡——经济活动集中于开采自然资源以及将其出口到俄罗斯联邦和国外的工业发达地区；

⑥ 高度资源密集型经济活动和居民生活保障——均依赖俄罗斯联邦各地提供的燃料、粮食和其他重要物资；

⑦ 日益增长的北极地区冲突可能性。

二、北极地区发展和国家安全状况评估

（5）下文将阐述北极地区在俄罗斯联邦社会经济发展和保障国家安全方面的重要意义。

① 俄罗斯联邦 80% 以上的可燃天然气和 17% 的石油（包括凝析油气）产自北极地区；

② 在北极地区实施大型经济(投资)项目对高技术和知识型产品的需求很高,刺激俄罗斯联邦各地区生产此类产品;

③ 根据专家评估,俄罗斯联邦北极大陆架(以下简称"大陆架")蕴藏着超过 85.1 万亿立方米的可燃天然气、173 亿吨石油(包括天然气凝析油)以及用于夯实俄罗斯联邦矿产资源基地发展的其他战略性资源储备;

④ 北方海航道是一条具有国际重要性的运输走廊,用于提供国内和国际货物运输,其重要性将因气候变化而增加;

⑤ 由于北极地区的人为影响和/或气候变化,发生对环境产生不利影响事件的可能性,会给俄罗斯联邦甚至全球经济体系、环境和安全带来风险;

⑥ 北极地区居住着 19 个原住民少数民族;他们的历史和文化遗产遗址和文物具有全球性的历史和文化价值;

⑦ 将具有战略威慑力量的机构设在北极地区,以防止外界对俄罗斯联邦及其盟国的侵略。

(6) 实施《2020 年前俄罗斯联邦北极区发展和国家安全保障战略》以来,俄罗斯联邦取得了以下成效。

① 北极地区出生人口的预期寿命从 2014 年的 70.65 岁增加到 2018 年的 72.39 岁;

② 2014 年至 2018 年,来自北极地区的人口迁移量减少了 53%;

③ 失业率:根据国际劳工组织(International Labor Organization)的标准,失业率从 2017 年的 5.6% 降至 2019 年的 4.6%;

④ 北极地区的地区生产总值在俄罗斯联邦各地地区生产总值中所占比例从 2014 年的 5% 增至 2018 年的 6.2%;

⑤ 俄罗斯联邦预算系统的预算资金在北极地区固定资本投资总额中所占比例从 2014 年的 5.5% 增至 2019 年的 7.6%;

⑥ 北方海航道水域的货物运输量从 2014 年的 400 万吨增至 2019 年的 3 150 万吨;

⑦ 宽带接入互联网信息和电信网络(以下简称"互联网")的家庭占北极区家庭总数的比例从 2016 年的 73.9% 增至 2019 年的 81.3%;

⑧ 北极地区先进武器和军事及特种装备的比例从 2014 年的 41% 增至 2019 年的 59%。

（7）北极地区发展和国家安全面临的主要风险、挑战和威胁如下所述。

① 北极地区气候变暖速度加快，是整个地球变暖速度的 2～2.5 倍；

② 人口自然增长率下降，人口外流，导致人口减少；

③ 北极地区生活质量指标值与全国或俄罗斯联邦各地平均值之间存在差距，包括出生时预期寿命、劳动适龄人口死亡率、婴儿死亡率、符合法律法规要求的公共道路数量、住房应急资金比例、新建住房数量、住房基金中用于所有必要住房改善的拨款金额等相关统计数据的差距；

④ 在偏远地区，包括在原住民少数民族的传统居住地和传统经济活动地，高质量的社会服务和舒适的定居点数量很少；

⑤ 缺乏向偏远地区定居点提供燃料、食品和其他重要物资的国家支持系统，这些国家支持系统旨在确保能够以负担得起的价格向居民和经济实体分配这些物资；

⑥ 运输基础设施的发展水平较低，包括为小型飞机的运营和以可承受的价格实现全年航空运输而设计的基础设施，以及建设此类基础设施的高昂成本；

⑦ 成本高昂，包括需要向在远北地区和类似地区工作的人员提供担保和补偿，企业实体的竞争力低下；

⑧ 北极地区中等职业教育和高等教育体系与经济和社会发展对合格和高素质人才需求之间的差距；

⑨ 在北极地区实施经济项目的既定期限内，北方海航道沿线基础设施发展以及破冰船、搜救船和辅助船队建造出现的延误；

⑩ 没有针对北方海航道水域作业的海船船员的紧急撤离程序和医疗援助；

⑪ 信息和通信基础设施发展水平低，电信部门竞争不充分；

⑫ 使用经济效益差、对环境不安全的柴油发电的地区比例很高；

⑬ 北极地区高科技和知识型经济部门的附加值在地区生产总值中所占的比例下降，研发与实体经济部门的结合不够，创新周期不够开放；

⑭ 用于保护和合理利用自然资源的固定资产投资水平低；

⑮ 剧毒和放射性物质以及特别危险的传染病病原体从国外进入北极地区的可能性；

⑯ 搜救基础设施和公共安全系统的发展速度与北极地区经济活动的增长速度不一致；

⑰ 北极地区发生冲突的可能性增加,需不断提高俄罗斯联邦武装部队、其他编队、军事单位和机构在北极地区的作战能力。

（8）2019 年,考虑到北极地区发展和国家安全保障面临的挑战,公共行政系统进行了如下重组:国家北极发展事务委员会（State Commission on the Issues for Development of the Arctic）招聘了新员工,扩大了权限;俄罗斯联邦远东和北极发展部（the Ministry of the Russian Federation for Development of the Far East and the Arctic）成立;扩大上述机构在远东（包括北极地区）发展事务方面的权限。

三、现行《北极战略》的实施目的和实现北极地区发展和国家安全保障首要目标的措施

（9）现行《北极战略》的实施目的是确保俄罗斯联邦在北极地区的国家利益,实现《北极政策基础》中确定的目标。

（10）北极地区发展和国家安全保障的主要行动和目标与《北极政策基础》罗列的俄罗斯联邦在北极地区实施国家政策的主要指示和北极地区发展的主要目标是一致的。

（11）要实现北极地区社会发展的首要目标,需采取以下措施。

① 实现初级卫生保健现代化（包括使为成人和儿童提供初级卫生保健的医疗组织、专科部门、中央地区医院和地区医院的后勤工作符合确保医疗保健的程序标准,为这些组织、部门和医院提供更多新的现代化设备,使它们能提供医疗保健）;

② 为提供初级保健服务的医疗组织提供汽车和飞机运输设备,将病人送往医疗设施处,将医务工作者送往病人住处,并将药品送往偏远地区的定居点（包括原住民少数民族传统居住区的传统居住地）;

③ 考虑低密度人口及其居住地偏远的情况,改进这些地区的国家资助医疗服务机制;

④ 优先为医疗组织提供互联网接入,建立利用远程医疗技术提供医疗服务的能力以及发展流动医疗服务（包括沿原住民少数民族游牧路线提供流动医疗服务）;

⑤ 确保通过为居住在远北地区的公民提供专门医疗服务的标准,并根据

发病率和医疗后送病例数,为在远北地区和类似地区开展业务的医疗组织、其分支机构或部门的医务人员和设备数量制定单独的标准;

⑥ 为在北方海航道水域作业的船只以及北冰洋水域的永久和移动浮动平台提供医疗支持;

⑦ 推进高科技医疗;

⑧ 制定预防疾病(包括传染病)的措施,实施一系列旨在培养公民开展健康生活方式的措施(包括促进健康饮食和减少烟酒消费);

⑨ 为医务工作者提供社会和福利支持,消除医务人员短缺现象;

⑩ 制订社会基础设施的选址计划(包括初级保健中心以外的医疗机构、教育机构以及提供文化、体育和运动服务的组织),以确保根据人口统计和人力资源预测为人口提供服务,同时要考虑偏远居民区的交通便利性、原住民少数民族的独特生活方式以及社会基础设施场所的现代化;

⑪ 改善优质普通教育的可及性,为儿童课外教育创造条件(包括在偏远地区和农村地区的定居点开展这些行动以及开发远程教育技术);

⑫ 完善教育部门的法律规章,为原住民少数民族接受教育创造条件;

⑬ 与大中型企业合作,发展专业教育组织网络(包括建设先进的职业培训中心,并按照世界技能标准为车间配备现代技术设备);

⑭ 支持联邦大学和其他高等教育机构的发展计划,以及它们与科学组织和企业的融合;

⑮ 制定专门的北极地区立法,确保居民的卫生和流行病防治福利;

⑯ 消除经济活动和其他人类活动对环境造成的负面影响,以及气候变化造成的危及公众健康的风险;研究和评估这些变化对传染病和寄生虫病传播方式的影响;

⑰ 确保保护和促进文化遗产,发展传统文化,保护和发展原住民少数民族语言;

⑱ 国家支持开展活动,使居住在偏远地区的儿童能够参观文化机构(包括支付儿童的旅费);支持组织和举办巡回艺术公司和展览,确保当地运动队参加地区间和全国性体育赛事,举办全国性节日和艺术项目,以及在北极地区举办大型体育赛事;

⑲ 创造条件,增加经常参加体育活动和运动的人数,增加可供民众使用的

体育设施,并扩大这些设施的使用能力;

⑳ 改进对干线、区域间和地方(区域)航空运输的补贴机制;

㉑ 在城镇设计现代化的城市环境(包括改善公共空间和当地的游乐场),考虑北极地区特有的气候条件,并采用先进的数字和工程解决方案;

㉒ 为住房开发提供国家支持(包括在原住民少数民族传统定居点和负责保障国家安全和 / 或作为矿产资源中心开发总部的机构和组织所在地区建造木制住房结构,建造工程和社会基础设施,实施经济方案和 / 或北极地区的其他基础设施项目);

㉓ 确保向从远北地区和其他同样具有挑战性的地区迁来的公民提供住房补贴的相关费用;

㉔ 促进国营公司、国有企业和私人投资者参与社会、住房、市政和交通基础设施的发展和现代化,以及参与传统定居点和原住民少数民族传统经济活动基础设施的发展;

㉕ 确定向在北极地区工作和居住的俄罗斯联邦公民提供社会保障的制度;

㉖ 建立国家支持网络,向偏远居民区运送燃料、食品和其他重要物资。

(12)要实现北极地区经济发展的首要目标,需采取以下措施。

① 在北极地区实施特殊经济制度,以促进向循环经济过渡,促进私人投资进入地质勘探领域,建设新的和现代化的现有工业设施,发展以科学为基础的高科技产业,开发新的油气田,开发固体矿藏和难以回收的碳氢化合物储量,增加石油提炼全过程的产量,生产液化天然气和天然气产品;

② 向在运输、能源和工程基础设施(包括供气和供水基础设施、管道和通信系统)方面进行资本投资的投资者提供国家支持,这些投资是实施根据联邦法律和其他规范性法案规定的程序或标准选定或指定的新投资项目所必需的;

③ 制订和实施国家支持原住民少数民族传统经济活动的方案;

④ 简化向公民发放土地的程序,以发展法律未禁止的经济和其他活动;

⑤ 为接收和开发林地和养鱼场的个人提供数字平台;

⑥ 制订和实施北极地区地质研究计划;

⑦ 继续收集必要的数据,以确定大陆架的外部界限;

⑧ 设计和开发一种实施大陆架经济项目的新模式,旨在增加私人投资者的参与,同时保持国家对实施过程的控制;

⑨ 为油气田开发（包括在大陆架上使用的技术）、液化天然气生产和相关工业产品的设计和先进技术措施提供国家支持；

⑩ 在实施新的经济项目时促进国产工业产品的使用；

⑪ 为鱼类加工联合企业、养鱼场、温室和畜牧企业的建设和／或现代化项目提供国家支持；

⑫ 制定和实施法律和组织程序，防止非法开采和销售海洋生物资源，促进合法获得的海洋生物资源的销售；

⑬ 发展国家支持系统，以扩大植树造林，发展森林基础设施，对森林资源进行全面加工，并发展野外防火航空网络；

⑭ 国家支持在俄罗斯联邦建造破冰游轮和发展旅游基础设施；

⑮ 完善基础职业教育体系，招生项目应该是联邦预算拨款、俄罗斯联邦各地资金和用于北极地区教育组织的地区预算拨款资助的相关项目，以满足对合格和高素质人才的预期需求；

⑯ 为准备迁移（重新安置）到俄罗斯联邦北极地区就业的俄罗斯劳动适龄、经济活跃人口提供系统的国家支持。

（13）要实现北极地区基础设施发展的首要目标，需采取以下措施。

① 综合发展北方海航道、巴伦支海（Barents Sea）、白海（White Sea）和佩乔拉海（Pechora Sea）水域的海港和航道基础设施；

② 建立一个海上行动总部，负责管理整个北方海航道水域的航运和航行；

③ 整合北方海航道水域提供的运输和物流服务，以一个数字平台为基础，对多式联运客货运输进行无纸化登记；

④ 至少建造5艘通用核动力22220项目破冰船、3艘"领袖"级核动力破冰船、16艘多功能搜救和拖曳船、3艘水文船和2艘领航船；

⑤ 发展职业教育和校外教育体系，同时考虑开发北方海航道的需要；

⑥ 设计并批准一项计划，建造用于商业航行的货船，实施经济项目，建造用于北极地区海港和河港之间运输的货船和客船；

⑦ 建设枢纽港，建立俄罗斯集装箱运营商实体，确保北方海航道水域的国际和沿海运输；

⑧ 扩大白海－波罗的海运河（White Sea-Baltic Canal）沿线以及奥涅加河（Onega River）、北德维纳河（Northern Dvina River）、梅津河（Mezen River）、佩乔

拉河（Pechor River）、奥布河（Ob River）、叶尼塞河（Yenisei River）、勒拿河（Lena River）、科雷马河（Kolyma River）和其他北极区河流流域的通航可能性（包括疏浚港口和港口所在地并使之现代化）；

⑨ 在北方海航道水域的海运和内河运输以及定居点的能源供应中扩大使用液化天然气；

⑩ 在发展北方海航道基础设施和实施经济项目的同时，投资设计、开发和建设（现代化）跨越俄罗斯联邦国境的机场和检查站；

⑪ 制订并实施工程和技术解决方案，确保基础设施在气候变化背景下的可持续运行；

⑫ 修建地方公路并使其现代化（包括在偏远居民区开展这些行动）；

⑬ 部署一个高椭圆轨道空间系统，为地球极地地区提供高时空分辨率的水文气象数据；

⑭ 在高椭圆轨道上设计和扩大一个采用国内设备的卫星星座，为北方海航道水域和北纬 70° 以北地区的用户提供卫星通信，并提供自动识别系统运行和地球遥感系统所需的质量和速度；

⑮ 铺设横跨北极的海底光纤通信干线电缆，将当地通信电缆与北极地区最大的港口和定居点连接起来；

⑯ 确保在海港实施辐射安全措施，以应对装有核电站的水面舰艇和船只、核技术服务支持船和移动式核动力发电厂进入或停泊港口；

⑰ 制定和实施国家支持项目，重点是提高偏远和难以到达地区的发电效率，这些项目需要使用液化天然气、可再生能源和当地燃料；

⑱ 在原住民少数民族的传统居住地和传统经济活动区为他们提供移动能源供应和通信手段。

（14）要实现"发展科学技术，推动北极发展"的首要目标，需采取以下措施。

① 确定科学技术发展的优先行动，增加开展基础科学研究和应用科学研究的活动，从而推动北极发展；

② 设计和实施对北极发展至关重要的技术（包括支持北极地区经济活动所需的新应用和结构材料），开发在北极气候条件下运行的地面车辆和飞机，以及开发保护北极地区居民健康和延长其预期寿命的技术；

③ 在北冰洋开展综合考察研究项目（包括测深、重力分析以及声学剖面分

析），开展水文研究以确保航行安全，并开展长期水文研究（包括研究水下环境的深海研究）；

④ 制订有关北极生态系统、全球气候变化和北极研究的国际科学研究（包括考察）综合计划；

⑤ 推动俄罗斯联邦科学研究船队的发展（包括为北极研究建造抗冰漂流自航平台和研究船）；

⑥ 在有助于北极发展的基础科学研究和应用科学研究的优先领域建立科学和教育中心；

⑦ 监测、评估和预测在北极地区的科技发展。

（15）要实现环境保护和确保环境安全的首要目标，需采取以下措施。

① 建立特别保护自然区，并确保遵守其特别保护制度（包括将其数据输入国家不动产统一登记处（Unified State Real Estate Registry））；

② 使北极地区的经济和基础设施适应气候变化；

③ 识别、评估和计算破坏环境的累积因素，并制定消除累积破坏的项目；

④ 开发统一的国家环境监测系统（国家环境监测），并应用现代信息和通信技术及通信系统；

⑤ 根据世界气象组织的建议，开展水文气象方面的活动（包括增加监测网络和环境监测系统设备的密度）；

⑥ 在北极地区开展经济和其他活动时，最大限度地减少大气排放和水域工业污染，并建立国家支持机制，为在北极地区发展经济和其他活动引进现有的最佳技术；

⑦ 防止在自然资源开发过程中对环境造成负面影响；

⑧ 建立统一的国家系统，预防和消除紧急情况，对石油和石油产品泄漏采取应对行动（包括在北方海航道和其他海上运输走廊水域所发生的紧急情况）；

⑨ 防止剧毒、放射性物质以及危险微生物从国外进入北极地区；

⑩ 定期评估人类活动对北极地区造成的环境和社会经济影响（包括来自北美、欧洲和亚洲的污染物扩散造成的影响）；

⑪ 定期评估位于北极地区的核电设施对环境和人口的影响；

⑫ 确保可持续利用伴生石油气，减少燃烧；

⑬ 为北极地区废物管理部门的活动提供国家支持，并改进北极地区危险

废物管理系统;

⑭ 建立一个通信系统,及时向公共当局和民众通报:气候变化造成的灾害期间,最危险的污染物和微生物的有害影响的发生或增加的风险。

(16) 要实现发展国际合作的主要目标,需采取以下措施。

① 实施多部门外交政策,旨在维护北极地区的和平、稳定和互利合作;

② 确保俄罗斯联邦与他国开展互利的双边和多边合作(包括根据国际条约、协定和俄罗斯联邦加入的公约开展的国际合作);

③ 对大陆架外部界限进行国际法律登记,并与北极国家保持合作,以保护国家利益和行使北极沿海国的权力,这些权力受到国际法案的保护(包括有关勘探和开发大陆架资源以及划定其外部边界的行动);

④ 确保俄罗斯在平等和相互尊重的条件下在斯瓦尔巴群岛(Svalbard Archipelago)的存在,与挪威以及 1920 年 2 月 9 日《斯瓦尔巴条约》("Treaty of Svalbard")的其他缔约国开展有益合作;

⑤ 扩大北极国家的努力,建立统一的地区搜救系统,预防人为灾害并消除其后果,协调救援部队的活动,确保北极国家在北极海岸警卫队论坛框架内开展合作;

⑥ 制订并实施俄罗斯联邦各地(其领土为北极地区陆地领土)与北极国家其他地区之间的经济和人道主义合作计划;

⑦ 俄罗斯国家和公共组织积极参与北极理事会和其他关注北极问题的国际论坛的活动;

⑧ 确保北极理事会在 2021—2023 年俄罗斯联邦担任主席期间的有效运作,包括促进以确保北极可持续发展和保护原住民少数民族文化遗产为重点的合作项目;

⑨ 促进居住在北极地区的原住民与居住在外国北极领土上的原住民之间的有力合作,并举办相关的国际论坛;

⑩ 通过与北极地区其他国家的青年进行教育、人道主义和文化交流,促进原住民少数民族青年的全面发展;

⑪ 制定旨在吸引外国资本在北极地区实施投资项目的总体指导方针;

⑫ 组织旨在吸引外国投资者的活动,以促进北极地区经济(投资)项目的实施;

⑬ 加强北极经济理事会作为北极可持续发展中心论坛的地位；

⑭ 支持俄罗斯组织与外国合作伙伴共同设计和实施的以北极勘探和开发为重点的基础和校外专业教育计划；

⑮ 确保执行《加强国际北极科学合作协定》；

⑯ 设计并推广一个多语言信息因特网资源网站,专门用于北极地区的发展和俄罗斯在北极地区的活动。

（17）要实现保护北极地区居民和领土免受自然和人为紧急情况影响的首要目标,需采取以下措施。

① 确定和评估自然和人为紧急情况的风险,并制定预防此类情况的方法；

② 推进技术进步,发展紧急救援和消防的技术能力和设备,实现飞机队现代化,发展与航空相关的基础设施和空中救援技术,保护居民和领土,缩短对紧急情况的反应时间,同时考虑行动目标和北极地区的气候条件；

③ 改进保护居民和领土的方法、灭火方法（包括使用航空手段）以及在北极条件下应对自然和人为紧急情况时临时安置居民和专业人员的程序；

④ 提高对关键和潜在危险设施的保护水平,确保其在北极环境紧急情况下的可持续运行；

⑤ 考虑计划在北极地区建造的设施的规格,改进法律法规和技术框架,保护居民、领土、关键和潜在危险设施免受自然和人为紧急情况的影响,改进消防安全措施；

⑥ 在处理来自太空的地球遥感数据的基础上,开发北极地区环境监测和紧急情况预报系统；

⑦ 在统一的国家紧急情况预防和应对系统框架内建立反危机管理系统；

⑧ 发展北极综合应急中心（考虑行动目标和自然环境）,扩大其在预防紧急情况和应对紧急情况方面的技术和战术能力,改善其结构、人员和后勤支持,扩大基地基础设施；

⑨ 开展并积极参与培训和演习,评估北极各国部队和资源应对自然和人为紧急情况的准备情况（包括大型经济和基础设施项目的影响）；

⑩ 制定紧急救援设备和紧急援助能力的标准要求,在北极地区发生辐射泄漏事故和其他事件时保护生命和健康；

⑪ 确保公民撤离（重新安置）因自然和人为灾害而受影响的地区。

（18）要实现确保北极地区公共安全的首要目标，需采取以下措施。

① 完善俄罗斯联邦内政机构和俄罗斯联邦国民警卫队（Russian Federation National Guard）的结构和人员配备；

② 为驻扎在北极地区的俄罗斯联邦内政机构和国民警卫队配备适合北极条件的现代武器弹药、专用设备和其他后勤保障；

③ 防止极端主义和恐怖主义活动；

④ 提高预防忽视措施的效率，为不同情况和不同程度的不适应未成年人提供社会援助，并改进康复方法；

⑤ 创造条件，建立邻里守望和其他执法协会、禁毒方案、公共禁毒协会和组织；在麻醉药品和精神药物使用者全面康复和重返社会中心网络内建立地区分支机构；

⑥ 预防燃气和能源企业、住房和社区服务领域的犯罪，以及信息和通信技术犯罪；

⑦ 实施、开发和维护"安全城市"计划中执法系统、监控设备和软件网络的运行；

⑧ 扩大（建立）康复和适应中心网络，为从拘留机构释放的人员提供全面的社会援助。

（19）要实现确保北极地区军事安全、保护和保卫俄罗斯联邦国家边界的首要目标，需采取以下措施。

① 完善俄罗斯联邦武装部队以及驻扎在北极地区的其他部队、军事单位和机构的组成部分和结构；

② 确保在北极地区建立有利的行动机制，包括保持俄罗斯联邦武装部队和其他部队、军事单位和机构的战斗准备状态，应对俄罗斯联邦在北极地区当前和预计面临的军事风险和军事威胁；

③ 为驻扎在北极地区的俄罗斯联邦武装部队和其他部队、军事单位和机构配备适应北极条件的现代化武器和军事及特种装备；

④ 发展基地基础设施，采取措施快速、高效地向领土提供装备，改善对俄罗斯联邦武装部队和其他部队、军事单位和机构的后勤支持，确保在北极地区实现各项目标；

⑤ 以综合方式利用双重用途技术和基础设施，实现北极地区的防御目标。

四、在俄罗斯联邦各地区和各市实施现行《北极战略》的主要行动

（20）摩尔曼斯克（Murmansk）地区实施现行《北极战略》的主要行动包括以下方面。

① 大规模开发俄罗斯在北极地区唯一的不冻港口——摩尔曼斯克海港，将摩尔曼斯克交通枢纽发展为多式联运枢纽，并在该港境内建设新的码头和转运综合设施；

② 广泛开发拥有军事设施的封闭行政区和居民区，包括基础设施建设和军民两用设施的现代化；

③ 建立和发展海洋工业服务支持网络，从事船舶维修、供应和燃料补给，发展沿海基地，以便为在北方海航道水域航行和在北极地区实施项目的公司提供有竞争力的服务；

④ 建立和发展用于生产、储存和运输液化天然气的大容量海上结构的建设中心；建立和发展从事海上设备和用于开发海上碳氢化合物矿藏的设备的维修和保养的企业；

⑤ 对科拉半岛（Kola Peninsula）的矿藏进行地质研究；建立新的和发展现有的矿产资源中心，专门从事自然资源的开采和加工；

⑥ 发展能源基础设施（包括用其他类型的能源设备取代柴油发电设备）；

⑦ 实现机场综合体现代化（包括实现摩尔曼斯克国际机场的现代化）；

⑧ 在摩尔曼斯克发展会议、展览和商务基础设施，实现俄罗斯联邦在北极地区国际合作和商务旅游方面的竞争优势；

⑨ 发展渔业网络（考虑保护和发展渔业资源能力的需要）和企业的技术现代化（包括造船业），引进新的现代技术和组织能力，开展水生生物资源深加工及水产养殖业发展；

⑩ 在基洛夫斯克市（Kirovsk）、特里别尔卡村（Teriberka）、科夫多尔斯基（Kovdorsky）、佩琴斯基（Pechengsky）和特尔斯基（Tersky）等地发展旅游和休闲集群。

（21）涅涅茨自治区（Nenets Autonomous Area）实施现行《北极战略》的主要行动包括以下方面。

① 发展因迪加深水海港（Indiga Deep-Water Seaport）和索斯诺戈尔斯克－

因迪加铁路（Sosnogorsk-Indiga Railway）建设项目；

② 发展交通基础设施（包括重建纳里扬马尔海港（Naryan-Mar Seaport）、纳里扬马尔机场（Naryan-Mar Airport）和阿德马机场（Amderma Airport），疏浚伯朝拉河（Pechora River），修建纳里扬马尔－乌辛斯克高速公路（Naryan-Mar Usinsk Highway））；

③ 开发瓦兰德斯基（Varandeysky）、科尔盖夫斯基（Kolguevsky）、克哈亚各－乌辛斯克（Kharyago-Usinsky）和克哈斯雷斯基（Khasyreysky）石油和矿产资源中心；

④ 在涅涅茨自治区建立天然气凝析油矿产资源中心（包括开发克洛文斯科伊（Korovinskoye）和克姆孜斯科伊（Kumzhinskoye）天然气凝析油田以及凡内维斯科伊（Vaneivisskoye）和拉亚弗斯科伊（Layavozhskoye）石油和天然气凝析油田）；

⑤ 开展地质研究和开发固体矿产资源基础，使涅涅茨自治区的经济实现多样化；

⑥ 建设一个农业工业园区，实施以出口为导向的鹿肉全套加工项目；

⑦ 发展旅游集群（包括文化、宗教和民族旅游基础设施）。

（22）楚科奇自治区（Chukotka Autonomous Area）实施现行《北极战略》的主要行动包括以下方面。

① 开发佩韦克海港（Pevek Seaport）及其码头；

② 在常年深水海港普罗维登西亚（Provideniya）建立运输和物流中心；

③ 对楚恩－比利比恩斯基发电厂（Chaun-Bilibinsky Power Plant）进行现代化改造；

④ 发展交通基础设施（包括修建科雷马－奥姆苏克昌－奥莫隆－安纳德尔（Kolyma-Omsukchan-Omolon-Anadyr）地区间公路）；

⑤ 通过在彼得罗巴甫洛夫斯克－堪察斯基－阿纳德尔（Petropavlovsk-Kamchatsky-Anadyr）地区间铺设海底光纤通信电缆，将涅涅茨自治区与俄罗斯联邦统一电信网络连接起来；

⑥ 开发拜姆斯基（Baimsky）和皮卡开斯克－麦斯基（Pyrkakaisko-Maisky）贵金属和有色金属矿产资源中心；

⑦ 开发白令戈夫斯基（Beringovsky）煤炭和矿产资源中心，在阿日奈

（Arinai）深水潟湖建造一个常年码头；

⑧ 在佩韦克建立紧急救援队和北极危机管理中心；

⑨ 在阿纳德尔、佩韦克和普罗维登尼亚（Provideniya）发展北极游轮旅游和建立民族生态旅游群。

（23）亚马尔－涅涅茨自治区（Yamalo-Nenets Autonomous Area）实施现行《北极战略》的主要行动包括以下方面。

① 开发萨贝塔海港（Sabetta Seaport），在奥布卡亚古巴（Obskaya Guba）修建装卸码头和海运航道；

② 在奥布卡亚－萨列哈尔德－纳季姆－潘戈迪－新乌连戈伊－科罗恰耶沃（Obskaya-Salekhard-Nadym-Pangody-Novy Urengoy-Korotchayevo）和奥布卡亚－博万年科沃－萨贝塔（Obskaya-Bovanenkovo-Sabetta）地区间修建和发展铁路线；

③ 扩大亚马尔半岛（Yamal Peninsula）和吉丹半岛（Gydan Peninsulas）的液化天然气生产；

④ 在奥布卡亚古巴开发天然气田，同时发展天然气运输管道系统；

⑤ 开发新波尔托夫斯基（Novoportovsky）石油、天然气凝析油以及博万年科夫斯基（Bovanenkovsky）天然气液化矿产资源中心，扩大坦贝（Tambey）自然资源田，并准备进行陆架储藏开发；

⑥ 在萨贝塔、雅姆堡（Yamburg）和新乌联戈伊（Novyi Urengoy）附近发展石油和天然气化学工业，建立一个多元化的天然气加工和石化工业技术综合体；

⑦ 维护和发展天然气和石油管道网络，在纳定姆－普尔斯卡娅（Nadym-Purskaya）和普尔－塔佐夫斯卡娅（Pur-Tazovskaya）石油和天然气产区发展与管道相连的天然气和石油矿产资源中心（包括采用新技术开采、开发底层储藏以及难以开采的石油储藏）；

⑧ 开发在工业环境中利用低压天然气的技术（包括天然气压缩技术）；

⑨ 将定居点连接到统一／综合电力系统，扩大集中供电区；

⑩ 在主要支持定居点建立工业区，发展石油和天然气服务支持实体；

⑪ 建立建筑材料生产工业，满足燃料、能源综合体以及住房建筑部门的需求；

⑫ 在萨贝塔建立紧急救援队和北极危机管理中心；

⑬ 发展由萨列哈尔德、拉比特南吉（Labytnangi）和哈普（Harp）组成的大型

综合旅游集群。

（24）卡累利阿共和国（Karelia Republic）各市实施现行《北极战略》的主要行动包括以下方面。

① 实现伯洛摩洛－巴尔蒂斯基运河（Belomoro-Baltiysky Canal）的现代化；

② 在建筑石料矿床周边地区发展建筑材料工业；支持俄罗斯联邦周边地区的建筑项目；

③ 在东卡累利阿（East Karelia）铜－金－钼－矿区建设和开发矿产资源中心；

④ 建设和发展完整的木材加工企业集群；

⑤ 发展渔业集群（包括水产养殖企业）；

⑥ 发展文化、历史和生态旅游；

⑦ 在确认预期电力需求及其经济效益后，建造一些小型水电站；

⑧ 设计一个基于国内高速超密集流程的数据处理和存储中心网络。

（25）科米共和国（Komi Republic）各市实施现行《北极战略》的主要行动包括以下方面。

① 单一产业城市——沃尔库塔（Vorkuta）和因塔（Inta）城区的经济多样化和社会经济综合发展；

② 在佩乔拉（Pechora）煤炭盆地开发煤炭矿产资源中心，建立煤炭原料全套加工和煤化工企业；

③ 在蒂曼－佩乔拉（Timan-Pechora）石油天然气省建设和开发石油天然气矿产资源中心，并建设石油天然气加工设施；

④ 对个别地区进行地质研究，开发坚实的矿产资源基地；

⑤ 建设和发展垂直一体化采矿冶金联合企业，用于加工钛矿石和匹哲穆斯克也（Pizhemskoye）油田的石英（玻璃）砂；

⑥ 建设和开发帕尔诺斯基（Parnoksky）锰铁矿产资源中心；

⑦ 发展铁路基础设施，与正在建设和计划建设的铁路线相连接（包括建设索斯诺戈尔斯克－因迪加铁路，重建科诺沙－科特拉斯－楚姆－拉比特南吉（Konosha-Kotlas-Chum-Labytnangi Railway）铁路，获准重建米昆－文达（Mikun-Vendinga）铁路，以及建设文达－卡尔波戈里（Vendinga-Karpogory）铁路）；

⑧ 发展交通基础设施（包括建设和重建瑟克特夫卡尔－乌赫塔－伯朝拉－乌辛斯克－纳里扬马尔（Syktyvkar-Ukhta-Pechora-Usinsk-Naryan-Mar）高速公路

路段,疏浚通往某些地区的唯一运输通道伯朝拉河(Pechora River));

⑨ 重建机场网络并使其现代化(包括在沃尔库塔市修建军民联合机场);

⑩ 发展文化－人文和文化－历史旅游集群,建立自然探索旅游集群。

(26)萨哈共和国(雅库特)(Sakha Republic(Yakutia))各市实施现行《北极战略》的主要行动包括以下方面。

① 疏浚阿纳巴尔河(Anabar River)、勒拿河(Lena River)、雅纳河(Yana River)、因迪吉尔卡河(Indigirka River)和科雷马河(Kolyma River);

② 全面开发阿纳巴尔斯基(Anabarsky)和连斯基(Lensky)盆地地区,考虑开发矿产资源中心(包括世界上最大的汤姆特斯科耶(Tomtorskoye)稀土金属矿床,阿纳巴尔斯基(Anabarsky)、布隆斯基(Bulunsky)、奥列涅克斯基(Oleneksky)地区的冲积金刚石矿床,弗尔科内－蒙斯科耶(Verkhne-Munskoye)金刚石矿床,泰米利尔斯基(Taimylyrsky)煤矿,以及扎帕德诺－安纳巴斯基(Zapadno-Anabarsky)石油和矿产资源中心);

③ 全面发展提克希(Tiksi)定居点(包括发展两用基础设施,重建提克希海港及其码头);

④ 全面开发位于亚纳河(Yana River)流域的领土(包括建设能源和交通基础设施),开发亚纳河流域的固体矿产资源基地(包括基乌球斯(Kyuchus)金矿、普罗格诺兹(Prognoz)银矿、杰普塔斯科耶(Deputatskoye)锡矿和泰列赫季亚赫(Tirekhtyakh)锡矿);

⑤ 全面开发位于因迪吉尔卡河(Indigirka River)流域的领土,通过开发克拉斯诺列琴科耶(Krasnorechenskoye)煤矿、组织建材生产、利用玄武岩和建筑石材矿藏,确保其能源安全和经济多样化;

⑥ 全面开发位于科雷马河(Kolyma River)流域的领土(包括实现泽廖尼－米斯河港口(Zelenyi Mys River Port)的现代化和开发兹里扬斯基(Zyryansky)煤炭和矿产资源中心);

⑦ 为实施"世界猛犸象中心"(World Mammoth Center)项目,建造储存和研究古生物发现的现代化基础设施,以及发展科学、文化、人种学和探险旅游集群;

⑧ 发展贸易和物流中心网络,确保向偏远地区的定居点运送燃料、食品和其他重要物资;

⑨ 在提克希(Tiksi)定居点建立紧急救援队和北极危机管理中心。

(27)克拉斯诺亚尔斯克(Krasnoyarsk)地区各市实施现行《北极战略》的主要行动包括以下方面。

① 单一工业城市——诺里尔斯克(Norilsk)城区的社会经济全面发展;

② 发展诺里尔斯克工业区,专门从事有色金属和铂族金属的开采和加工(包括引进技术,减少该地区企业排放的有害物质);

③ 在扎坡亚纳亚(Zapolyarnaya)煤矿建造新的生产设施并对其进行现代化改造;

④ 在西泰梅尔(Western Taimyr)油田的基础上,建设和发展石油和矿产资源中心,重点是通过北方海航道水域出口制成品;

⑤ 建立扎帕德诺 - 安纳巴斯基煤炭工业集群,重点是通过北方海航道水域出口制成品;

⑥ 在波皮加伊斯基(Popigaisky)工业钻石矿藏地建立矿产资源中心;

⑦ 开发泰米勒 - 塞弗洛泽米尔斯基(Taimyro-Severozemelsky)金矿产区;

⑧ 开发迪克森海港(Dikson Seaport)(包括建设新的煤炭码头和石油码头)和杜丁卡海港(Dudinka Seaport);

⑨ 重建机场网络并使其现代化(包括哈坦加机场(Khatanga Airport));

⑩ 在诺里尔斯克建立建筑技术研究中心,监测北部和北极地区的建筑和结构状况;

⑪ 在迪克森定居点建造紧急救援队和北极危机管理中心;

⑫ 在塔伊米尔 - 多尔干 - 涅涅茨自治区(Taimyr-Dolgan-Nenets Autonomous Area)、诺里尔斯克和杜丁卡境内发展旅游和休闲集群。

(28)阿尔汉格尔斯克(Arkhangelsk)地区各市实施现行《北极战略》的主要行动包括以下方面。

① 提高阿尔汉格尔斯克海港的竞争力(包括对现有的海港码头进行现代化改造、疏浚,建立新的深水区、生产和物流综合体、通道基础设施,以及引进运输枢纽的协调系统和数字化管理);

② 发展连接阿尔汉格尔斯克海港与俄罗斯西北部地区、乌拉尔斯(Urals)和西伯利亚(Siberia)的运输基础设施(铁路、水路和公路)(包括论证修建卡尔波戈里 - 文达和米昆 - 索利卡姆斯克(Mikun-Solikamsk)铁路段的可行性);

③ 开发阿尔汉格尔斯克国际机场；

④ 发展木材加工、纸浆和造纸业（包括建立一个现代化的全周期木材加工综合体，以及引进利用木材加工废料生产生物燃料的技术）；

⑤ 发展造船和修船业（包括提高能力，确保在大陆架上建造石油和天然气生产所需的结构和设备）；

⑥ 在新泽姆利亚群岛（Novaya Zemlya Archipelago）开发铅锌矿资源中心；

⑦ 开发钻石矿产资源中心；

⑧ 建立和发展北极联邦医疗中心；

⑨ 发展渔业集群（包括渔业船队的建设、现代化和维修，建立利用水生生物资源生产鱼类和其他产品的企业，发展生物技术和水产养殖业）；

⑩ 在北极地区发展文化教育、人种学和生态旅游集群，在索洛维茨基群岛（Solovetsky Islands）发展海上游轮旅游。

五、现行《北极战略》的实施阶段和预期成果

现行《北极战略》的实施将分三个阶段进行。

（29）第一阶段（2020—2024 年）包括以下行动。

① 建立加快北极地区经济和社会发展的机制（包括建立北极地区特殊经济体系运作的监管框架）；

② 实现初级卫生保健现代化，为提供初级卫生保健的医疗组织配备陆运和空运设备（包括在北方海航道水域对船员进行医疗后送）；

③ 完善为在北极地区生活和工作的俄罗斯联邦公民提供社会保障的制度；

④ 通过国家支持原住民少数民族传统经济活动的方案；

⑤ 使职业教育和补充教育系统符合北极区经济和社会部门雇主对人力资源的预期需求（包括为教育机构配备现代化设备和材料）；

⑥ 在负责保障国家安全和／或作为开发矿产资源中心总部的机构和组织所在的人口稠密地区实施综合开发试点项目，在北极地区实施经济和／或基础设施项目，以及改善向偏远地区定居点运送燃料、食品和其他重要物资的项目；

⑦ 建立北极地区地方交通补贴制度；

⑧ 采用新模式实施大陆架经济项目；

⑨ 加快北方海航道西部的开发，建造 4 艘通用项目 22220 核破冰船、16 艘

多功能救援船和救援拖船、3 艘水文船和 2 艘领航船；

⑩ 着手采取措施，用液化天然气、可再生能源和当地燃料替代偏远和难以到达地区的低效柴油发电供应；

⑪ 为居住在 100～500 人定居点的家庭提供互联网服务；

⑫ 在高椭圆轨道上建立卫星星座，能够支持/提供北极地区稳定、不间断的卫星通信；

⑬ 建立世界一流的科学和教育中心，开展研究和开发工作，推进北极项目；

⑭ 开发保护北极地区人口健康和延长其预期寿命的技术；

⑮ 设计和建造研究船，并试运行一个漂流的、抗冰的、自推进的平台，用于北冰洋高纬度地区的综合科学研究；

⑯ 建立监测和预防永久冻土减少的负面影响的国家系统；

⑰ 加强有关北极地区发展的国际经济、科学和人道主义合作；

⑱ 修订基线系统，重新计算俄罗斯联邦在北极地区的领海和专属经济区的宽度。

（30）第二阶段（2025—2030 年）包括以下行动。

① 考虑到特殊的经济制度、投资者的需求以及北极地区经济活动的条件，确保提高北极地区经济部门的竞争力；

② 确保为北极地区的居民（包括原住民少数民族）提供教育机构、文化组织、体育文化和体育运动网络服务；

③ 完成专业教育机构、高级专业培训中心和高等教育实体教育组织竞争体系的组建工作；

④ 全面实施居民区综合发展计划，在这些居民区各机构和组织负责保障国家安全和/或作为开发矿产资源中心的总部在北极地区实施经济和/或基础设施项目；

⑤ 确保整个北方海航道水域全年通航，再建造 1 艘 22220 项目通用核动力破冰船和 2 艘领袖级破冰船，开始建造国际集装箱货物转运枢纽港；

⑥ 开始实施北极地区河流流域航运发展计划；

⑦ 实施北极地区旅游基础设施发展计划；

⑧ 铺设横跨北极的主要水下光纤通信电缆；

⑨ 建立高椭圆空间系统，为地球极地地区提供高时间分辨率的水文气象数据；

⑩ 使用创新材料设计的新型设备投入商业运营（包括机器人技术、造船设备、无人运输系统和便携式能源方面的创新）；

⑪ 着手建造在北冰洋高纬度地区开展综合科学研究所需的俄罗斯联邦研究船队；

⑫ 完成被水淹没和沉没的乏核燃料和放射性废料设施所在地区的再生工作；

⑬ 提高国家统一预警系统的效率，应对北极地区的紧急情况。

（31）第三阶段（2031—2035 年）包括以下行动。

① 逐步提高从事液化天然气和天然气化工产品生产企业的能力，提高在北极地区大陆架和陆地领土上的石油生产以及其他自然资源和矿产资源的完整加工能力；

② 使负责保障国家安全和／或作为开发矿产资源中心的总部的机构和组织所在的人口稠密地区城市环境和社会基础设施现代化，并在北极地区实施经济和／或基础设施项目；

③ 确保为原住民少数民族提供高质量的社会服务，加快发展他们的传统经济活动；

④ 以北方海航道为基础，建立具有全球竞争力的俄罗斯联邦国家运输网络，建设国际集装箱货物转运枢纽港，并增加 1 艘领袖级破冰船；

⑤ 用液化天然气、可再生能源和当地燃料替代偏远和难以到达地区的低效柴油发电；

⑥ 完成北极地区河流流域航运发展计划的实施；

⑦ 完成在北冰洋高纬度地区开展综合科学研究所需的俄罗斯联邦研究船队的建设；

⑧ 减少和预防经济活动对环境的负面影响。

（32）实施现行《北极战略》的目标指标与《北极政策基础》中规定的衡量俄罗斯联邦北极地区国家政策实施效果的指标相匹配。表 1 提供了根据现行《北极战略》实施每个阶段的预期成果衡量的目标指标值。

表 1 《北极战略》的实施目标指标

序号	指标	基准值	目标值		
			2024	2030	2035
1	北极地区出生人口的预期寿命（岁）	72.39（2018）	78	80	82
2	北极地区人口迁移量的增长率	−5.1（2018）	−2.5	0	2
3	根据国际劳工组织标准计算的北极地区失业率（百分比）	4.6（2019）	4.6	4.5	4.4
4	北极地区新成立的商业和企业可提供的工作岗位数量（千）		30	110W	200
5	在北极地区开展业务的企业员工的中等工资（千卢布）	83.5（2019）	111.7	158.5	212.1
6	宽带接入互联网信息和电信网络（互联网）的家庭比例（百分比）	81.3（2019）	90	100	100
7	北极地区的地区生产总值在俄罗斯联邦各地区生产总值中所占比例（百分比）	6.2（2018）	7.2	8.4	9.6
8	高技术和知识型经济部门的增加值在北极地区生产总值中所占比例（百分比）	6.1（2018 年）	7.9	9.7	11.2
9	北极地区的固定资产投资总额在俄罗斯联邦固定资产投资总额中所占比例（百分比）	9.3（2019）	11	12	14
10	各组织在北极地区用于科学研发以及技术创新投资的国内支出在国内各组织研发和技术创新投资的国内总支出中所占比例（百分比）	1（2018）	2.5	3.5	4.5
11	实施养护和可持续利用自然资源的固定资本投资在北极固定资本投资总额中所占比例（百分比）	2.6（2019）	4.5	6	10
12	北极地区生产的原油（包括天然气凝析油）和可燃天然气在俄罗斯联邦原油（包括天然气凝析油）和可燃天然气总量中所占比例（百分比）				
	原油（包括天然气凝析油）	17.3（2018）	20	23	26
	可燃天然气	82.7（2018）	82	81	79

序号	指标	基准值	目标值		
			2024	2030	2035
13	北极地区液化天然气产量（百万吨）	8.6（2018）	43	64	91
14	北方海航道水域货物运输量（百万吨），① 包括转运	31.5（2019）		90	130
		0.7（2019）	1	2	10

六、现行《北极战略》的主要实施手段

（33）俄罗斯联邦政府制定并批准实施《北极地区国家政策基本原则》和现行《北极战略》的统一行动计划。该计划应反映现行《北极战略》的所有实施阶段。

（34）现行《北极战略》的实施需要联邦国家权力机关，以及俄罗斯联邦各地执行权力机关、地方自治机构、国家科学院、其他科学和教育机构、支持科学、技术和创新活动基金、公共组织、国有公司、国有企业、国有参股股份公司和企业界的协调行动。

（35）实施现行《北极战略》需要修订俄罗斯联邦北极地区社会经济发展国家计划（Russian Federation State Program Socioeconomic Development of the Arctic Zone of the Russian Federation）、其他俄罗斯联邦国家计划、俄罗斯联邦各地计划以及《2035 年前北方海航道基础设施发展计划》（"Plan for Infrastructure Development of the Northern Sea Route for the Period Up to 2035"）。

（36）要实现军事安全、保障和保卫俄罗斯联邦国家边界的目标，就必须在国防命令和国家计划的框架内执行俄罗斯联邦国家军备计划中规定的措施。

（37）俄罗斯联邦总统负责监督现行《北极战略》的全面实施。

（38）协调国家机关、地方自治机构和组织，能够根据俄罗斯联邦立法来确定在现行《北极战略》实施过程中的活动与合作的目标、职能和程序。

（39）现行《北极战略》的实施资金来自俄罗斯联邦预算系统（包括用于实施俄罗斯联邦北极地区社会经济发展国家计划的拨款及预算外资金）。

---

① 2024 年的目标值由 2018 年 5 月 7 日通过的第 204 号俄罗斯联邦总统令《关于 2024 年前俄罗斯联邦发展的国家目标和战略目标》（"On the National Goals and Strategic Objectives for the Development of the Russian Federation for the Period Up to 2024"）确定。

法国与新的北极战略挑战 [①]

发布时间:2019 年

发布者:法国武装部

法国武装部队部长前言

法国对北极地区的兴趣由来已久,只是鲜有人意识到这一点。1963 年,法国在斯瓦尔巴群岛建立科学研究基地,成为在北极地区最早建立科学研究基地的国家之一。法国悠久的极地研究历史长河中涌现了一批追随保罗 – 埃米尔·维克多(Paul-Emile Victor)和让 – 巴蒂斯特·沙尔科(Jean-Baptiste Charcot)脚步的伟大探险家。

如今,北极不仅是一个天然的研究实验室,更是一个极具战略意义的地区。法国武装部队(Ministry for the Armed Forces)发布的《2017 年武装部队战略评估》("2017 Strategic Review of the Ministry for the Armed Forces")指出,北极"未来有一天可能会成为一个冲突地区"。事实摆在眼前:北极地区拥有新的商业、海上和空中航线,诸多行为体对开发北极资源兴趣盎然,预示着不同国家之间的北极竞争会不断加剧。米歇尔·罗卡尔(Michel Rocard)用这样一句话总结这些北极挑战:"北极?它是第二个中东!"

最近发生的这些变化不只是巧合。北极是地球上受全球变暖影响最显著的地区之一。2003 年到 2011 年,北极冰川表面积缩减了 50%。保护北极就是保护地球,国际社会都清楚,危机迫在眉睫。

法国明确声明反对日益膨胀的北极野心:北极不属于任何人。只有相关国家携起手来,才能保护北极自然资源、实现航行自由以及应对气候变化。这才

---

① 本文编译于 "France and the New Strategic Challenges in the Arctic"。

是有意义且重要的结果。

武装部队尽其所能支持法国的北极战略。以下所言非虚：最近，法国海军的一艘船舶穿越了北极东北航道，这是第一艘完全自主使用这条航道的非俄罗斯军舰。

弗洛朗丝·帕利（Florence Parly）

F. Psy

一、北极：一个战略意义日益增长的地区

资源开发的前景和新航道的开辟赋予了北极地区新的战略意义。

全球变暖的各种负面影响使得北极地区发生了前所未有的变化，其时间范围不确定，速度也难以预测。北极地区的气温上升幅度比全球平均水平高 2 ℃。2019 年夏季的高温热浪天气，特别是在阿拉斯加（Alaska），足以证明这点。

2003 年至 2011 年，北极的海冰面积缩减了 50%。新的北极航道已经通航，这些航道在夏季尤为繁忙。被俄罗斯人称作北方海航道的东北航道经俄罗斯北部和东部海岸线连接欧洲和中国。尽管现在东北航道的航运条件仍存在诸多限制，但与途经苏伊士运河（Suez Canal）和马六甲海峡（Strait of Malacca）的航道相比，东北航道将往返鹿特丹（Rotterdam）和横滨（Yokohama）的航行时间缩减了近 40%。中国的"一带一路"倡议（Chinese Belt and Road Initiative）已经在规划一条取道北极的航道。莫斯科也同样为北极机场基础设施的现代化付出了巨大努力。

得益于技术进步，自 2000 年年初起，提供往返北美、亚洲和中东服务的航空公司取道北极航空线的航班日益增多。

从能源角度来看，北极地区蕴藏着全球 30% 尚未发现的天然气储量和20% 未开采的石油储量。稀土在俄罗斯和格陵兰岛（可能占全球稀土储量的25%）尤为富集，该地区的稀土资源开采机遇吸引着越来越多的行为体前来"分一杯羹"。

北极地区的经济前景让各国摩拳擦掌、跃跃欲试。俄罗斯重新激活其北部

全球变暖

北极的气候变暖速度是其他地区的 2 倍

2003 年至 2011 年，北极冰川体积从 14 000 km³ 减半至 7 000 km³

北极飞行航线使亚洲和北美间的飞行时间缩短 20%

北极海上航道使欧洲与亚洲间的航行时间缩短 40%

伦敦－横滨：
23 000 km 取道巴拿马运河
21 200 km 取道苏伊士运河
16 000 km 取道西北航道
14 000 km 取道东北航道

图 1　北极和全球的"互动"和"距离"

沿海的军事活动,中国制定了相关的投资政策,这些行为促使沿岸国家进一步宣示主权。由此可见,该地区的战略意义和军事价值与日俱增;由于欧洲与该地区的发展直接相关,其战略意义和军事价值对欧洲来说尤其突出。

与美国、加拿大、俄罗斯和中国一样,欧盟和一些欧洲国家(丹麦、德国、挪威、瑞典和英国)都发布了各自的北极战略文件。法国也在 2016 年 6 月发布了法国的北极战略文件——《法国国家北极路线图》("French National Arctic Road Map")。

表 1　关于北极的一些数据和信息

A European matter 一个与欧洲有关的问题
50% of the Arctic inhabitants are Europeans 50%的北极居民是欧洲人
24% of hydrocarbons consumed by the EU originate from the Arctic 欧盟消耗的 24%碳氢化合物源自北极
200 million € spent by the EU since 2002 on Arctic research 自 2002 年起,欧盟在北极科研方面的开支高达 20 亿英镑

二、一种兼容并蓄的治理模式——法国为之作出积极贡献

北极理事会是北极国家主要的政府间合作论坛。1996 年的《渥太华宣言》

是促使北极理事会成立的基石性文件。由于积极参与北极相关科研活动，自2000年起，法国成为北极理事会的8个欧洲观察员国之一。

北极理事会牵头达成以下2个主要政府间协议。

（1）2011年《北极海空搜救合作协定》。

（2）2013年《北极海洋石油污染预防与应对合作协议》。

此外，法国还参与了北极安全部队圆桌会议（Arctic Security Forces Round Table）。该会议是北极地区少有的军事对话机构之一，由挪威和美国于2011年倡议成立。北极安全部队圆桌会议将在北极地区拥有共同安全利益的北约伙伴凝聚起来，提供了一个讨论交流的平台，像俄罗斯这样的非成员国也可受邀参加。

最后，法国作为北约和欧盟的一员，为北极地区的治理作出了积极贡献，而欧盟本身也是几个区域合作组织，如巴伦支海欧洲-北极理事会（Barents Euro-Arctic Council）、波罗的海国家理事会（Council of Baltic Sea States）的成员。在北极理事会的8个成员国中，有5个为北约成员国（加拿大、丹麦、冰岛、挪威和美国），3个为欧盟成员国（丹麦、芬兰、瑞典）。

北极地区涉及一些领土争端，如罗蒙诺索夫海岭（Lomonosov Ridge）的归属问题，以及与东北航道和西北航道相连的海峡的法律地位问题。

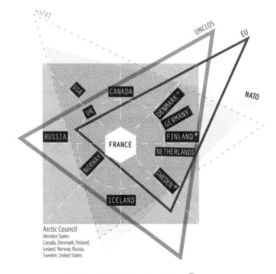

图2　北极理事会示意图①

---

① 北极理事会成员国：加拿大、丹麦、芬兰、冰岛、挪威、俄罗斯、瑞典、美国。

图内标记见表 2 所列。

表 2　北极理事会示意图图内标记说明

▪	北极理事会 （Arctic Council）
△	联合国海洋法公约 （United Nations Convention on the Law of the Sea）
▲	北极安全部队圆桌会议 （Arctic Security Forces Round Table）
▨	北大西洋公约组织 （North Atlantic Treaty Organization）
△	欧盟 （European Union）
COUNTRY	北大西洋合作 （North Atlantic Cooperation）
✳	共同安全与防务政策的不参与条款 （Opt Out Clause of the Common Security and Defence Policy）
✳	伙伴关系互操作性倡议的北约伙伴及成员 （NATO Partners，Members of the Partnership Interoperability Initiative）

三、法国在北极地区的活动

安全问题在一定程度上影响着北极地区旅游和商业活动的发展。北极地区运营着包括游轮运营商庞洛（Ponant）、道达尔公司（Total）在内的几家法国公司。道达尔公司在亚马尔液化天然气项目（Yamal LNG）的持股比例为 20%，在北极液化天然气 2 号项目（Arctic LNG 2 Project）的持股比例为 10%。这是位于西伯利亚北部的 2 个主要液化天然气工厂开展的项目，如表 3 所列。北极地区也可开展其他创新项目，尤其是太空领域的项目。

表 3　北极两个主要液化天然气项目

液化天然气项目	液化天然气年产量（万吨／年）
亚马尔液化天然气（Yamal LNG）	1 650
北极液化天然气 2 号 （Arctic LNG 2 Project）	1 980（估值）

得益于北极尖端科学研究，法国得以位居北极理事会的观察员国之列。法

国国家科学研究中心和位于斯瓦尔巴群岛的法国保尔－埃米尔·维克多极地研究所（Paul-Émile Victor）等一些机构是开展极地科学研究的主要机构，保尔－埃米尔·维克多极地研究所是许多北极科学研究项目的主导单位。

法国的北极战略文件《法国国家北极路线图》首次公开表明了法国对北极地区的兴趣。

在竞争日趋激烈、局势变幻莫测的情况下，法国武装部队参与北极地区事务，既出于北极战略层面的考量，也出于保护法国国家利益和欧洲利益的目的，同时，可以扩大与区域伙伴的双边关系。

四、武装部队在北极地区的活动

作为唯一具有在北极地区部署军事行动技术能力的国家行为体，法国武装部队除了作为其主要任务的一部分在该地区开展行动外，还可能收到为民用部门提供援助（搜救、补救）的请求。武装部队的首要任务是维护自身行动自由，深化对北极环境的了解，并保障欧洲的能源供应路线的安全。武装部队时刻准备着，以备在北极的不时之需。

法国与北冰洋沿岸的国家保持着密切的伙伴关系。2018 年 10 月签署了框架文件后，法国和芬兰在战略、行动和能力领域呈现出一种新动态。在行动和科学领域，法丹两国关系进一步加深，这一点在格陵兰岛和法罗群岛（Faroe Islands）表现得尤为明显。法丹两国于 2014 年 6 月签署了一份意向书，加之 2018 年 8 月法国总统和丹麦总统就欧洲安全发表了声明，这些使得法丹两国关系得到进一步阐释。2019 年 6 月 7 日，法国和瑞典通过了一项联合声明，确定了双方在安全和国防方面一致的首要任务。挪威也是法国在北极地区的一个特殊伙伴，法国与之保持着活跃的海上合作关系。冰岛是法国海军和空军在高纬度地区的一个中转站，每年法国海军和空军都会在此停留几次进行中转（如 2017 年法国巡逻队访问美国期间，就在冰岛停留中转）。并且，法国和加拿大目前正计划在北极地区加强战略和军事方面的合作。

法国武装部队在极地联合演习和训练期间也驻扎在北极地区。法国空军定期参加由芬兰、挪威和瑞典每两年组织一次的北极挑战演习（Arctic Challenge Exercise）。此外，为参加第三届"大胆探索"（Bold Quest）军演，2019 年 5 月，法国在芬兰部署了一支由 300 名军事人员组成的特遣队，参加军演的人数在所有参加国中位居第三。法国空军还在冰岛和芬兰参与空中警务任务。

2018 年 9 月,法国海军首次完全自主地穿越东北航道。作为第一艘在没有破冰船支持的情况下取道这条航道的非俄罗斯军舰,"罗纳"号(BSAM Rhone)帮助法国进一步了解北极环境,并加强了法国与北极国家(加拿大、丹麦、挪威和美国)海军之间的合作。

2018 年 10 月 25 日至 11 月 7 日,法国在挪威、冰岛和北大西洋举行的北约"三叉戟接点"(Trident Juncture)联合军演中部署了 2 700 名军事人员。此次军演共有 31 个国家的 51 000 名军事人员参加,是冷战结束以来北约举行的最大规模的军事演习。法国一直是为北极地区军事部署能力多样性"作出贡献"的第二大国家。

国际关系和战略总署(Directorate General for International Relations and Strategy)旨在加强与北极国家在以下方面的战略伙伴关系。

(1)6 个北极国家。

国际关系和战略总署与 6 个北极国家定期进行战略对话。这些对话鼓励交流意见,寻找合作机会。

(2)7 个在北极的防务专员。

7 个部署在北极的防务专员支持北极战略研究。

(3)1 个北极天文台。

战略研究基金会(Foundation for Strategic Research)追踪、跟进北极相关问题。北极天文台每年组织一次学者、机构和企业共同参加的研讨会。该"北极共同体"(Arctic Community)就北极面临的挑战进行深入探讨。

五、武装部队在北极采取行动的相关数据

1. 为"北极挑战"联合军演贡献更大力量

法国在 4 年内将其军事实力提高 3 倍:

(1)2015 年:5 架"幻影 2000"战斗机(Mirage 2000)、110 名部署在芬兰罗瓦涅米(Rovaniemi)的军事人员。

(2)2017 年:3 架"阵风"战斗机、6 架"幻影 2000"战斗机、230 名部署在芬兰罗瓦涅米的军事人员。

(3)2019 年:10 架"阵风"战斗机、4 架"幻影 2000-5"战斗机以及一个 E-3

机载预警和控制系统（AWACS（E-3C））、300 名部署在挪威博德（Bodø）的军事人员。

　　法国除了是东道国之外，还是 2019 年"北极挑战"联合军演的参与度第二高的国家。

图 3　法国在联合军演中的战斗机

2. 空中警务

（1）法国是确保领空安全的关键角色。

（2）参加 2008 年冰岛的空中警务任务。

（3）飞机在法国和北美之间的冰岛中转站定期停靠。

3. 加强极地作战的专业技能

（1）格陵兰岛一年一度突袭演练。

（2）在严寒条件下与北极国家举行了 5 次联合军演。

（3）13 次北极地区极端寒冷条件下的航行。

4. 法国参加 2018 年"三叉戟接点"联合军演

（1）加入极寒条件下多国参与的联合军演的各个军演队伍。

（2）2 700 名法国军事人员参加。

（3）就部署能力而言，法国在"多样性贡献"方面在参与国中位居第二。

（4）法国海军出动 5 艘海军舰艇（1 艘直升机航母、2 艘护卫舰、1 艘攻击型潜艇、1 艘补给舰；每艘海军舰艇配备 1 名舰载人员）、6 架直升机和 1 架海上巡逻机；法国空军出动 4 架"幻影 2000"和 1 架直升机；法国陆军出动 1 个营、2

图 4　穿越北极航道的法国船舶

个战斗连、4 架直升机,并配备一些支持装备和人员。

5. **海军及空军行动**

(1)法国是公认的北极海洋利益相关方。

(2)定期部署空军和海军力量。

(3)2019 年:"罗纳"号军舰成功通航东北航道:

•在没有俄罗斯破冰船开道的情况下,进行了 17 天完全独立自主的海上航行;

•航行 4 800 海里;

•跨越 13 个时区;

•跨越 8 个海洋。

……由于越过国际日期变更线,1 天以长达 48 小时计算。

2021—2025 年荷兰极地战略：为改变做准备①

发布时间：2021 年 3 月
发布者：荷兰政府

摘　要

极地地区对于荷兰及地球的健康十分重要。它们脆弱的生态系统受到了气候变化的严重影响。全球变暖正导致冰层大量融化，威胁着极地地区的生物多样性。一些变化因素直接或间接地影响着荷兰的发展。这些因素包括极地冰盖融化导致的海平面上升、更极端的全球天气、生物多样性的改变、新的经济机会以及地缘政治关系的变化。

一段时间以来，荷兰的极地政策的制定均基于三个关键概念："可持续性""国际合作"和"科学研究"。即使在这个瞬息万变的时代，这些概念仍然处于重要位置，荷兰政府会继续将它们作为其极地政策的基础。现如今，气候变化、安全与保障的所有方面都比过去得到了更多的关注。荷兰政府将继续努力保护极地的生态系统和环境，加强国际合作并确保经济活动的可持续性。

荷兰政府在北极地区作出的贡献主要集中于保护人类利益、环境以及维护国际安全与稳定。荷兰政府鼓励经济活动遵守符合可持续发展的国际协议和标准。荷兰政府正努力采取多种形式，包括支持以及（必要时）加强基于《联合国海洋法公约》的国际法律和管理框架。作为北极理事会的积极观察员，荷兰政府致力于维护北极地区的政治稳定。在同北极国家的双边交往中，荷兰

---

① 本文编译于 "The Netherlands' Polar Strategy 2021-2025"。

政府强调所有相关行为者相互合作并充分参与的重要性。随着北极地区的加速发展，关于该地区的对话和合作比以往任何时候都更加重要。因此，荷兰政府打算在现有的资源和能力范围内加强在北极地区的外交投入，以确保人类与极地地区的关系是安全且可持续的。荷兰政府将继续担任北极大使（Arctic Ambassador）一职。

荷兰在南极地区作出的贡献主要是在《南极条约》体系下进行的。作为缔约方之一，荷兰政府与其他 28 个南极条约协商国一起商讨南极地区的管理和未来。荷兰认为，南极地区的国际管理应侧重将该地区作为一个独特的、未受破坏的荒野来保护。因此，荷兰政府的南极政策优先考虑该地区的自然养护，并侧重为脆弱的南极环境其生态系统提供最大的保护。荷兰认为，南极的可持续管理意味着在该地区的任何活动都不能产生较大或可持续的影响，因此，荷兰需要重点关注规范旅游业的问题。

为实现上述目标，荷兰政府采取了多种措施，其中，科学研究最为重要。根据《南极条约》条款，荷兰具有协商国地位，有义务在南极地区进行大量的科学研究。鉴于其在北极地区开展的相关研究，荷兰政府在北极理事会获得了良好的声誉与影响力。《荷兰极地计划》（"Dutch Polar Programme"）是荷兰极地战略科学研究计划的一部分，由荷兰研究理事会（Dutch Research Council）负责，并拥有充足的预算和稳定的长期资助。荷兰政府的研究享有杰出的国际声誉，其特点是高度的国际合作，目的是使人们更好地了解极地地区的变化。

简　介

气候变化正在对极地地区产生难以想象的影响。在撰写本文时（2020 年），极地正打破一些令人悲伤的记录：2020 年夏天，俄罗斯北极城镇的温度比以往任何时候都高，有些城镇甚至高达 38 ℃；南极地区的温度记录也被打破，2020 年 2 月达到了有记录以来的最高温度——18.3 ℃。温度升高导致极地冰盖比以往更快地融化。在过去的 10 年里，南极地区融化的冰量是上个 10 年的 3 倍，格陵兰岛的冰层融化速度则加快了 1 倍。

极地温度升高主要是非极地地区的温室气体排放导致了全球温度的上

升。事实上,北极地区的变暖速度是全球平均水平的 2～3 倍。极地地区的温度上升也会对其他区域产生影响。例如,极地地区的冰层融化正导致全球海平面上升和更极端天气模式的形成;甲烷从融化的永久冻土中被释放,进一步加剧了温室效应 ①。极地地区的冰就像地球的空调系统,若融化将削弱其发挥这一功能的能力。

因此,极地地区的气候变化正在产生全球影响,不能将其与世界其他地方的活动割裂看待。

2016 年发布《荷兰极地战略》("Dutch Polar Strategy")以来,气候变化进一步加速。为控制新冠感染而采取的一系列措施使得温室气体排放量得到下降,但这未改变气候变化加速的现状,因为这一下降是暂时的,相对于 2030 年前碳达峰、2050 年碳中和减排计划下将全球变暖温度控制在 1.5 ℃所需的总减排量来说,下降幅度太小。只有坚定不移地执行《巴黎协定》,才能阻止极地地区的变暖及其对全球气候变化的加剧作用。

冰盖的融化也加速了极地地区的其他发展。例如,在北极地区,航行、渔业及开采自然资源(包括石油和天然气)的难度正在降低。北极地区可到达性的提高既带来了经济机会,也带来了可持续性和地缘政治关系变化方面的挑战。政治、军事、经济和生态安全问题不能相互孤立地看待 ②。本战略整体考虑了所有这些问题。

20 世纪 80 年代以来,荷兰一直奉行涵盖两个极地地区的单一政策,这不仅是出于历史原因,也是为了强调这两个地区所面临的相似挑战 ③。南极地区和北极地区都对气候变化高度敏感,可以说,它们就是气候系统的心跳——这就是极地地区的科学研究为什么如此重要的原因之一。荷兰认为南极地区和北极地区——只要不在北极国家的管辖范围内——都是全球公共产品(Global Public Goods),也被称为全球公域(Global Commons)。极地地区对人类和地球生态系统具有独特的重要性,故对于极地地区的管理不仅仅是与之相接壤国家的事务。此外,因为荷兰在斯匹次卑尔根岛设有研究基地,在南极的英国罗瑟

---

① 甲烷的温室效应是二氧化碳的 25～30 倍。

② 另见致下议院关于更新《荷兰 2016—2020 年极地战略》安全部分的提议(议会文件 35000V,第 82 号)。

③ 有关荷兰在极地地区历史的更多信息,请参阅荷兰 2011—2015 年极地政策框架。

拉(Rothera)科考站设有流动实验室,所以几十年来荷兰一直在这两个地区开展极地研究。荷兰科学家开展了国际知名的极地研究,使得荷兰能够为极地地区的可持续管理和治理作出建设性的贡献。

即使在这个瞬息万变的时代,《2016—2020 年荷兰极地战略:共同致力可持续发展》的三个基石——可持续性、国际合作和科学研究——至今依然适用,并且将继续是荷兰极地政策的基础。这些基石同样关注了气候变化、安全和保障等方面的问题。《2021—2025 年荷兰极地战略》将从保护自然栖息地和环境(Protecting Natural Habitats and the Environment)、加强国际合作(Strengthening International Cooperation)和确保可持续的经济活动(Ensuring Sustainable Economic Activity)三个方面进行阐述。在该最新极地战略中,荷兰政府阐述了如何继续为保护人类利益、环境、国际安全和稳定、应对气候变化以及在必要时改善治理和管理作出贡献。荷兰将努力确保所有极地经济活动符合有关可持续性的国际协议和标准。上述变化意味着荷兰政府必须在现有资源和能力范围内加大外交努力,以确保人类与极地的关系是安全和可持续的。这是一项确保荷兰为未来做好准备的战略——"为改变做准备"。

一、北极地区

1. 概述

从地理或行政意义上而言,北极不是一个单一的区域。它的边界并没有被清晰地划定。北极地区通常被定义为北极圈以北地区,树线以北地区和 10 ℃等温线以北地区。北冰洋位于北极地区的中心位置,被大陆所包围,是全球面积最小、水深最浅的海洋,大部分海面被 0.5～4 米厚的浮动冰层所覆盖。《联合国海洋法公约》同样适用于北冰洋。北极国家是指拥有北极圈以北领土的 8 个国家,它们分别是俄罗斯、加拿大、美国、挪威、丹麦、冰岛、瑞典和芬兰。其中前 5 个国家在北冰洋有领海,因此,它们是北极沿海国。在行政方面,北极地区的很大一部分属于北极国家的管辖范围。这些国家通过几个国际和区域论坛进行合作。其中,北极理事会是最重要的政府间论坛,促进区域协商及交流合作。北极地区的可到达性不均:阿拉斯加、北欧和俄罗斯西部地区相对容易到达,但在加拿大、俄罗斯东部和格陵兰岛开展北极活动比较困难,因为那里的冰层状况和天气条件不同,且基础设施较少。因此,北极地区各地的发展以及国际社会对北极地区的兴趣也有所不同。

北极地区的变暖速度是全球平均水平的 2～3 倍，这在一些地方表现得十分明显。例如，在斯匹次卑尔根岛，2015/2016 年和 2016/2017 年的冬天温度比 1980—2010 年的冬天平均温度高 10 ℃。此外，2020 年 6 月，俄罗斯小镇维尔霍扬斯克（Verkhoyansk）的温度高达 38 ℃——这是北极圈以北有记录以来的最高温度。气候变化，尤其是极地冰层的融化，正在改变北极地区的状况，促使北极和非北极国家的北极活动变得更加活跃。过去难以开采的石油、天然气和稀土元素，现在变得越来越容易获得。新的航运路线正在开辟，旅游和渔业的机会也在增多。这些发展既增加了对北极国际合作的需求（如在搜救和可持续管理方面的合作），也加剧了国家之间的竞争。

对荷兰来说，北极地区的国际关系保持和平并以可持续管理为目标进行良好国际合作至关重要。其原因除了如上所述的极地地区在气候方面的全球重要性之外，荷兰在地理位置上临近北极地区也是一个重要因素。阿姆斯特丹（Amsterdam）离北极圈比离里斯本（Lisbon）、雅典（Athens）和布加勒斯特（Bucharest）等欧洲国家的首都更近。

荷兰政府支持并（在必要时）帮助加强以《联合国海洋法公约》为基础的国际法律和行政框架在极地地区的适用，以保护人民利益和自然环境，根据国际协议和可持续性标准，努力确保北极安全、国际稳定和可持续经济发展。荷兰政府还帮助维护北极地区的政治稳定，例如，在与北极国家的双边交往中强调合作的重要性，并促进所有相关行为体进行更广泛的政治参与。荷兰政府的北极大使将在未来几年继续关注这个问题。由于气候变化，北极地区的可到达性日益增加，这正在影响该地区的地缘政治和安全关系。在未来几年，荷兰政府将更加关注这方面的问题，荷兰政府于 2019 年 7 月 5 日就北极安全问题致议会的信中也体现了对该问题的关注①。荷兰政府旨在主要解决北约内部的北极安全政策的发展问题，北约成员国包括 5 个北极国家，即美、加拿大、挪威、丹麦和冰岛。此外，荷兰政府还将尽一切努力与相关方讨论有关北极事态发展问题。北极理事会在促进和推动北极国家之间以及北极国家和非北极国家之间的合作方面有着举足轻重的作用。下文将结合"保护自然栖息地和环境""加

---

① 议会文件 35000V，第 82 号。

强国际合作"和"确保可持续的经济活动"等主题,更加详细地探讨荷兰所承担的这一作用。

北极地区没有像南极地区那样拥有综合条约制度。北极地区在很大程度上由 8 个北极国家(加拿大、丹麦、芬兰、冰岛、挪威、俄罗斯、瑞典和美国)管辖。因此,这些国家可以在适当考虑国际协定的情况下,确定其管辖范围内的规则。

北极理事会是整个北极地区的主要协商机构,是一个政府间机构,也是唯一的北极政策论坛。北极理事会的工作由 6 个工作组完成,分别是"北极污染物行动计划"(Arctic Contaminants Action Programme)、"北极监测和评估计划"(Arctic Monitoring and Assessment Programme)、"紧急预防、准备和响应"(Preparedness and Response)、"北极海洋环境保护"(Protection of Arctic Marine Environment)、"可持续发展"(Sustainable Development)和"北极动植物保护"工作组。

《联合国海洋法公约》为沿海国和船旗国在国家管辖范围内外的北极地区海域的权利和义务提供了法律依据。北极五国在 2008 年的《伊卢利萨特宣言》("Ilulissat Declaration")中强调了海洋法的重要性。

国家管辖范围以外的海底由根据《联合国海洋法公约》设立的国际海底管理局(International Seabed Authority)管理。这些海底区域是人类共同遗产的一部分,未经国际海底管理局的允许,不得进行勘探或开发。

大陆架界限委员会(Commission on the Limits of the Continental Shelf)也是在《联合国海洋法公约》的基础上成立的。该委员会就确定外大陆架外部界限提出建议。

《东北大西洋海洋环境保护公约》对保护北极地区的海洋环境非常重要,因为它保护了东北大西洋。在联合国的主持下,根据《联合国海洋法公约》,各国就国家管辖范围外海洋生物多样性的保护和可持续利用问题达成一项协议,即《国家管辖范围外生物多样性进程》。国际海事组织是创建和改进国际航运治理结构的主要机构,其通过了有关极地航运的准则,其中最重要的是《国际海事组织极地规则》("IMO Polar Code")。该规则旨在保护北极和南极地区的航运免受安全、安保和环境污染方面的负面影响,并规定了在船员培训、应急准备等方面的要求。

北极地区对欧盟具有重要战略意义。北极地区的任何变化都可能对欧洲的经济、安全、气候和环境产生影响。欧盟的北极地区政策基于《2016 年 4 月 27 日欧盟委员会（European Commission）和外交与安全政策高级代表关于欧盟北极综合政策的联合通信》（"Joint Communication from the European Commission and the High Representative for Foreign Affairs and Security Policy of 27th April 2016 on an Integrated European Union policy for the Arctic"）以及 2016 年 6 月 20 日理事会的相关结论。欧盟虽然没有获得北极理事会正式观察员的身份，但也参加了荷兰等官方观察员参与的所有活动。欧盟还通过"北方维度"政策（Northern Dimension）（即与俄罗斯、挪威、冰岛、芬兰和瑞典达成的伙伴关系），以及巴伦支欧洲－北极理事会（Barents Euro-Arctic Council）（该理事会专注于巴伦支地区可持续发展），为北极合作作出贡献。

2. 保护自然栖息地和环境

2015 年，联合国发布了《2030 年可持续发展议程》（"2030 Agenda for Sustainable Development"），其中包括 17 项可持续发展目标，旨在遏止气候变化。荷兰政府努力在国家和国际两个层面实现这些目标。正如联盟协议"对未来充满信心"（Confidence in the Future）中所述，荷兰政府还致力于确保实现 2015 年《巴黎协定》中最雄心勃勃的目标。荷兰政府的国际政策框架显然在某种程度上决定了本国在北极地区及其相关事宜所需做出的努力。为实现保护自然栖息地和环境的目标，荷兰政府正通过具体措施，致力于遏制和适应气候变化，防止北极地区的污染，并保护生物多样性、原住民群体和海洋环境。这些努力既是为了国家利益，也考虑到荷兰政府可以为这些领域的国际合作带来的额外利益。

（1）气候变化。

联合国政府间气候变化专门委员会于 2018 年发布的关于限制全球平均变暖 1.5 ℃的影响和排放途径的特别报告显示，全球温度上升 2 ℃的影响将远远超过原先的假设。由于海洋酸化，不仅海平面会进一步上升、海洋生物会遭受更多威胁，且不可逆性的风险会更大——即使碳排放量得以下降，冰盖的融化也无法停止。联合国政府间气候变化专门委员会在随后发布的一份关于气候变化中的海洋和冰冻圈特别报告中明确指出，需要采取更雄心勃勃的气候政策来应对不可逆转的全球性气候变化。我们必须将全球温度上升限制在 1.5 ℃以内，以确保我们的地球仍然宜居——北极地区的状况是确保地球宜居的一个关键因素。

1980 年以来，北极地区的年平均温度增长速度是全球平均水平的 2～3 倍，故北极变暖在某种程度上是一个自我延续的过程；9 月份的海冰覆盖面积减少了 40%，威胁着生物多样性和原住民的生活。温度上升将导致北极永久冻土进一步融化。据估计，40%～80%表层冻土最终会消失。随着永久冻土的融化，温室气体（特别是二氧化碳和甲烷）被释放出来，进一步加剧了全球温室效应。目前，北极地区储存着约 5 000 亿吨二氧化碳，是每年人为温室气体排放量的 100 倍。最后，北极地区对全球各地燃烧煤炭和石油特别敏感，因为在燃烧的过程中会释放出二氧化碳和煤烟颗粒，这些颗粒会沉积在北极地区的冰雪上，使其变黑后吸收更多的阳光，并因此融化得更快。

由于极地地区温度急剧上升，世界各个地区，包括荷兰，正在经历变化。例如，气候和天气模式、大气环流模式、海湾流和水文循环的变化正在导致温带地区出现更长、更热的热浪以及干旱和极端天气。低洼沿海地区——尤其是南半球的发展中国家——发生洪水的风险正在增加，海平面上升正在加速地下水资源的盐碱化。许多发展中国家尤其受到影响。若不采取充分的缓解和适应行动，这些变化将使某些地区变得不宜居住，并成为冲突的潜在根源。由于重力的作用，极地冰盖融化的水并不会均匀分布在全球各地的海洋中。如果格陵兰冰盖融化，荷兰海岸的海平面可能只会轻微地上升（若南极冰盖融化，情况则相反）。

保护北极的最好办法是阻止气候变化。对此，荷兰政府的主要目标是减少温室气体和煤烟等有害物质的排放，以及进一步适应气候不可避免的变化。为实现这一目标，荷兰政府在国内实施《国家气候协定》（"National Climate Agreement"）和《国家气候适应战略》（"National Climate Adaptation Strategy"）政策，在国际上实施气候融资和气候外交政策，这在对外贸易和发展合作预算、国际合作同质预算（Homogeneous Budget for International Cooperation）和致议会关于气候外交的通信中都有明确规定。

新冠感染使全球格局不断变化，在此背景下，荷兰政府继续鼓励全球各国为实现《巴黎协定》做出努力，同时继续实施包括《国家气候协定》（"National Climate

Agreement"）的国家方针。在多边主义和欧盟背景下，荷兰政府在双边交往中基于"重建得更好"（Building Back Better）原则，推动绿色和包容性的经济复苏。大规模的全球经济复苏措施提高了经济的可持续发展和社会的抵御力，这符合巴黎气候目标和可持续发展目标。新冠感染也突显出欧盟在全球气候方面发挥领导作用的重要性，欧盟对欧洲绿色协议（European Green Deal）的承诺不减，将持续推进雄心勃勃的碳减排目标，积极推动国际社会对绿色复苏和气候措施的需求。

（2）生物多样性。

荷兰不仅与北极地区共享天气系统，也共享动植物系统。不幸的是，北极的生物多样性正受到威胁。与全球其他地区相比，北极地区加剧变暖正加快改变北极生态系统，从而改变陆地上和海洋中无数动植物物种的栖息地。有几种动物只生存在北极地区，它们依赖北极寒冷的气候条件。生态系统中的生物在时间和空间上均高度相互依存，这使得生态系统对任何改变都高度敏感，如温度的上升。2019 年的研究表明，气候变化导致了北极生态系统的变化。一些强有力的证据表明，植物在一年中开花的时间越来越早，但此时还没有昆虫能为它们授粉。联合国最近一份关于全球生物多样性状况的报告也引起了国际社会对包括北极在内的全球动物物种和生物多样性下降的担忧。该报告得出的结论是，全球多达 100 万个物种正面临灭绝。

这些变化也同样影响着荷兰的生物多样性。北极生态系统的变化影响了候鸟的迁徙，这些鸟类在往返北极繁殖地的途中在瓦登泽（Waddenzee）三角洲和泽兰（Zeeland）三角洲过冬或将其作为中转站。像鹅、涉禽和燕鸥这样的鸟也不得不适应气候的改变，全球变暖意味着，在北极它们所需食物的生长季节开始得更早，食物供应的高峰期将不再与它们的需求相吻合。因此，在食物不足的情况下，候鸟可能会较晚到达。随着气候变暖，新的物种也来到了北极地区。这些物种中有些会为了同一种食物而与北极地区的原物种竞争，而另一些则是掠食者，对食物系统产生了巨大影响。这些变化均威胁着北极地区的生物多样性，也需要进行更多研究来确定这些根本性变化可能带来的确切影响。因此，1992 年以来，荷兰政府一直为北极理事会的"北极动植物养护"工作组（Arctic Council's Conservation of Arctic Flora and Fauna）的研究作出贡献，特别关注迁徙过程中同样经过荷兰地区的候鸟。例如，荷兰政府正在投资瓦登海飞行路线计划（Wadden Sea Flyway Initiative），该计划将监测从北极地区到非洲南部飞行路线沿线的水鸟。

对植物群和动物群进行研究仍然是荷兰极地研究的重要组成部分。通过这些研究，荷兰科学家与环极地海鸟专家组（Circumpolar Seabird Expert Group）和北极候鸟倡议组织（Arctic Migratory Birds Initiative）保持密切联系，这两个组织都属于"北极动植物养护"工作组。荷兰的高质量研究饱受赞赏，且为与北极国家和其他观察员国的科学家合作提供了积极的研究议程。在接下来的 5 年里，"北极动植物养护"工作组将继续利用荷兰的专业知识，保护北极生物多样性和北极生态系统。

北极地区的生物多样性并不是孤立存在的，许多鸟类每年的迁徙就是明证。正如荷兰政府在 2020 年 4 月 9 日给议会的通信中所述，荷兰在支持国际生物多样性方面的广泛努力也确定了在北极地区所需的具体努力（议会文件编号 26407-134）。在欧盟内部，荷兰将推动欧盟在《生物多样性战略》（"Biodiversity Strategy"）中提出的保护生物多样性的宏伟目标反映在欧盟未来的北极政策中。根据国际海洋治理议程（International Ocean Governance Agenda），对于国家管辖范围以外地区海洋生物多样性的保护和可持续利用的问题，欧盟同样希望可以达成一项具有法律约束力的协定（即《国家管辖范围外生物多样性进程》）。

欧盟的目标是尽快批准和实施该协定，这也获得了荷兰政府的支持。在国际范围内，荷兰主张通过引入具有约束性目标且雄心勃勃的新战略框架——2020 年后全球生物多样性框架（Post-2020 Global Biodiversity Framework）[1]，来加强《生物多样性公约》。这也将有助于保护北极的生物多样性[2]。

（3）原住民。

大约有 400 万人生活在北极地区，其中 10% 是公认的原住民（包括大约 40 个民族）。除冰岛外，所有北极国家都有原住民，在多数情况下，他们已经在当地生活了数千年。在所有北极国家，原住民都属于少数民族。气候变化对他们的社区文化构成越来越大的威胁。海冰融化意味着他们的狩猎能力下降，降雨

---

[1] 部分原因是为了执行 Jetten／DeGroot 动议（议会文件 21501，编号 1440）。

[2] 另见 2019 年 4 月 2 日与议会的通信，其中阐述了政府对粮农组织关于生物多样性和粮食安全文件的回应（通信参考编号：DGNVLG／19067648）。

和雨夹雪形式的降水减少了驯鹿群的放牧地,而饲养驯鹿是欧洲唯一的原住民民族萨米人(Sami)的重要生存手段。侵蚀的海岸和融化的永久冻土威胁着建筑物的地基。狩猎的减少,加上基础设施的衰败,正在为生活在偏远地区的原住民带来粮食危机。

保护这些原住民是联合国和欧洲安全与合作组织(Organization for Security and Co-operation in Europe)等国际组织发表的一系列宣言以及国际劳工组织第169号公约(1989年《土著和部落人民公约》)等国际条约的主题。荷兰是少数几个批准国际劳工组织第169号公约的国家之一。在欧盟内部,北极原住民受到欧盟法律具体条款的保护,也受益于欧盟的区域政策和跨境项目。荷兰政府非常重视欧洲委员会组织的北极原住民年度对话(Annual Arctic Indigenous Peoples Dialogue)。《联合国土著人民权利宣言》于2007年通过,该宣言体现了原住民的个人和集体文化及经济权利,强调了"土著人民的自由、优先和知情同意"(Free, Prior and Informed Consent of Indigenous Peoples)。这意味着,在该区域开展工业活动等问题上,必须征求原住民的意见。北极区域经济活动的增加也以就业的形式为原住民创造了机会。但适应一个迅速变化的世界可能与保护自己的传统和文化相冲突。因此,对原住民来说,重要的是采取可持续的形式进行发展,从而不损害当地的生态系统。

代表原住民的组织作为永久参与方参与北极理事会,构成北极理事会不可分割的一部分。北极理事会关注北极地区的可持续发展,其中包括经济和社会发展、改善健康状况和保护原住民文化。

荷兰支持北极文化的保护和自主发展,在未来5年将继续作为北极理事会"可持续发展"工作组的积极成员参与相关工作。荷兰帮助北极地区的原住民参与到"可持续发展"工作组的项目中,这些项目包括促进性别平等、研究适应北极气候的可持续住房建造方法等。

(4)保护海洋环境。

为保护北极的海洋环境和生物多样性,荷兰政府支持在该地区建立海洋保护区网络(Network of Marine Protected Areas),并在可能的情况下支持由国际海事组织指定的通过生态敏感海域的航线。荷兰政府将积极努力,根据相关授权公约,在北极地区建立良好的管理体系。荷兰政府还鼓励在项目和计划的环境影响评估(Environmental Impact Assessment)方面加强国际知识共享,特别是在北极理事会内部。

目前，在联合国主持下，根据《联合国海洋法公约》，各国正就保护和可持续利用国家管辖范围外海洋生物多样性达成一项执行协定，即《国家管辖范围外生物多样性进程》。该协议对于保护和可持续利用不属于任何北极国家管辖的北极海域具有重要意义。荷兰支持制定这一具有法律约束力的国际协定，并积极参与联合国和欧盟层面的行动进程。

由航运和建造工作等引起的水下噪声会对噪声敏感的动物产生有害影响，这些动物包括海豹、鲸、海豚以及某些鱼类。鉴于北极地区脆弱的生态环境及人类北极活动的增加，荷兰政府认为实施水下噪声监测行动十分重要，并通过测量和建模确定水下噪声的水平和模式。政策制定者和其他利益相关者可以以此为基础，确定水下噪声在哪些海域可能会对海洋动物产生负面影响。荷兰可以提供从荷兰应用科学研究院等机构所获得的知识和经验。该研究院与其他北海国家开展了广泛的科研合作。荷兰国家水利局（Rijkswaterstaat，负责公共工程和水资源管理的荷兰政府机构）领导了"北海环境噪声联合监测计划"（Joint Monitoring Programme for Ambient Noise North Sea）项目。该项目正在为解决北海噪声问题制定相关计划框架。在《东北大西洋海洋环境保护公约》下设立了由 15 个政府和欧盟合作以保护东北大西洋的机制，该机制也可以用于开展脉冲噪声监测。荷兰和欧盟正试图将水下噪声问题提上海洋环境保护委员会的议程。该委员会是国际海事组织下设置的机构。

北极圈以北的大部分地区是海洋，其中一些是冰封的。联合国《2030 年可持续发展议程》可持续发展目标为"水下生命"，与之相关的国际目标也适用于该北极区域。然而，由于陆地活动会对海洋（包括北冰洋）产生影响，荷兰政府支持对整个《2030 年可持续发展议程》采取综合方法，以使单个可持续发展目标可以达成最好效果。因此，荷兰提倡采取海洋空间规划的方法，统一协调与海洋有关的各部门和各方（如运输、渔业、能源、工业、休闲娱乐、自然保护和各政府），以便就可持续利用海洋环境及其资源做出通晓且协调的决策。荷兰还提倡以自然为基础的方案，将可持续利用自然视为应对社会生态挑战的一种方法，并提倡从源头到海洋的管理方法，鼓励工业和社会的所有部门，包括内陆部门，能够识别并最大限度地减少其对下游、沿海地区和海洋生态系统的负面影响。

海洋吸收了约 30% 的人为碳排放[①]，这一过程会导致海水酸化。目前，海洋平均酸性比工业革命前高 26% 左右。由于冷水更容易吸收二氧化碳，所以极地地区受海水酸化的影响最大。海水酸化阻碍了珊瑚、海螺、软体动物和各种浮游生物等钙化生物的生长，甚至溶解了它们的壳和骨架。北极地区的食物链相对简单，由于酸化导致的一种生物的消失可能危及整个食物系统。海水酸化预计持续到下个世纪，最终危害鱼类和海洋哺乳动物种群。为了遏制这一进程，我们必须限制碳排放。因此，荷兰加入抗击海水酸化国际联盟，以确保海水酸化问题在国际决策中得到应有的重视。

海洋变暖导致整个生态系统——包括某些鱼类——向北迁移（在北半球内向北迁移，不在北半球内则向北半球迁移）。为确保海洋生态系统健康和渔业可持续发展，欧盟于 2019 年加入了一项国际协定《预防中北冰洋不管制公海渔业协定》，以防止在北冰洋中央公海开展无管制捕捞行为。该协定禁止在这一地区进行商业捕捞，最初禁渔期限是 16 年（每 5 年自动延长一次），直至科学家证实可持续捕捞成为可能。

（5）污染。

大量来自欧洲大陆、热带、亚热带的污染物被河流、洋流和大气输送到北极。其中除了塑料垃圾等可见污染物外，还包括肉眼看不见的小颗粒，如持久性有机污染物。这是一种有毒物质，且不易降解。这些物质会在鱼类和海洋哺乳动物等生物体内积累（生物积累），并在人类食用后进入人体。1997 年以来，北极理事会的"北极监测和评估计划"工作组发布了多份关于北极地区放射性、持久性有机污染物和汞的报告，荷兰政府也积极参与其中。一段时间以来，典型持久性有机污染物的含量一直呈下降趋势[②]。这表明，《关于持久性有机污染物的斯德哥尔摩公约》（"Stockholm Convention on Persistent Organic Pollutants"）等国际协议正在发挥作用。近年来，许多新的物质开始在食物链中积累，其中包括溴化阻燃剂和 PFOS36。随着北极海冰和永久冻土融化，经典持久性有机污染物的二次排放也可能发生。因此，荷兰将继续为"北极监测和评估计划"作出积极贡献。

[①] Gruber, Nicolas, et al. The oceanic sink for anthropogenic CO_2 from 1994 to 2007[J]. *Science*. 2019, *363*（6432）: 1193-1199.

[②] 如二氯二苯三氯乙烷（DDT）和六氯环己烷（HCH）。

在全球海洋中，塑料垃圾越来越多，但北冰洋的塑料垃圾比其他任何海洋都多。这对该地区的野生生物（从浮游生物到北极熊）以及食物和文化完全依赖海洋生态系统的当地居民构成了直接威胁。目前，人们对海洋垃圾的确切来源、深层原因和环境影响知之甚少。因此，荷兰政府支持在执行《欧盟海洋战略框架指令》（"EU Marine Strategy Framework Directive"）、《水框架指令》（"Water Framework Directive"）和《欧盟一次性塑料指令》（"EU Single-Use Plastics Directive"）的框架内，进一步在国家和国际层面上研究这一问题。荷兰认为，减少现有污染（效果驱动政策）和防止塑料垃圾最终流入海洋（旨在解决海洋污染源头的政策）都很重要。在国家层面，荷兰政府正在与私营部门合作，争取到 2050 年完全使用可回收和可重复使用的资源。然而，鉴于这一问题的跨界性质，需要开展国际合作。因此，荷兰政府（在《东北大西洋海洋环境保护公约》框架下）与北大西洋地区的其他国家进行合作，如开展联合监测行动。2014 年 6 月通过的《东北大西洋海洋废弃物区域行动计划》（"The OSPAR Regional Action Plan on Marine Litter"）中包含了荷兰在全国范围内采取的许多措施。荷兰还通过国际海事组织和联合国环境规划署全球海洋垃圾伙伴关系（Global Partnership on Marine Litter）努力减少海洋垃圾。荷兰是北极理事会"北极海洋环境保护"工作组的成员之一，该工作组正在制订一项关于海洋垃圾的区域行动计划。北极地区的国家正努力将这一问题列入北极理事会议程，对此，荷兰政府十分支持。此外，2014 年以来，联合国（在联合国环境大会（United Nations Environment Assembly）框架下）启动了处理海洋塑料垃圾和微塑料的举措。联合国环境大会决议鼓励采用生命全周期方法（Life-Cycle Approach），特别关注海洋塑料垃圾来源最多的地理区域。在 2017 年联合国环境大会第三届会议上，成立了特设开放式专家组（Ad Hoc Open Ended Expert Group），以调查海洋垃圾和微塑料的情况，并确定潜在的解决方案。荷兰是特设开放式专家组的积极成员。联合国环境大会第五届会议将根据专家组的成果，为解决这一问题开展更多行动。

在北极，汞等重金属也对人类、动物和环境有害。汞是一种剧毒物质，会对生态系统和人类健康构成严重威胁。气候模式和化学反应导致大量汞排放积聚在北极。多年来，格罗宁根大学北极中心（University of Groningen's Arctic Center）一直在为各种运输和沉积模型提供排放的空间数据，这也是荷兰为"北极监测和评估计划"作出的贡献。"北极监测和评估计划"的工作还用于评估《关于持久性有机污染物的斯德哥尔摩公约》（旨在通过限制持久性有机污染物的生产和使用来保护人类和环境）以及最近重点关注的《关于汞的水俣公约》（"Minamata Convention on Mercury"）的有效性。该公约于 2017 年生效，旨在保护人类健康和环境免受汞和汞化合物人为排放的影响。荷兰政府目前已经批准了这两项公约。

辐射也是北极地区的一个问题。例如，苏联北方舰队（Northern Fleet）产生的乏燃料和放射性废料，就是影响全球的危险放射性遗留物。与白海、巴伦支海和喀拉海接壤的地区拥有世界上数量最多的危险放射性废物储存地点。随着永久冻土的融化，北极地区的居民可能会暴露在越来越多的氡气辐射中。因此，继续监测北极地区的放射性同位素十分重要，可以及时了解包括气候变化带来的任何变化。在北极理事会"北极监测和评估计划"工作组中，荷兰政府正密切关注这一情况。该工作组还提出发展新思路，如将核技术用于能源生产和武器系统。

设想中北方海航道航运的增加也将对北极环境产生影响。虽然较短的航线会减少碳排放，但会增加北极地区的大气污染。国际海事组织是发展和完善国际航运治理机制的主要机构。该机构通过了极地航运准则，其中最重要的是2017 年 1 月 1 日生效的《国际海事组织极地规则》。该规则旨在通过船员培训、应急准备等方式，保护北极和南极地区免受航运带来的负面安全和环境影响。荷兰政府正在国际海事组织的框架内制订一项循序渐进的计划，以研究和遏制因航运增加而产生的烟尘排放和沉积而加速的冰融化。荷兰也是禁止在北极使用和运输重质燃料油（Heavy Fuel Oil）提案的共同发起人。为了响应这一提议，国际海事组织目前正在努力实施相关禁令。2019 年以来，荷兰一直是北极理事会"北极海洋环境保护"工作组的积极成员，该工作组也在一定程度上关注北极航运。荷兰将利用未来一段时间来确定可以加入哪些"北极海洋环境保护"航运项目。

3. 加强国际合作

本战略文件的第三部分将讨论国际科学合作。

（1）国际治理与管理。

作为加强和遵守国际法律秩序的倡导者，荷兰认为，以国际共识为基础的组织、协议和条约,如《联合国海洋法公约》、国际海事组织和《东北大西洋海洋环境保护公约》可发挥重要作用。诸如此类的协议不仅有助于加强北极国家之间的合作,也有助于加强该地区与国际社会之间的更广泛合作。

北极地区主要由 8 个北极国家管辖。这些国家可以在其管辖范围内制定规则,并适当考虑国际协定。目前,这些国家在不同事务上有广泛合作。《联合国海洋法公约》为沿岸国和船旗国在国家管辖范围内外的北极地区海域的权利和义务提供了法律依据。北极五国在 2008 年的《伊卢利萨特宣言》中重申了海洋法的重要性。

荷兰政府同样认为《联合国海洋法公约》是北极海域可持续治理和管理机制以及强制性冲突解决机制的最重要基础。因此,荷兰政府将继续呼吁所有北极国家批准该公约。美国是目前唯一尚未批准该公约的北极国家。

大陆架界限委员会也是在《联合国海洋法公约》的基础上成立的。该委员会就大陆架的外部界限提出建议。对于任何专属经济区以外的大陆架主权主张,沿海国都必须向大陆架界限委员会提交。专属经济区内的大陆架从该国海岸向外延伸 200 海里,对于 200 海里之外的部分,沿海国如果能证明海床是其陆地的自然延伸,就可以对延伸大陆架提出政策主张,这仅适用于《联合国海洋法公约》缔约国。一些国家已经提交了对其北部沿海地区的政策主张,如俄罗斯(2001 年和 2015 年)、挪威(2006 年)、丹麦(格陵兰岛)(2014 年)和加拿大(2019 年)。大陆架界限委员会对收到的主张做出回应,并发布关于大陆架外部界限的建议。2009 年,该组织就挪威的主张提出了一项建议。荷兰政府正密切关注着其他主张的进展情况。

一些地区的双边边界尚未确定,如阿拉斯加与加拿大之间以及加拿大与丹麦之间的边界。除了加拿大和丹麦(格陵兰岛)都对汉斯岛(Hans Island)宣称主权外,北极地区尚未解决的边界冲突就是海洋问题。国家管辖范围以外的海底区域由国际海底管理局管理。这些海底区域是人类共同遗产的一部分,未经国际海底管理局的允许,不得进行勘探或开发。作为《联合国海洋法公约》缔约国,荷兰同样是国际海底管理局成员。

根据《1920 年斯匹次卑尔根条约》("1920 Spitsbergen Treaty"),挪威对斯匹次卑尔根群岛(Spitsbergen Archipelago)岛屿拥有主权。《联合国海洋法公约》的其他缔约国及其国民有权进入斯匹次卑尔根群岛,且有权使用其自然资源并进行自由的科学研究,但所需遵守条件与挪威国民相同(依据非歧视原则)。挪威政府负责管理斯匹次卑尔根群岛及其周边的旅游业,并在遵守《斯匹次卑尔根条约》的前提下,适当考虑平等准入权原则。

对于包括荷兰在内的其他《斯匹次卑尔根条约》缔约国在斯匹次卑尔根群岛领土的权益,挪威与其他缔约国有不同的意见。挪威认为,《斯匹次卑尔根条约》只适用于岛屿及其领海,不适用于专属经济区和大陆架。荷兰政府和其他几个缔约国认为,该条约适用于斯匹次卑尔根群岛周围的所有海洋区域(包括领海、渔区和大陆架),非不歧视原则尤其适用于特定的商业利益,如矿物开采和渔业权。只要这还属于欧盟的权限范围,荷兰政府就将在任何可能的情况下支持欧盟委员会努力解决与挪威就这一问题展开的辩论。

(2)北极理事会。

北极理事会是北极事务对话与合作的主要论坛。该理事会每 2 年举行一次部长级会议,成员国定期轮流担任主席国。常设秘书处于 2013 年设立于特罗姆瑟。北极理事会共有 8 个成员国(8 个北极国家)、6 个永久参与方(代表北极地区土著人民)和 38 个观察员(包括 13 个国家、13 个政府间和议会间组织以及 12 个非政府组织)。北极理事会不是国家级的行政组织,预算有限,其决定不具约束力。该理事会仅限于发表政治宣言、建议和指导方针。但在其框架下达成的《2013 年北极海洋油污预防与应对合作协定》("Agreement on Cooperation on Marine Oil Pollution Preparedness and Response in the Arctic, 2013")和《2011 年北极航空海上搜救合作协定》("Agreement on Cooperation on Aeronautical and Maritime Search and Rescue in the Arctic, 2011")具有约束力。

北极理事会关注的重点问题是北极地区的生态环境、生物多样性、科学和社会发展,一般不讨论地缘政治和安全问题。1996 年以来,在该理事会的协调下,以北极国家共同利益为重点的北极地区建设性合作得以实现。荷兰政府热切希望各国继续进行建设性合作,并对让观察员更密切地参与北极理事会的工作持乐观态度。

根据《2016—2020 年荷兰极地战略》,荷兰政府在过去几年里更多地参与了北极理事会的工作组工作,如"北极监测和评估计划""北极动植物养护""可持续发展"多个项目和专家组;2019 年以来,还参与了"北极海洋环境保护"(海洋垃圾和航运方面)。在其后 5 年里,荷兰继续积极参加各工作组,鉴于各工作组的项目不断变化，与政策的关系也日益密切，荷兰政府将努力确保对这些工作组采取更灵活和基于政策的方法。

（3）双边合作。

鉴于北极地区对荷兰的重要性，如本战略先前所述，荷兰政府旨在加强与北极地区国家的双边关系，如定期地与这些国家进行对话，其部分目的是探索在北极地区科学研究和政策方面进行更多合作的潜力。这尤其适用于欧洲北极国家和欧盟。为了在荷兰国内外开展这些对话，并提高荷兰极地政策在国外的知名度，荷兰外交部将继续保留《2016—2020 年荷兰极地战略》中设立的北极大使（辅助职位）一职。

（4）欧盟。

北极地区对欧盟具有重要的战略意义。北极地区的变化对欧洲的经济、安全、气候和环境都有潜在影响。有 3 个北极国家是欧盟成员国，另外 2 个是欧洲经济区成员国。欧盟为研究预算和区域发展基金提供了可观的资金支持。欧盟的立法，特别是在渔业、能源和交通方面的立法，对北极地区产生了影响。因此，欧盟是北极地区的一个重要角色。尽管欧盟没有获得北极理事会正式观察员的身份，但它参与了荷兰等官方观察员参与的所有活动。荷兰政府支持给予欧盟在北极理事会的正式观察员身份。

欧盟的北极地区政策基于《2016 年 4 月 27 日欧盟委员会和外交与安全政策高级代表关于欧盟北极综合政策的联合通信》以及 2016 年 6 月 20 日理事会的相关结论。为实现安全、稳定、可持续和繁荣北极的目标，该政策侧重以下优先领域：应对气候变化和保护北极环境；北极及其周边地区的可持续发展；北极问题的国际合作。为此，欧盟北极政策进一步促进国际合作，以遏制气候变化对脆弱的北极生态系统的影响，并有助于北极地区，特别是欧洲北极地区的可持续发展。2019 年 12 月 9 日，理事会要求欧盟委员会和欧盟对外行动署（European External Action Service）更新欧盟的北极政策。更新后的政策于 2021 年发布。荷兰通过各种方式作出了自己的贡献，包括响应欧洲委员会的协商。荷兰政府计划在荷兰和欧盟可以相互加强的领域（如研究和可持续发展领域）与欧盟合作，并贡献其专业知识，以达成一个积极有效的欧洲北极政策。具体的细节和范围取决于欧盟新政策的实质内容。

一段时间以来，欧盟还通过"北方维度"政策、欧盟与冰岛、挪威和俄罗斯的伙伴关系以及巴伦支欧洲－北极理事会积极促进北极合作。

（5）地缘政治与安全。

2019 年 7 月，荷兰政府向议会递交了一封关于北极安全的通信①。为了确保本战略对荷兰北极政策进行全面、综合的概述，这里截取了该通信的部分内容，并进行了一些编辑修改、分析和更新。

北极安全涉及政治、军事、经济、生态等领域，且不能孤立看待。气候变化正在为航运、渔业、旅游和采矿等经济活动打开北极的大门，使得北极地区的可持续管理变得更加重要，从而增加了其政治相关性。荷兰政府将继续积极监测北极地区生态、经济、政治和军事安全的发展，以最佳方式追求其利益。北极地区的发展对荷兰自身安全和保障的重要性日益增加，这也意味着荷兰的行动对北极关系产生的影响必须在决策中仔细考虑。荷兰政府将继续利用其在北极理事会的观察员地位，倡导其成员之间以及包括荷兰在内的成员和观察员与其他利益相关方之间的良好合作。现在，北极理事会比以往任何时候都更注重保持其非政治性。下文将更详细地讨论政治和军事安全。

北极地区的活动历来本着合作精神进行。考虑到该地区的极端条件、不适宜居住的地貌以及相关的高成本活动，这一点就不足为奇了。利益相关方希望北极仍然是一个和平、稳定和缓和的地区，主要重点是合作。欧盟在其《欧盟全球战略》（"EU Global Strategy"）中也将此视为一种战略利益。

气候变化，尤其是极地冰的融化，正在改变北极地区的状况，并增加北极和非北极国家的北极活动。以前难以开采的北极石油、天然气和稀土元素正变得越来越容易获得。新的航线正在开辟，旅游业和渔业的机会增多。这些发展既增加了在搜救和可持续管理等领域的合作需求，也加剧了国家之间的竞争。

荷兰认为，继续并深化与该地区所有相关行为体之间的合作至关重要。该区域的可持续、和平与安全管理取决于密切协商。基于合作和协商的稳定也能够防止北极的发展对荷兰最广泛意义上的资源安全——流动安全——产生负面影响。

幸运的是，各种国际合作正在进行，特别是 8 个北极国家之间的合作，在欧盟、北约和北极理事会（包括非北极观察员国和土著人民）、巴伦支欧洲－北极

①《致议会关于荷兰极地战略安全要素更新的通信》（《2016—2020 年荷兰极地战略》），议会文件 35000V，第 82 号。

理事会、"北方维度"、北欧理事会（Nordic Council）、北方集团（Northern Group）、北欧防务合作（Nordic Defence Cooperation）、北极海岸警卫队论坛、北极安全部队圆桌会议、联合远征军（Joint Expeditionary Force）、联合国、国际海事组织、北极科学部长级会议（Arctic Science Ministerial）中的合作，以及与私营部门、非政府组织和知识机构的合作。例如，北极安全部队圆桌会议的北翼专门分析了北极地区的潜在军事威胁。

北极理事会仍然是北极事务对话与合作的主要论坛。其重点是北极地区环境、生物多样性、科学研究和社会发展。该论坛一般不讨论地缘政治和安全问题。1996 年以来，北极地区开展了以北极国家共同利益为重点的建设性合作。荷兰非常重视这种建设性合作形式。

军事安全合作从一开始就被排除在北极理事会工作之外。在美国的推动下，成立北极理事会的《渥太华宣言》中的第一个脚注明确表示："北极理事会不应处理与军事安全有关的任何问题。"任何改变这一状况的决定都必须得到北极国家的一致同意。与此同时，允许探讨北极地区的政治和军事问题的声音越来越大，因为这有助于将任何潜在冲突扼杀在萌芽状态中并维护区域合作。北极地区对俄罗斯和北约的战略重要性、俄罗斯不断增加的军事活动，以及中国对北极地区日益浓厚的兴趣，都加强了这一趋势。

荷兰赞成北极及其周边地区的任何安全事态发展问题主要在北约内部处理，因为北极国家加拿大、美国、挪威、丹麦和冰岛都是北约成员国。荷兰也支持与有关行动者讨论相关事态发展。正如克林根德尔研究所（Clingendael Institute）于 2020 年 4 月发表的一份报告所述，"当前的事态发展意味着必须与所有北极国家讨论政治和军事问题，并从更广泛的生态和经济发展角度考虑问题"。

随着极地冰的融化和经济机会的出现，北极地区的战略安全利益也在增加。在俄罗斯政治和军事领导人看来，北极地区可接近性的提高对俄罗斯的安全构成了直接威胁。除了经济方面的考虑，维护俄罗斯安全的天然保护屏障的消失，亦促使俄罗斯越来越关注北极地区。值得注意的是，近年来，北极地区在俄罗斯的安全战略和军事理论中越来越突出。2014 年 12 月 1 日，俄罗斯政府专门为北极地区建立了一个新的战略军事司令部。2015 年发布的《俄罗斯国家军事战略》（"Russian National Military Strategy"）的核心任务实际上是保护俄罗斯在北极地区的国家利益。与此同时，俄罗斯在该地区的军事存在也在增加。

俄罗斯总统普京决定从 2021 年 1 月起将北方舰队升级为第五军区。俄罗斯发布了 2035 年之前的北极战略。其重点是维护主权和领土完整，开发资源，促进经济发展，促进居民繁荣，维护北极和平，开发包括北方海航道在内的俄罗斯北极地区，保护环境和土著人民的传统生活方式。

俄罗斯政府表示，俄罗斯在北极地区不断增加的军事存在是防御性的，是保护俄罗斯及其资源的必要条件。俄罗斯政府希望开发北极地区，并有必要与其他国家合作，以实现这一目标。这意味着俄罗斯不会从该地区日益紧张的局势中受益。

继续监测北极地区的安全形势并维护北极地区的长期稳定具有重要意义。世界其他地区的紧张局势可能对北极地区的关系产生影响（溢出效应）。北极地区可接近性的提高和自然保护屏障的消失也可能导致紧张局势的加剧。对此，荷兰政府、欧盟和北约会保持警惕。2014 年，在威尔士举行的北约峰会（NATO Summit）上通过了"战备行动计划"（Readiness Action Plan）。该计划提出北约峰会各国将对北约条约区域边界（包括北极地区）上的任何威胁做出迅速、灵活和坚定的反应。北约在北极圈以北没有永久性的军事设施，因此，只能在北极地区进行有限的活动。北极地区与"GIUK 鸿沟"（格陵兰岛、冰岛和英国之间的北大西洋）接壤，这在通信和运输方面对北约具有重要战略意义。因此，北约盟国和包括荷兰在内的欧盟有关成员国对北极地区的安全形势表示关切。荷兰政府定期与北方集团和联合国远征军的合作伙伴讨论这一问题，并在双边会议和海军陆战队三国（美国、英国和荷兰）参谋会谈中与挪威讨论北极地区问题。

在保持警惕和保证威慑力的同时，保持与俄罗斯的军事和安全对话渠道畅通也同样重要。荷兰政府将敦促北约恢复与俄罗斯的协商结构，或使俄罗斯参与有关北极地区安全与稳定问题的现有谈判。这将使北约在北极地区的活动更加透明，并鼓励俄罗斯更加公开自己的行动和意图。一份现代化的维也纳文件（Vienna Document）将为此提供一个良好的框架。荷兰致力于建立强有力的国际法律秩序，并在相关论坛上积极合作。这有利于让合作更加透明，也有助于确保北极地区所有行为体（包括北极国家和非北极国家）的活动利于北极地区的和平与可持续发展。

可能涉及的其他事项包括安全和建立信任措施、预防事故、在搜救方面的更密切合作以及在赈灾方面的军民合作。继续在北极理事会、《联合国海洋法公约》等现有机制下开展合作，将有助于防止北极地区局势升级。

中国对北极地区的兴趣似乎与经济机会密切相关：石油、天然气、稀土元素和原材料的储量以及更短航线的可能性，对中国的经济增长非常重要。2013年以来，中国便是北极理事会的观察员，并宣称自己是"近北极国家"和"重要的北极利益相关者"。中国从俄罗斯北极地区进口越来越多的液化天然气。2016年以来，中国国有企业获得了格陵兰岛稀土元素的开采权益。中国在地热能等领域与冰岛展开了更密切的合作。2018年1月，中国发布了其首份北极政策文件：《中国的北极政策》（"China's Arctic Policy"）白皮书。白皮书指出，中国将遵守《联合国海洋法公约》《国际海事组织极地规则》等所有现行北极法规和结构。目前，在北极没有迹象表明中国政府打算偏离这一方向，但荷兰仍然保持警惕。

美国越来越多地从自身经济和安全利益的角度关注极地地区。这反映在某些能力的扩展上（如增建新的破冰船），也反映在美方基地和部队在北极地区的安全保障上。美国在格陵兰岛开设领事馆也反映了美国对北极地区日益增长的兴趣。美国对中国在北极的活动也表示关切，美国前国务卿蓬佩奥（Mike Pompeo）在2019年5月7日北极理事会会议前一天的讲话中指出，中国正在北极发展基础设施和科研设施，并警告说，这些设施未来可能被用于军事目的。

荷兰意识到北极地区正受到严密的监视，故应谨慎行事，以免加剧局势的紧张。荷兰认为，强有力的国际法律秩序和有关论坛的积极合作增加了透明度。这样才能确保包括中国在内的各方在北极地区的活动有利于和平与可持续发展，符合各方利益，也有利于维护荷兰自身的安全利益。这同样符合荷兰于2019年5月15日发布的对华政策文件——《荷中关系：新平衡》（"The Netherlands & China：A New Balance"）。

4. 确保可持续的经济活动

（1）简介。

北冰洋第一个无冰夏季预计出现在2030—2050年。这将为经济活动创造更多的机会——航海、渔业和包括石油和天然气在内的资源开采将变得不那么困难，同时，将带来更多挑战。气候变化可能增加北极地区的经济活动，反过来将进一步加剧气候变化，并与可持续发展目标相悖。荷兰政府认为，必须基于预防性原则和生态系统方法（Ecosystem Approach）对经济活动进行监管。后者是指基于生态系统动态知识的人类活动的综合管理。其目标是生态系统产品和服务的可持续利用，以及通过确定对生态系统健康至关重要的机制并在此基础上采取行动，以维护生态系统的完整性。这是荷兰在北极进行经济活动时的一个重要原则。荷兰政府还希望包括金融机构在内的公司行使负责任的商业行为（Responsible Business Conduct）。荷兰政府使用《经济合作与发展组织跨国企业准则》（OECD Guidelines for Multinational Enterprises）作为负责任的商业行为的标准。该准则还被纳入《联合国工商企业与人权指导原则》（"UN Guiding Principles on Business and Human Rights"）。具体而言，这意味着企业必须考虑自身活动、服务或产品及其商业合作伙伴（如供应商）在气候变化和环境污染等方面的潜在和实际负面影响。企业应对此进行尽职调查。例如，《经济合作与发展组织跨国企业准则》和《联合国工商企业与人权指导原则》指出，企业必须识别、预防或减轻负面影响的风险，并为这一过程提供问责制。

在此背景下，荷兰政府将努力促进北极地区的可持续管理，与北极国家一起，在更广泛的国际舞台上进行游说，以加强可持续标准，并制定额外的、严格的和有约束力的国际标准和协议。私营部门和民间社会将参与这一进程，当然也将考虑北极居民（包括原住民）的利益。荷兰政府对于遵守这些标准和协定者持鼓励的态度。

凭借荷兰公司和知识机构的知识和专长，荷兰政府可以为极端条件下的安全和可持续开发活动提供支持和帮助，并通过这种方式参与其他国家部署的活动，为北极地区负责任和可持续经济发展作出贡献。荷兰政府将尽可能地向北极国家介绍荷兰私营部门的具体知识和专业知识。一些公司、知识机构、非政府组织和部委的代表组成了"荷兰北极圈组织"（Dutch Arctic Circle），并在组织内部非正式地分享有关北极活动的知识。未来几年，荷兰北极圈组织将分享荷兰公司的相关知识和技能，并确定如何将其用于北极的可持续发展。这也符合克林根德尔研究所的建议，即更积极地利用该组织来协调涉及荷兰北极主要利益相关者的活动和政策。2014 年，北极理事会成立了北极经济理事会，这是一个讨论经济机会的独立组织，企业可以在组织内交流有关可持续经济发展的知识。在北极有经济利益的所有公司、贸易机构和原住民团体均可申请成为北极经济理事会成员。

（2）发展海上航线。

北极海冰的融化使从亚洲经北极到欧洲的海上航行成为可能，相比途经苏伊士运河的航线，这条航线要短得多。这就是所谓的"北方海航线"（Northern Sea Route）。2018 年 8 月，马士基（Maersk）航运公司成为第一家使用商业集装箱船在"北方海航线"上航行的公司，这部分得益于破冰船的帮助。这条航线多久才能永久通航并用于商业取决于许多因素，目前很难预测。2019 年，约有 500 艘船使用了这条航线。除了环境和安全问题，北极的航运还面临着其他挑战：极端且难以预测的天气条件、极速变化的冰况、有限的卫星范围和薄弱的港口基础设施。此外，还有宽度和深度的限制。因此，最大的船不可能像在苏伊士运河那样在"北方海航线"上航行。因此，从中短期来看，该航线不适合作为定期航线，因为定期航线依赖集装箱运输的准确到港时间和离港时间。然而，包括俄罗斯、中国和冰岛在内的几个国家正在投资建造新的货运船、破冰船和港口，以促进预期的增长。俄罗斯政府宣布了"到 2025 年，每年通过这条航线运输 8 000 万～9 260 万吨货物"的雄心，而在 2018 年，这一数字仅为 1 800 万吨。为了实现这一雄心，俄罗斯在基础设施、核动力破冰船和港口现代化方面进行了大量投资。荷兰经济政策分析局（Netherlands Bureau for Economic Policy Analysis）预测，从长远来看，如果"北方海航线"在商业上可行，现在通过苏伊士运河运输的货物中有 2/3 将改由通过这条航线运输。这将使西北欧和东北亚之间的贸易流量增加约 10%。因此，鹿特丹这样的主要港口将转运更多的货物，成为更重要的交通枢纽。荷兰交通政策分析研究所（Netherlands Institute for Transport Policy Analysis）预计，"北方海航线"最终可能成为高质量且具有时效性的产品的替代路线。

第二条可能通航的北极航线是西北航道。2014 年，一艘集装箱船在没有破冰船领航的情况下，用了 26 天从魁北克（Quebec）航行至中国，这是有史以来的第一次。这条航线充满了困难，因为途经许多岛屿，且沿途的冰盖比"北方海航线"还要多，所以不太可能很快就通航。

第三条潜在航线，即从斯匹次卑尔根群岛直接到白令海峡，被称为"跨极航道"（Transpolar Sea Route）。这条航线的通航将在更远的未来，目前还无法确定这条航线是否或何时能够通航。科学家们预估，该航线若要开通，其时间只会在 2050 年之后的夏天。

当然，北极的通航性对荷兰有很大影响，尤其影响荷兰在北海的港口、旅游业和渔业。荷兰政府利用国际论坛在北极航运、资源开采、旅游和渔业领域的发展方面，倡导遵守自由贸易、安全和可持续的国际协定和标准。荷兰政府以预防性原则和生态系统方法为指导，为经济及其他活动提供支持。荷兰的商业行为者是明智的，他们为未来的发展做好了准备，在带来机遇的同时也带来了风险。如对外贸易和发展合作数字议程（Digital Agenda for Foreign Trade and Development Cooperation）和致议会的题为"面向全球前景的国际融资工具"的通信中所述，"目前活跃在北极或未来希望活跃在北极的公司可以在这一战略框架内依靠政府的支持，并依靠经济外交服务"。

（3）能源与资源。

由于新技术的产生、可接近性的提高和对未来需求的预测，北极油气田近年来吸引了更多的关注。对北极国家来说，开发这些资源在经济上越来越有吸引力。俄罗斯预计，在不久的将来，包括北冰洋在内的北极地区将成为支撑俄罗斯经济的最大的石油和天然气供应地。

考虑到重大的环境和安全风险，特别是对脆弱的海洋生态系统的影响，荷兰对在北极广泛开采石油和天然气持保留态度。在北极地区进行的任何活动都必须遵守严格的环境和安全标准，并适当考虑北极地区的特殊脆弱性。因此，荷兰政府将继续在联合国、北极理事会和双边交往中敦促石油和天然气开采应遵守最严格的环境和安全标准，以保护北极地区脆弱的生态系统、生态系统功能和北极物种。根据《巴黎协定》和《2030 年可持续发展目标议程》（"2030 Agenda and the Sustainable Development Goals"），全球从化石燃料向可再生能源的过渡应在未来几年加速。荷兰政府将在上述关于国际融资工具的通信中宣布，从 2020 年起逐步停止对海外新油气储量勘探和开发的资金支持。北极国家已承诺遵守《北极海上石油和天然气准则》（"Arctic Offshore Oil and Gas Guidelines"）（2009 年）。该准则规定，在开始任何活动之前必须进行环境影响评估。

北极地区也蕴藏着丰富的稀土元素和矿物，它们可以被用于制造太阳能电池板和电动汽车电池，对荷兰（和全球）能源转型非常重要。采矿工作已经在芬兰、瑞典和挪威大规模进行：瑞典拥有世界上最大的铁矿，挪威推进了在高北地区建造一座新铜矿的计划。在格陵兰岛，特别是在其南部地区，冰盖的融化使人们能够开发新的资源。在有意开发格陵兰岛自然资源的公司中，3 家是中国公司。如上文所述，对荷兰来说，重要的是以负责任的方式开采资源，包括矿物和稀土元素，并避免产生单方面的战略依赖。

（4）航运。

不断融化的海冰为旅游业、科学研究和渔业开辟了越来越大的北冰洋区域。这带来了积极的影响，包括增加收入和就业机会，但也伴随着生态风险，如事故造成的污染、非法排放和向海中倾倒废物。为了将这些风险降至最低，国际海事组织就航运的环境和安全要求达成了国际协议，其中包括《国际海事组织极地规则》。该规则对在南北极附近海域作业的船舶规定了若干要求。

国际海事组织正在逐步提高在北极航行的船舶的标准。挪威在这方面走在国际海事组织的前面，并试图在斯匹次卑尔根群岛实施更严格的标准。荷兰是国际海事组织成员国，为制定《国际海事组织极地规则》作出了贡献。

北极地区的旅游业主要涉及斯匹次卑尔根岛、格陵兰岛以及北极的其他地区。在那里运营的大多数航运公司都隶属于北极探险邮轮运营商协会（Association of Arctic Expedition Cruise Operators）。该协会为其成员制定指导方针，以确保在欧洲北极地区进行探险、巡航和旅游时充分考虑北极脆弱的环境、当地文化以及海上和陆地安全。荷兰鼓励荷兰航运公司加入北极探险邮轮运营商协会，因为各成员以其成员身份承诺遵守准则。此外，荷兰也将在北极理事会和国际海事组织这两个平台更有力地论证北极可持续旅游的重要性。荷兰在国际海事组织的积极参与很重要，重点是呼吁公平竞争环境和小型帆船等的定制方法。荷兰在这些国际论坛和国际组织中提出的观点主要依据荷兰对极地旅游发展、影响（包括环境影响）以及应对措施的研究结果。

（5）渔业。

在北冰洋，渔业仍然是一项相对次要的活动。迄今为止，北冰洋还未开展大规模的商业渔业活动，荷兰渔业部门对此也几乎没有兴趣。然而，北极原住民的生计严重依赖渔业。海冰的融化正在开辟新的渔场，随着海冰融化和海水变暖，一些鱼类种群预计将向北部迁移。截至目前，大多数渔场都在北极沿海国家的专属经济区内。关于在北极国家管辖范围之外的北冰洋公海进行商业捕鱼,欧盟于 2019 年加入《预防中北冰洋不管制公海渔业协定》,以防止这些地区的无管制渔业活动。该协定禁止在这一地区进行商业渔业,最初期限是 16 年(每 5 年自动延长 1 次)。

二、南极地区

1. 概述

与北极地区相反,南极是一块被海洋包围的陆地。在《2021—2025 年荷兰极地战略》中,南极指南纬 60° 以南的地区,包括南极大陆和其周围的水域,以及南纬 60° 以北的部分海洋。这些海洋是南极辐合带的一部分。

南极是一个充满极限的大陆,这里曾出现世界上有记录以来的最低温度(低至近 −90 ℃)和最高风速(高达 250 千米 / 小时)。它也是海拔最高的大陆,平均高于海平面 2 250 米。尽管南极地区拥有世界上 90% 的冰,占世界淡水资源的 70%,它仍是最干燥的大陆。南极面积达 1 400 万平方千米,比欧洲面积还大。

与北极地区不同,南极地区没有长期居住的居民。然而,现在每年都有许多游客前往南极,其中一些人还会去南极陆地。如今,任何想要重复罗尔德·阿蒙森(Roald Amundsen) 1911 年至 1912 年艰苦探险的游客仅需预订旅行团即可。人类在南极地区进行的活动还包括渔业、生物勘探①、科学研究和其他支持科学的活动(如运输、建立科考站)。南极大陆现已有 110 多个科考站。

1959 年的《南极条约》至今仍然是南极和平与合作的成功基石,这一目标是在 60 多年前签署该条约时就制定好的。南极地区于 1991 年被列为自然保护区,至少在 2048 年之前不允许进行资源开采,《南极条约》对此发挥了重大作用。为了加强国际法律秩序,之后出于对南极作为全球公域的关心以及对自然生态和环境的保护,荷兰于 1967 年加入《南极条约》。1989 年,荷兰决定申请成为《南极条约》协商国,并于 1990 年申请成功。之后,荷兰与其他 28 个协商国一起商讨南极地区的管理和未来。他们于每年《南极条约》协商会议("Antarctic Treaty" Consultative Meeting)上进行决策。

荷兰在南极地区所做的努力主要是在《南极条约》体系的框架内进行的。

---

① 勘探自然资源,主要为了生物技术用途。

荷兰政府认为,对南极的国际管理应侧重将该区域作为一个独特的、未受破坏的荒野加以保护。因此,荷兰政府的南极政策优先考虑该地区的自然养护,并侧重为脆弱的南极环境及其生态系统提供最大的保护。荷兰认为,对南极地区的可持续管理,意味着在南极进行的任何活动只能产生轻微的或暂时的影响。下面章节将更详细地阐述荷兰政府的立场,这些章节分别涉及保护自然栖息地和环境、加强国际合作和确保可持续的经济活动。

2. 保护自然生境和环境

（1）气候变化。

气候变化将对南极产生重大影响,进而影响全球其他地区。南极拥有世界上 90％的陆地冰,在夏季,只有 2％的南极大陆是无冰的。若仅有小部分的南极冰融化,也会直接导致全球变暖和全球海平面显著上升,从而影响低洼国家、小岛屿国家和荷兰等三角洲地区。与北极一样,南极在全球气候中发挥着关键作用,有利于全球大气环流、大洋环流和海洋污染物的扩散。联合国政府间气候变化专门委员会《2019 年气候变化下的海洋和冰冻圈特别报告》（"Special Report on the Ocean and Cryosphere in a Changing Climate"）显示,格陵兰岛和南极的冰盖正在加速融化,进一步导致全球海平面上升。截至 2000年,南极冰融化导致了 7％的全球海平面上升。2010 年前后,该数字已上升至12％。在此期间,南极冰的融化速度增加了 4 倍,且在继续增快。气候变化也对南极本身产生了影响。由于温度上升,无冰地区尤其容易受到外来动植物物种入侵的影响。

如前文所述,应对气候变化是荷兰的南极重点优先事项。因此,荷兰需要进行科学研究,以便更清楚地了解气候变化对南极的影响,提高对气候变化过程的认识,并监测南极变化带来的全球影响。因为即使了解南极冰盖的融化和解体会导致海平面上升,但我们对气候和冰盖之间的关系以及由于大气和海洋变暖而导致的冰盖不稳定却知之甚少,尤其尚未明确南极冰盖变化对荷兰海平面上升的影响。对此,荷兰已经启动大规模的国家和国际研究项目来探索这些问题。

（2）环境影响评价。

将南极确立为自然保护区和将该大陆作为未受破坏的荒野来保护的决心

并不排除在该地区进行各种活动（包括科学研究与旅游），所有这些活动都会对自然生态、野生动物和环境产生个别和累积的影响。因此，环境影响评估是荷兰政府的一个重要环境保护工具。在环境影响评估机制下，对潜在活动做出决定前，应提供这些活动对环境影响的可靠资料。然而，该机制仍存在一些不足，限制了其保护环境的能力。例如，各国以不同的方式进行环境影响评估，实际上没有考虑到对南极地区的累积影响。此外，与《关于环境影响评价的埃斯波公约》（"Espoo Convention on EIA"）和欧盟法律不同，《南极条约》体系中不包括战略性环境评估。因此，荷兰将在《南极条约》协商会议上继续努力，以确保南极环境影响评估工具得到加强。

（3）保护区。

保护南极地区价值和功能的一个重要方法是建立海洋和陆地特别保护区。在《南极海洋生物资源保护公约》（"Convention on the Conservation of Antarctic Marine Living Resources"）指导下，荷兰将与志同道合的伙伴一起建立 5 个大型海洋保护区。此外，根据《南极条约环境保护议定书》（"Protocol on Environmental Protection to the Antarctic Treaty"）（以下简称《环境议定书》）建立南极特别保护区（Antarctic Specially Protected Areas）或南极特别管理区（Antarctic Specially Managed Areas）。南极特别保护区是指因其突出的环境、科学、历史、景色或荒野价值而享有特殊地位和保护的南极陆地和海洋区域。南极特别管理区的建立是为了协调、规划该地区的活动和／或尽量减少这些活动对南极环境的影响。在大部分南极特别保护区，对其访问将受到限制，故人们不能进行旅游和娱乐活动。根据荷兰《南极保护法》（"Protection of Antarctica Act"，荷兰语 "Wet bescherming Antarctica"），仅 5 个南极特别保护区可发放活动许可证，其中还包括 1 个历史遗址地区。荷兰将与国际科学理事会（International Science Council）机构下的南极研究科学委员会（Scientific Committee on Antarctic Research）合作，更系统地确定南极地区需要特别保护的价值和功能，并提交建立更大保护和管理区域的建议。荷兰将考虑生态价值以及维持南极原始地区作为科学和保护荒野价值的参考地区的重要性。一个地区的荒野价值将根据以下关键属性来确定：相对较大的面积；没有永久性的基础设施或其他人类影响的证据，并没有人造设施或人工制品；保持自然。

荷兰政府支持为企鹅和磷虾等对气候变化敏感的物种提供额外保护的倡

议。例如,可以将企鹅的栖息地列为南极特别保护区,以此对它们进行保护。荷兰还赞成健全有关特别保护区的规定,并在《南极条约》协商会议框架下通过针对性的指导方针,以防止在南极地区引进和传播外来物种。

最后,在《南极条约》协商会议框架下,荷兰将继续呼吁就活动造成意外损害的补救措施达成协议。为此,有必要对适当补救的措施和生态系统的恢复力进行更多的研究。

3. 加强国际合作

（1）治理和管理。

现已有 54 个国家签署了 1959 年的《南极条约》。该条约的第一条规定,南极将只用于和平目的,禁止一切军事性质的措施。《环境议定书》指定南极为自然保护区,致力于和平与科学。这些目标仍然是南极治理的核心。虽然有几个国家（阿根廷、澳大利亚、智利、法国、新西兰、挪威和联合王国）声称对南极的部分地区拥有主权,但它们目前都遵守了《南极条约》的第四条规定,并本着以国际合作为重点的条约精神行事。因此,南极现已变成一个独一无二的全球公共区域。

1990 年成为《南极条约》协商国后,荷兰便肩负起管理责任,从而实现为南极可持续管理作出贡献的愿望。具体来说,包括参加一年一度的《南极条约》协商会议和环境保护委员会会议。获得和保留《南极条约》协商国地位的明确要求是,该国必须在南极进行实质性的科学研究。

《南极海洋生物资源保护公约》于 1980 年制定,旨在保护海洋生态系统。它是《南极条约》体系的一部分。除《南极条约》外,该体系还包括《环境议定书》和《南极海豹保护公约》（"Convention for the Conservation of Antarctic Seals"）。《信天翁和海燕保护协定》（"Agreement on the Conservation of Albatrosses and Petrels"）也与该体系密切相关。荷兰是《南极条约》《南极海洋生物资源保护公约》和《环境议定书》的缔约国,但不是《南极海豹保护公约》和《信天翁和海燕保护协定》的缔约方。《南极海洋生物资源养护公约》目前有 34 个缔约方,包括欧盟。在这些缔约方中,有 25 个国家及欧盟委员会是南极海洋生物资源养护委员会（Commission for the Conservation of Antarctic Marine Living Resources）成员,该委员会有权做出决策。荷兰于 2019 年 10 月 8 日加入《南极海洋生物资源养护公约》委员会,成为具有投票权的正式成员。该委员会负责执行公约的目标和原则,如在南极地区周围建立一个海洋保护区网络。《南极海洋生物资源养护公约》适用于南极辐合带,南极辐合带在某些地方可以延伸至南纬45°。因此,《南极海洋生物资源养护公约》适用的区域大于《南极条约》所涵盖的区域。南极海洋生物资源养护制度是以生态系统方法为基础的。

荷兰认为成功的《南极条约》和相配套的国际制度(统称为《南极条约》体系)是该区域国际合作的基石,而《南极条约》协商会议委员会和《南极海洋生物资源养护公约》委员会是条约管辖区域的合法决策机构。在这方面,荷兰还支持逐步给设在布宜诺斯艾利斯(Buenos Aires)的《南极条约》秘书处扩大任务委任。

荷兰不承认《南极条约》区域内的任何领土或海域主张,荷兰方面的任何行动(或不作为)都不得被解释为承认此类主张。荷兰始终如一地坚定这一立场。

荷兰赞成在有利于南极地区的问题上与国际组织进行合作和协调。荷兰将敦促在《南极条约》协商会议委员会和《南极海洋生物资源养护公约》委员会之间进行明确的权力划分,这将有助于提高该地区的管理效率。

（2）荷兰的努力:《南极保护法》。

荷兰在本国《南极保护法》及其二级法律,特别是《南极保护法令》("Protection of Antarctica Decree", 荷兰语 "Besluit bescherming Antarctica")中执行了《南极条约》下《环境议定书》的相关条款。《南极保护法》规定,任何需要进入南极或在南极进行活动的荷兰组织者或总部位于荷兰的组织者必须获得许可证。在南极的所有荷兰国民也受到一些禁令和一般义务的约束。

最近荷兰政府对《南极保护法》进行了修订,以解决其实施中的一些问题。修订后,申请许可证的范围已经扩大:在5个南极特别保护区以及根据国际规则允许旅游的地区,可发放活动许可证;引入指定荷兰国民为国际观察员的程序。

发放许可证的过程是基于预防性原则的。除了《南极保护法》和《南极保护法令》之外,负责评估许可证申请的荷兰国家水利局还将根据这一战略中规定的政策原则以及《南极条约》协商会议框架内的国际协定做出决定。以上评估依据将合并成一个单一的实施框架。荷兰国家水利局还可能要求申请人证明其具有足够的专业知识和经验。

南极国际旅游业的发展是荷兰关注的一个问题（详见 2.4）。当前，该地旅游业呈爆炸式增长，并迅速呈现出多元化的发展态势。对此，荷兰在国际上倡导更严格的监管，但根据荷兰的国家政策，如拒绝发放许可证或发放有条件的许可证，也有助于确保南极旅游业只产生轻微和短暂的影响。然而，重要的是要防止过于严格的国家政策导致活动组织者向其他国家申请许可证，从而逃避荷兰政府的监管。因此，在国际层面，荷兰主张在发放许可证的机构之间进行更密切的协商。

鉴于旅游业的增长及其对南极自然生态和环境造成的风险，荷兰正收紧其在上述评估框架内的政策。在评估许可证申请时应考虑的第一个要点是，在该地区的活动对南极的环境和荒野价值只产生轻微和短暂的影响。如上文所述，还需考虑累积影响，并根据预防性原则做出决定。第二个考虑要点是，开展的活动必须与南极有具体联系，即在某种程度上不能在其他地方进行。根据国际《南极条约》协商会议指导方针对活动进行评估，以确定这些活动是否具有足够的教育意义，从而提高人们对南极环境的认识。在具有重要生物多样性价值的沿海地区，直升机滑雪、直升机观光和无人机旅游等活动不符合发放许可证的条件，可以在特定地点进行一晚休闲露营。国际社会正在努力制定有关露营的具体指导方针。荷兰不赞成在南极冰盖上进行如前往南极点的个人徒步旅行，并将全面评估任何申请此类活动许可的申请人的技能和经验。

作为计划和实施活动信息交流的一部分，荷兰每年 2 次向《南极条约》秘书处提交签发的许可证资料。

4. 确保可持续的经济活动

（1）旅游业。

在过去的几年里，极地旅游人数呈指数级增长。在南极，2018—2019 年旅游季的游客人数为 4.2 万人，而 2019—2020 年旅游季的游客人数几乎翻了一番，达 7.5 万人[①]。此外，乘飞机来的游客比例虽小，但在迅速增长，这为永久性基础设施的建设提供了动力。旅游业的发展也引发邮轮数量及其使用登陆点的大幅增加，游客活动的种类也在迅速增加。大多数游客到南极仍为了体验荒野，观赏极地景观和生态系统，但南极大陆也越来越多地被用作极限运动（如直

---

① 数据来自国际南极旅游经营者协会（International Association of Antarctic Tour Operators）。

升机滑雪、低空跳伞和马拉松）的场地,这可能会带来很高的环境负担,并有破坏科学研究的风险。

这些发展正迅速增加对南极环境的压力,影响气候（排放）、生物多样性（进入、破坏物种栖息地、引入入侵物种）和荒野价值。事故造成重大影响的风险也在增加。大多数旅游活动都集中在南极的几个地区,南极半岛因其相对容易到达和景点较多而备受欢迎。

尽管旅游业对南极地区的直接负面影响初看似乎有限,但国际社会越来越担心可能带来的长期影响（以及气候变化等其他压力源的累积影响）。因此,旅游业是环境保护委员会和《南极条约》协商会议的年度会议讨论的重要议题。荷兰是在《南极条约》协商会议上对此问题发挥主导作用的缔约国之一。与德国、新西兰和英国等国一样,荷兰一直在关注这个问题,并积极寻找解决方案。例如,2019 年,荷兰发起了一个关于南极旅游的国际研讨会。环境保护委员会和《南极条约》协商会议全面采纳了该研讨会的结论和建议。这些结论和建议为进一步限制旅游业风险的大量新政策制定奠定了基础。荷兰正在修订游客准则,制订一项监测旅游业影响的方案,并申请为新活动的许可证制定一个新的联合评估制度,以确保发放许可证的国家以同样的方式评估申请。荷兰还正在研究改善南极各监察机构之间的合作范围,以加强监督。许可证由《环境议定书》的各缔约方颁发,包含一系列法律制度。在可能的情况下加强协调、信息交流和统一,以鼓励更一致地执行国际协议,并确保新的发展被考虑在内。根据上述研讨会的成果,荷兰已为此采取了初步行动。

鉴于这一问题日益紧迫,在该战略所涉期间,荷兰将在环境保护委员会和《南极条约》协商会议中加紧努力,为南极旅游制定一项国际的、综合的、长期的愿景和战略。其具体建议将在不久的将来提出。充分限制旅游业累积影响的可能手段包括旅游业限额制度,限制每个地区的游客总数,关闭脆弱地区,限制游客可进入的景点数量,规定允许旅游的季节,以及禁止某些形式的旅游。荷兰政府迫切要求拟定一份明确的允许活动清单,区分只允许在某些指定地点和严格条件下进行的活动和原则上允许在任何地方进行的活动。

荷兰政府还可以采取国际上尚未要求的措施或限制（如根据上述政策框架拒绝许可证申请）。

荷兰认为,南极原则上可以进入,但须有严格的条件。荷兰反对在南极过夜旅游或建造任何永久性的旅游基础设施。荷兰同样反对政府协助或批准对为科学研究目的设立的设施进行商业开发。尽管每年前往南极大陆的游客数量远远超过科学家的数量，但后者也为人类进入南极作出了贡献。荷兰希望所有前往南极的游客原则上都要遵守同样严格的指导方针，无论其访问目的是什么。

一个积极的方面是，几乎所有提供南极旅行的旅行社都是国际南极旅游经营者协会的成员。该协会促进了旅游业与《南极条约》协商会议之间的联系。这些旅游公司实施了自我监管体系。国际南极旅游经营者协会接受《南极条约》和《环境议定书》的目标，并常在条约缔约国做出任何正式决定之前，积极采取措施保护南极的野生动物、栖息地及环境。

（2）航运。

除了南极半岛附近海域，南极周边海域均不属于正常航道海域，航运也不繁忙。围绕南极的海上交通——涉及渔船、游轮和科学基地的补给船——均是目的地交通。就像在北极地区一样，南极地区的航运条件很困难。浮冰很常见，沿海水域还没有得到完全测绘，在发生事故或环境灾害时的应急反应能力有限。为了降低环境损害的风险，国际海事组织在 2011 年应《南极条约》协商会议的要求，禁止在南纬 60° 以南地区运输和使用原油。此外，《国际海事组织极地规则》也适用于南极周围水域。荷兰支持保障南极航运安全和限制其对环境影响的倡议。南极航运条例必须与国际海事组织协调。在划定海洋保护区时，还可以同时在保护区采取额外的航运管理措施。

悬挂条约缔约国旗帜的船舶，在没有许可证的情况下非法进入条约区域，是一个日益严重的问题。荷兰支持在国际层面上开展的确定黑名单范围的讨论，黑名单制度能够更迅速有效地处理违法者。

（3）海洋环境。

荷兰认为，南极大陆及其周围水域的利益应是《南极海洋生物资源养护公约》的工作重点。因此，荷兰赞同委员会根据该公约规范人类活动时采用的生态系统办法和预防性原则。荷兰还支持在南大洋建立一个海洋保护区网络，并由委员会负责协调和引领。鉴于《南极海洋生物资源养护公约》覆盖范围内的相当一部分区域超出了公认的国家管辖范围，委员会对海洋保护区的划定可以为划定其他超出国家管辖范围的区域树立一个重要的榜样。海洋保护区现已开始划定，如南奥克尼群岛（South Orkney Islands）周围的国际水域和罗斯海。

目前正在进行的工作是划定更多的保护区。

《南极海洋生物资源养护公约》在科学研究、数据收集、鱼类资源统计、确定保护需求、采取保护措施、行使检查、划定渔区、保护区和受保护物种以及确定捕捞季节等方面拥有广泛的权力。该公约中不包括关于海洋哺乳动物（海豹和鲸鱼）的相关规定。因为海豹受到《南极海豹保护公约》和《大西洋条约环境议定书》（"Environment Protocol to the Atlantic Treaty"）的保护，鲸鱼受到《国际捕鲸管制公约》（"International Convention on the Regulation of Whaling"）的保护。荷兰不是《南极海豹保护公约》的缔约国，但是《大西洋条约环境议定书》和《国际捕鲸管制公约》的缔约国。荷兰的捕鲸政策反映了荷兰在国际捕鲸委员会（International Whaling Commission）所做的努力。

南极生物大多集中在海洋，岛屿和大陆海岸线主要是鸟类、企鹅和海豹的栖息地和繁殖地。全球变暖对南极地区的野生动物、栖息地和生物多样性有重大影响。例如，海冰的融化将导致藻类生物量的下降及其组成的变化，且对磷虾种群造成压力，而磷虾是南极食物链的重要一环。因此，企鹅、海豹和鲸目动物等以磷虾为食的物种的生存将日益受到威胁。以磷虾为原料的产品也有了市场，磷虾可作为化妆品成分、食品添加剂和养殖鲑鱼饲料。这给磷虾资源带来了更大的压力。

因此，每年需根据科学建议制定磷虾捕捞限额。荷兰的工作重点是保障磷虾种群的可持续发展，如有必要，将进一步限制对磷虾的捕捞行为。

（4）资源。

《环境议定书》禁止在南极进行非科学目的的资源勘探和开采。然而，目前尚不清楚该禁令是否适用于海上活动。荷兰的观点是，禁止用于非科学目的的矿物开采在海陆都适用。理论上讲，2048年后，可以开放开发南极大陆，前提是条约缔约国一致同意，并且已经就避免任何不可接受的环境后果达成协议。因此，尽管全球对资源的需求增加，但人们错误地认为禁令将于2048年失效，此后所有活动都将被允许。对此，荷兰赞成永久禁止对南极矿物的开采，并认为除科学目的外，涉及矿产的开采活动不符合《南极条约》及《环境议定书》的规定。

国际社会对利用南极生物遗传物质（其中一些很稀有）进行科学研究和商业应用越来越感兴趣，特别是在生物化学和制药行业。这一问题已被列入《南极条约》协商会议的议程，但迄今为止的讨论仅限于在《南极条约》管辖区管制这一活动是否必要和 / 或可取的问题，特别是在关于研究人员公布科学数据、在商业应用情况下公平分配收入以及收集生物材料对环境的影响方面。荷兰认为，防止自然资源枯竭和规范南极生物的异地采集非常重要。因此，荷兰将在《南极条约》协商会议框架内努力对南极生物遗传物质的获取、科学研究和商业的应用进行充分的监管。

三、实施——方案和资源

1. 概述

该战略文件的第一和第二部分阐述了荷兰极地政策的目标和优先事项，表明荷兰在关于极地地区的国际谈判中的立场。除第一部分和第二部分所述的政策和外交努力外，第三部分阐述了荷兰在各种方案下可使用的政策措施。

科学研究是荷兰可使用的主要工具。荷兰于 1990 年获得的《南极条约》协商国地位使荷兰有义务在南极进行大量的科学研究。通过在北极开展科学研究，荷兰在北极理事会中获得了良好的声誉和一定的影响力。同时，荷兰所制订的极地地区科学计划，即《荷兰极地计划》，同样符合荷兰的极地政策。因此，该战略文件中所述的荷兰极地政策与《荷兰极地计划》密不可分，是荷兰极地政策的主要支柱。

2. 荷兰极地研究

荷兰就最高水平的极地研究开展了广泛的投资。荷兰极地研究由高校、合作的私营部门以及荷兰研究理事会的一般资助项目资助[①]。荷兰极地研究的核心资金由《荷兰极地计划》提供。该计划由荷兰研究理事会负责，由荷兰政府部门和荷兰研究理事会资助。该计划的质量和时事性由荷兰研究理事会评估程序和《荷兰极地计划》秘书处（在荷兰研究理事会框架下）予以保障。在荷兰研究理事会和有关部委规定的框架内，《荷兰极地计划》委员会负责起草和实施该计划。委员会负责监测计划和其他相关国家和国际研究工作的一致性，并

---

① 2016—2020 年，《荷兰极地计划》在极地研究项目上投资了 1 440 万欧元，在其他活动上投资了约 500 万欧元。同一时期，荷兰研究理事会通过开放竞争、人才计划（Veni、Vidi、Vici）、RUBICON 及其空间研究用户支持计划，为极地研究提供了 1 280 万欧元。

确保及时进行评估和战略修订。委员会还为拨款决定奠定基础，并就此向荷兰研究理事会的执行委员会提供建议。

荷兰研究理事会与相关部门协商后，定期为《荷兰极地计划》下的荷兰极地研究制订计划，即"极位 NL"（Pole Position NL），其中涵盖了极地研究的 4 个主要主题，与荷兰的政策问题和国家和欧洲层面的极地研究议程相关联。与 1.0 和 2.0 版本一样，最新版本"极位 NL3.0（2021—2025）"也围绕 4 个主题展开，反映了荷兰极地研究的广度，具体如下。

（1）气候变化，重点研究极地海洋、大气、海冰和陆地冰。

（2）生态系统动力学（对海陆生物、生态过程以及对海冰和陆冰（包括永久冻土）的相关研究）。

（3）社会科学和人文科学，重点从法律、历史、社会学、经济学、公共管理和文化研究的视角研究可持续性、宜居性和安全保障。

（4）可持续发展，对寒冷地区人类活动和技术的综合影响分析进行研究，以便提高极地地区（包括经济和科学等各种形式的开发）的可持续性和安全性。

《荷兰极地计划》下的科学研究资金主要通过征集研究计划书的方式进行分配，荷兰邀请国内所有研究机构的研究人员对此提出申请。在"极位 NL3.0"框架下的研究项目应侧重应用和政策导向的研究问题。"极位 NL3.0"的战略文件建议包含以下几个方面。

（1）关于单一主题或政策问题的专题呼吁，可用上述提到的主题作为基础。

（2）地理或基于设施的研究，如在格陵兰岛、斯匹次卑尔根岛或南极的迪尔克·格里茨实验室（Dirck Gerritsz Laboratory）进行的研究。

（3）有望为科学和知名度带来重大利益的国内和国际机会。例如，呼吁与水域和海事技术顶级部门（Water & Maritime Technology Top Sector）开展北极研究（2017 年），开展马赛克北极点科考（MOSAiC North Pole Expedition）（2018 年）以及参加贝尔蒙特论坛（Belmont Forum）的"北极韧性"呼吁（2019 年）。

"乘法器"范围正被不断探索，如呼吁在国家研究议程（National Research Agenda）和知识与创新自愿协议（Voluntary Agreement on Knowledge and Innovation）下进行极地研究。部际极地协商向国家研究议程（行动线 2）（National Research Agenda Action Line 2）专题方案提交了一份申请书。该申请提出了一个极地旅游的研究方案，并由《荷兰极地计划》和国家研究议程共同资助。该计划于 2021 年开放研究计划并征集意见。

《荷兰极地计划》是一项研究计划,其科学质量是获得资助资格的基本先决条件。在侧重应用研究或政策的呼吁中,还要考虑额外的条件(如紧迫性和实施战略)。专注于基础知识和科学的小型项目通常由荷兰研究理事会开展的定期公开竞争提供资助。荷兰研究理事会根据自己的通用资助政策对《荷兰极地计划》极地研究提供资助。

《荷兰极地计划》定期进行评估,最近一次是 2020 年由外部评估委员会进行评估,主要意见如下。

(1)荷兰的极地研究是高水平的,《荷兰极地计划》是研究的催化剂。未来可以加强极地研究的协同作用,如通过提供战略视角,从其他科学领域采取的方法中汲取教训。

(2)在为研究资助施加附加条件时应加以克制,任何此类条件都应与研究的规模成比例。

(3)既然《荷兰极地计划》已经获得了稳定的长期资金,为了战略决策和维护长时间序列监测的利益,展望未来 5 年的资助计划十分重要。

(4)必须防止荷兰极地研究的碎片化,尤其是在艺术和人文学科方面,需要更积极的战略和利益指向;必须为初级科学家提供充分的发展机会。

(5)国际合作和基础设施组合的扩展应基于该领域的明确需求,并应与更广泛的《荷兰极地计划》目标相一致。

外部评估委员会的这些意见被纳入"极位 NL3.0"。《荷兰极地计划》委员会将根据"极位 NL3.0"和评估报告,为《荷兰极地计划》的实施制订工作计划。

3. 极地基础设施和国际学术合作

(1)极地基础设施。

极地研究离不开极地基础设施和国际合作。2018 年初,极地基础设施委员会(Committee for Polar Infrastructure)就极地研究基础设施及其融资方式向荷兰研究理事会提供了建议。值得注意的是,它建议南极的迪尔克·格里茨实验室继续运行,并建议荷兰政府在斯匹次卑尔根岛上的新奥勒松(Ny-Alesund)投资建设一个能够全年开放的北极设施。这份咨询报告主要基于与国际伙伴

（这里指的是德国、法国和挪威）进行合作的假设。除了就极地研究基础设施提供建议外，极地基础设施委员会还就极地研究的（额外）投资提出了更广泛的建议。根据委员会对稳定长期资金的要求，该研究项目同意了 5 年滚动预算。极地基础设施委员会还表示希望增加投资，以提高可供《荷兰北极计划》使用的资金的总体水平。

极地基础设施委员会建议考虑开发一个虚拟荷兰极地中心（Virtual Dutch Polar Center），作为荷兰极地研究的平台。其目的是使研究人员和政策制定者之间的配合、长期规划和沟通得到提高，并引发公众兴趣，改善荷兰极地研究数据的管理。在实施本战略期间，极地基础设施委员会将探讨开发这样一个中心是否可取，以及它可能采取什么形式，与目前的结构相比可能有什么额外的有利之处等问题。

（2）国际科学合作。

除了对杰出科学研究的投资外，《荷兰极地计划》的另一个显著特征是广泛的国际合作。由于极端的气候条件和地理位置，极地研究以及相关的物流和基础设施的成本很高，因此，国际合作至关重要。如果没有国际合作，荷兰就不可能进行极地研究。英国 [1] 和德国 [2] 是荷兰的重要合作伙伴。得益于与英国南极调查局（British Antarctic Survey）的合作，荷兰能够于 2013 年在英国罗瑟拉科考站建立一个移动研究实验室，即迪尔克·格里茨实验室。该实验室为荷兰南极研究提供了一个长期的据点，提高了荷兰南极研究的知名度，同时最大限度地减少了对荒野价值的影响。荷兰的目标是继续通过该实验室开展研究和合作。根据与阿尔弗雷德韦格纳研究所（Alfred Wegener Institute）的合作协议，荷兰研究人员可以使用"极星"号科考船，这是一艘破冰船，对极地海洋研究至关重要。鉴于这些正在进行的双边伙伴关系的价值已得到证实，在本极地战略中，值得探讨与一个或多个其他国家建立双边伙伴关系。

多边伙伴关系也有助于协调和巩固荷兰的极地研究。通过《荷兰极地计划》，荷兰研究理事成为几个国际极地研究论坛的成员，如国际北极科学委员会（International Arctic Science Committee）和南极研究科学委员会。为了保障研究人员的基本后勤可获得性，荷兰还成为北极研究运营商论坛（Forum of

---

[1] 英国南极调查局。

[2] 阿尔弗雷德韦格纳研究所。

Arctic Research Operators）和国家南极项目管理委员会（Council of Managers of National Antarctic Programs）的成员。此外，2015 年以来，荷兰研究理事会还设立了欧洲极地委员会（European Polar Board）的秘书处。该委员会关注的问题包括国际合作、使用极地研究基础设施以及最大限度地减少极地地区研究的环境和气候影响。其秘书处还促进了由欧盟委员会资助的先进研究项目网络的建立，如欧盟极地网 2（EU-PolarNet 2）和欧盟极地集群（EU Polar Cluster）。

为了及时了解政策发展，荷兰研究理事会密切关注北极理事会和《南极条约》协商会议的工作。南极科考站的数量继续增加，尽管有些科考站尚未得到充分使用。荷兰政府认为，为了保护南极地区脆弱的生态系统，在建设新科考站方面必须保持克制，并呼吁将国际合作作为替代方案。

2016 年美国政府启动北极科学部长级会议以来，该会议每 2 年举办 1 次。目前正在筹建的北极资助者论坛（Arctic Funders Forum）为促进国际合作和协同发展提供了广阔的前景。上述会议和论坛均专注于北极研究。

国际上越来越认识到极地研究多样性和包容性的重要性。例如，2020 年举行了第一届极地骄傲日（Polar Pride）。荷兰热衷于促进研究和教育领域的多样性和包容性，并实施在国家行动计划中。一个利于学习和工作的环境，让每个人都能发挥自己的潜力，保障研究者和研究的多样性，并确保研究能达到最高标准。

2016—2020 年荷兰极地研究亮点包括以下内容。

① 荷兰参与了"马赛克"科学考察队的 3 个项目；破冰船"极星"号在北冰洋的浮冰中停留了 1 年，以收集浮游生物、大气和海冰等样本；

② 乌得勒支海洋和北极研究所（Institute for Marine and Arctic Research Utrecht）的荷兰研究人员协助撰写了联合国政府间气候变化专门委员会于 2019 年发布的关于海洋和冰冻圈状况的报告；

③ 参与"超越欧洲南极洲冰芯项目（Beyond EPICA）"；该项目从南极东部冰盖钻取世界上最古老的冰芯，旨在获得详细的气候记录，以提高对当前气候过程的理解；该项目至少持续到 2025 年；

④ 参与欧盟极地网 2；荷兰的贡献主要集中在社会科学、人文科学以及利益相关者参与方面；该项目由格罗宁根大学参与和主导；

⑤ 荷兰研究理事会赞助贝尔蒙特论坛"北极韧性"呼吁中的 2 个合作项

目；这 2 个项目均包括荷兰的研究项目，且都专注于自然科学和社会科学之间的对接；贝尔蒙特论坛是一个国际组织，像荷兰研究理事会这样的国家研究资助理事会可以选择通过逐项核发的方式进行资助；

⑥ 从荷兰研究理事会和《荷兰极地计划》的联合资金预算中，为极地旅游相关的科学研究预留 450 万欧元；

⑦ 研究人员和政策制定者均参加了在海牙（Hague）举行的年度极地研讨会（Polar Symposium）；

⑧ 2015 年成功的"看见探险计划"于 2020 年 8 月再次进行。这次前往斯匹次卑尔根群岛埃奇亚（Edgeøya）的公民科学考察活动的参与者包括 40 名荷兰和 10 名外国研究人员、50 名公众，以及教育、文化和科学部长。由于新冠感染，此次考察被推迟到 2021 年。

4. 极地活动计划

除了为《荷兰极地计划》提供资源外，极地战略也有用于支持政策相关项目的预算，该项目即极地活动计划（Polar Activities Programme）。该预算用于荷兰研究机构代表参加北极理事会工作组和专家小组会议、荷兰斯匹次卑尔根群岛科考站的租赁和运营、开展与政策相关的研究、组织研讨会、荷兰对《南极条约》协商会议和环境保护委员会的政策投入，以及与政策相关的临时项目。极地活动的年预算为 27 万欧元，由外交部（负责协调荷兰的极地政策）代表部际极地委员会（Interministerial Polar Committee）实施管理。特设支助活动可以针对任何一个极地地区，也可以在荷兰或国外进行。所有支出都是根据这一战略规定的总体框架进行评估的。

5. 沟通

科学传播在连接极地研究、极地政策、社会和私营部门方面发挥着关键作用。它使人们能够分享有关极地地区的科学知识，帮助他们区分事实与虚构，强调保护生态系统和开展国际合作在这方面的重要性，并使人们有机会为这一努力和研究作出贡献。因此，极地战略的重点是资助科学传播计划，特别强调让年轻人参与进来。在当前阶段，荷兰政府将利用现有的公民参与、科学教育和科学传播质量框架,为这些行动设计一个更系统的资助结构①。在可能的情况下,荷兰政府将寻求在该领域具有相关专业知识的合作伙伴进行合作,如尼莫科学博物馆(NEMO Science Museum)(进行科学教育)和国家研究议程的科学传播运动。

① 参见拉特瑙研究所(Rathenau Institute)的科学传播评估工具和国家开放科学计划(National Open Science Programme)规定的公民科学质量标准。

加拿大北极和北方政策框架 [①]

发布时间:2019 年 11 月

发布者:加拿大政府

对加拿大政府而言,《加拿大北极和北方政策框架》("The Arctic and Northern Policy Framework")代表着政策方针的深刻转型。长期以来,加拿大北极和北方地区的居民,特别是原住民,并没有享有和其他地区居民一样的服务、机会和生活水平。而且,在交通、能源、通信、就业、社区基础设施、卫生和教育领域长期存在着不平等现象。虽然历届政府都提出了北方战略,但迄今为止,尚未有一任政府的政策可以成功消弭以上差距,抑或长期助力经济的可持续发展。

2016 年,原住民与北方事务部长北极问题特别代表(Special Representative of the Minister of Indigenous and Northern Affairs)玛丽·西蒙(Mary Simon)发表了《北极共同领导模式中期报告》("Interim Report on the Shared Arctic Leadership Model")。她说:"我所看到的历年的加拿大北极战略中,很少有能反映或解决北极现状与其他加拿大人的北极认知之间的巨大差距。"

各地政府、北方人以及原住民组织和机构通力合作共同制定新的北极政策框架,为塑造并指导北极地区的变化提供了一个大胆的契机。简单的协商并不足以应对北极和北方地区存在的挑战,也不足以保障该地区新兴发展机会的利用。在此重大的转折时期,联邦政府、原住民、因纽特人(Inuit)、第一民族(即印第安人)(First Nations)和梅蒂斯人(Métis)以及另外 6 个领地地区政府和省级政府(育空地区(Yukon)、西北地区(Northwest Territories)、努纳武特省(Nunavut)、纽芬兰省(Newfoundland)、魁北克省和曼尼托巴省(Manitoba))共

[①] 本文编译于 "Canada's Arctic and Northern Policy Framework"。

同制定了新的北极政策框架。

1. 共同的愿景

如今,加拿大北极和非北极地区人民对未来有着共同的愿景,即北方和北极地区人民能够繁荣发展,能够强大并且安全。北极和北方政策框架为加拿大提供了实现这一愿景的路线图。在这个政策框架中,联邦政府和合作伙伴制定了明确的北极优先事项和行动方针。

（1）发展健康的家庭和社区。

（2）加大投资北方和北极地区政府、经济和社区亟须加强的能源、交通和通信基础设施。

（3）增加就业机会,促进创新,发展北极和北方地区的经济。

（4）支持有益于社区和决策的科学、知识和研究。

（5）应对气候变化的影响,资助北极和北方地区建设健康的生态系统。

（6）确保加拿大及北方和北极地区的居民是安全、有保障且防守严密的。

（7）恢复加拿大在北极的国际领导地位。

（8）促进原住民和非原住民和谐相处,改善彼此关系。

新政策框架将为联邦政府现在起至 2030 年的北极投资和行动提供指导。北极和北方政策框架需要各方通力合作。加拿大政府认识到,渥太华制定的过往政策并没有成功地解决问题。新政策将履行政府对北极和北方人民的承诺,把北极和北方地区的未来交还给当地居民。共同制定新政策框架,通力合作实现加拿大共同的愿景和目标,就能促进地区和谐,改善加拿大与因纽特人、第一民族和梅蒂斯人之间的关系,并支持加拿大北极和北方地区的非原住民居民。

这种创新的政策制定形式需要各方合作,它的关键在于让原住民、各地区和各省的相关合作伙伴共同参与政策框架的制定。通过他们起草的那部分政策框架,这些合作伙伴能够直接与加拿大人,甚至与全世界互联互通,表达他们自己的愿景、诉求和优先事项。作为北极和北方政策框架中的关键组成部分,他们起草的那部分框架描绘了他们和加拿大政府当下和未来的合作领域,并将指导政策的落实。

他们起草的那部分政策框架在反映因纽特人、第一民族和梅蒂斯人的优先事项和诉求的同时,认可并进一步推动他们的愿景成真,维护他们的利益。他们用自己的方式起草了他们负责的那部分政策框架。例如,育空第一民族和育空政府在制定北极和北方政策框架期间密切合作,然后他们起草各自负责的那部分政策框架,明确共同利益和个体利益。第一民族和梅蒂斯人则携手西北地区的政府,共同起草了政策框架中关于西北地区的那部分内容。

因纽特努南加特地区是加拿大因纽特人的家园。在这个地理、文化和政治都独具特色的地区,因纽特人占据了绝大多数人口。为了尊重和支持因纽特人的民族自决,因纽特人－皇室合作委员会（Inuit-Crown Partnership Committee）负责起草了关于因纽特努南加特的那部分政策框架。该部分的政策框架将指导如何在因纽特努南加特地区实施北极和北方政策框架的目标和方向,确保在该框架下因纽特人的权利得到尊重,同时确保用因纽特努南加特方式制定和实施联邦政策和方案,从而惠及当地的因纽特人,进一步提高效率,并最终惠及所有加拿大人。

各地区政府负责起草的那部分政策框架描绘了如何运用新的投资方法优先发展经济、基础设施建设和中高等教育等。育空地区、西北地区和努纳武特省也负责起草覆盖这些地区(泛地区)的政策框架。该部分的政策框架清楚地表达了他们共同面临的挑战和机遇。基于《2017 年泛地区可持续发展愿景》("2017 Pan-Territorial Vision for Sustainable Development"),并以负责任的资源开发、经济多样化、基础设施建设和创新为基本目标,各地区政府就北极和北方政策框架如何维护强大而健康的社区提出愿景。

在下一阶段,各方共同制定政策框架时将侧重落实政策、优化投资战略和提高治理能力,采用"联邦－地区－省－原住民"更加一体化的方式,应对加拿大北极和北方地区面临的挑战和机遇。下一阶段的重点在于改善加拿大北极和北方地区的居民,特别是原住民的生活质量,而相关合作伙伴负责起草的那部分政策框架将对实现这一目标起不可或缺的重要作用。

2. 处于气候变化的前线……

加拿大北方的变暖速度大约是全球平均速度的 3 倍,极大地影响着土地、生物多样性、文化和传统。与此同时,气候变化和科技进步也使北极越来越可接近。

该地区已成为气候变化、国际贸易和全球安全问题交汇的重要十字路口。

随着海冰融化,北极得以通航,使得北方丰富的自然资源变得触手可及。商业和旅游兴趣随之增加,但也带来了更多的安全和安保挑战,其中包括搜救行动和人为灾害。

通过建立新的合作伙伴关系,新的北极政策框架将有助于共同应对气候变化对个人、社区、企业和政府等产生的巨大影响,同时确保北方人民有一个更可持续发展的未来。

3.……日新月异的世界

与以往的北极和北方政策不同,新的北极政策框架能够更好地使加拿大目前的国内外政策目标与原住民和北方人的优先发展目标相协调。随着北极地区环境的快速变化和国际上对该地区日益激增的兴趣,加拿大必须重新展示它对北极的领导力。

加拿大政府将通过促进环北极地区的和平、安全和稳定,继续支持合作和有序的国际秩序,一如既往地为国家利益和国际利益服务。加拿大还将继续确保加拿大北极、北方地区以及当地的居民是安全、有保障和防守严密的。为了实现这一目标,加拿大致力于提高搜救和应急速度,从而保护北极的居民和游客。

4. 到目前为止,加拿大做了什么

新的北极政策框架及其中的各个章节为加拿大政府与其北极和北方合作伙伴提供了未来合作的基础。

如今,将目标付诸行动的时机已至。加拿大政府致力于实现该政策框架提出的愿景——建设一个繁荣、强大和安全的社区,并且进一步推动由原住民、各地区和各省合作伙伴起草的政策框架中确定的优先事项。加拿大承诺应合作伙伴之优先事项,满足北极和北方地区居民的迫切要求和愿望,以下为例:

因纽特努南加特和西北地区起草的政策框架以及育空政府均提出,加拿大要资助更优秀的、更有意义的和更广泛的教育。因此,2019 年的联邦预算包括以下内容。

(1)资助一个研究中高等教育的工作小组,该小组将就北极和北方建立健全的中高等教育体系提出建议。

(2)通过德钦塔研究和学习中心(Dechinta Center for Research and Learning),

为北方的原住民和非原住民学生提供文化适宜且由社区制定的课程。

（3）制定一个由因纽特人领导的中高等教育战略。

此外，育空学院（Yukon College）还将建造一座新的科学大楼，以实现将该机构建设为加拿大北方第一所大学的目标。

为了建设更强大的社区，预算中会有一笔资金投入社区主导的粮食生产项目以及当地人和原住民粮食生产的技能培训。正如因纽特努南加特起草的政策框架中所要求的那样，政府近期与原住民合作进行了联邦投资和政策制定，这有助于加强北极和北方社区的粮食安全以及原住民与野生动物和土地之间的联系。2019 年以来，加拿大政府计划已连续投资超过 5 年，截至目前，投入的资金累计 6 260 万美元，其中有 1 040 万美元用于改革北方营养计划（Nutrition North Program）。计划中包括农民拨款项目（Harvesters Support Grant），该项目旨在降低开展传统狩猎和务农活动而产生的高成本支出，因为这些活动是原住民健康的传统美食的重要来源。除此之外，加拿大和因纽特人共同成立了因纽特人－皇室粮食安全工作组（Inuit-Crown Food Security Working Group），聚焦粮食安全问题，并致力于在因纽特努南加特地区建立可持续发展的粮食系统。

正如西北地区起草的政策框架中所述，发展多样化和可持续发展的经济有助于缓和经济繁荣和萧条循环周期对北方经济的冲击。联邦就业和旅游倡议（The Federal Jobs and Tourism Initiative）有助于增进文化交流并增加贸易机会。同时，北方倡议（North Initiative）中新的包容性多样化倡议和经济发展倡议将为道路和游客中心等基础设施的广泛建设提供资金。

政府已向北方的科学研究项目拨款，这些项目有助于巩固加拿大在北极和大西洋大陆架的主权诉求、推进极地大陆架计划和建设位于埃尔斯米尔岛（Ellesmere Island）的尤里卡气象站（Eureka Weather Station）。在这部分政策框架中，西北地区将资源开发后的复垦土地修复事项列为环境优先级重点项目，而北方废弃矿山复垦计划（Northern Abandoned Mine Reclamation Program）将为清理含有碎片和有毒物质的旧矿区提供资金。

所有由合作伙伴起草的政策框架中均写有"为交通基础设施的改善提供新的资金支持对于提高安全水平和促进经济和社会发展至关重要"。加拿大正在通过加拿大国家贸易走廊基金（Canada's National Trade Corridors Fund）向努纳武特地区的 4 个交通建设项目投资 7 170 万美元，其中包括格雷斯湾公路和港口项目（Grays Bay Road and Port Project）的筹备工作，以及兰金湾机场（Rankin Inlet Airport）航站楼的扩容工作。西北地区起草的政策框架中规划的优先行动项目所需的资金已被列入 2019 年联邦预算投资，以助力新政策框架的最终实现。比如，优先行动项目中西北地区的塔特森水电扩建项目（Altson Hydroelectricity Expansion Project）自 2019 年被确定为优先基础设施项目起，就开始获得政府提供的资金。政府还承诺在偏远的北方社区建设人们期待已久的高速全覆盖互联网，此举将有助于企业成长，创造新的就业机会，并帮助人们获取资源、服务和信息，从而建设更美好的未来。而且，建设互联网也是缩小北极和北方地区的居民与其他加拿大人在生活质量方面差距的关键一步。加拿大政府正向高北极地区（High Arctic）投入总计超过 1.9 亿美元的基础设施资金，用于建造多功能建筑、食品加工工厂和港口。此举关乎政府的承诺——为当地提供新的保护措施，并为因纽特人创造新的就业机会。

加拿大设立的第一个北极理事会常设秘书处（Arctic Council-related Permanent Secretariat）（即"可持续发展"工作组）募集的资金用于帮助加拿大诉求国际权益，鼓励北方人民更积极地参与北极理事会和北极研究活动，并为北方青年提供国际学习的机会。

因纽特努南加特起草的政策框架中特别指出，加拿大要重视因纽特人的心理健康，也要重视缩小因纽特人和其他加拿大人在社会和经济福祉方面的差距，因为这两点是建设强大社区和促进和谐社区的核心要素。为了实现该目标，加拿大与因纽特人通力合作，积极提供各项资金资助，包括在努纳武特地区和努纳维克地区投资建立了新的戒瘾所。戒瘾所的一项重点工作就是预防自杀，还包括投入大量资金专注于提高因纽特儿童的健康和社会服务。

5. 加拿大的未来

加拿大的北极和北方政策框架目标宏远，而且政府有 10 多年的时间去实现这些目标。在此期间，加拿大政府及其合作伙伴将致力于缩小该地区与国家其他地区之间的差距，特别是与该地区原住民相关的各项事务与其他地区之间的差距。

在加拿大政府的愿景中，北极和北方人民将充分融入加拿大社会，他们能够获得与其他加拿大人相同的服务和机会，过同等水平的生活。为实现这一美好的愿景,政府与各个合作伙伴需更加努力奋斗、专心致志、互相信任和同心协力。

其他环北极国家正在进行大量投资,使其北极地区融入全球社会。因此,支持加拿大跟上国际步伐将为原住民和北方人民带来更多的机会、健康和福祉。

原住民和北方地区的领导人提出了最富有创意、最适宜的政策解决方案,呼吁互相信任、互相包容和公开透明。加拿大要做的就是以诚实守信、协同合作和坦率开明的态度回应这些呼吁。得益于新的伙伴关系,北极和北方政策框架为转型变革提供长期的基础,而北极、北极当地的原住民、北方地区的居民和所有加拿大人将共同受益。

6. 加拿大的愿景

人民和社区强大、自给自足,大家共同努力建设在国内外都充满活力、繁荣富强和可持续发展的北极和北方地区,同时彰显加拿大在北极的持续主权。

2016 年 12 月 20 日,加拿大政府宣布:将与原住民、各地区和各省的合作伙伴共同制定新的北极政策框架。[①]

加拿大政府意识到,以往的努力并没有建设起一个强大、可持续发展的北极地区,该地区的人民也没有获得与其他加拿大人同等的机会。北极地区缺少物质和社会基础设施,因此,阻碍了该地区获得经济增长和繁荣发展的机会。

加拿大以往的努力并没有缩小北极和北方人民与国家其他地区之间的福祉差距。因此,在制定新的北极政策框架时,加拿大采取了一种前所未有的方法。受北极和北方原住民协商一致传统的启发,联邦政府尝试让各地区、各省和原住民的代表作为合作伙伴参与制定新的政策框架。各方对新的政策框架均作出很大的贡献。虽然各方并没有就所有问题达成一致意见,但经过充分和互相尊重的讨论,各方共同起草了这份新的政策框架。

这份新的联邦政策框架形成之前,各方开展了广泛的沟通交流,包括以下方面。

（1）在北极和北方社区举行的区域性圆桌会议。

---

① 对加拿大政府而言,"共同制定政策"是一个相对较新的概念。共同制定一个新的北极和北方政策框架一直是一个动态的过程,并已演变到用于应对新的机遇和挑战。在共同制定这项政策框架时,加拿大政府与各地区代表、各省代表以及北极和北方原住民共同合作起草了本文件。合作伙伴有权利引入或修改政策的概念和语言,但这并不意味着各方已就所有问题达成一致意见,而是意味着各方都已就所有问题提出有意义且互相尊重的想法。

（2）各方利益为基础的圆桌会议。

（3）公开提交程序。

参与上述沟通交流的各方的呼声都被纳入政策框架,也被纳入框架的其他组成部分,这些部分描述了以下内容。

（1）加拿大的国际北极政策。

（2）加拿大承诺维护北极地区的安全、稳定和防护。

（3）特别注重以下地区和人民的需求和机会。

① 各地区;

② 各省;

③ 加拿大北极和北方地区的原住民。

这些内容进一步详细说明了新政策框架中的优先事项、人民的愿景和可能采取的行动。

加拿大政府承诺与以下各方共同制定"北极政策框架"。

（1）因纽特人。

（2）第一民族。

（3）梅蒂斯人。

（4）各地区政府;拉布拉多省（Labrador）。

（5）马尼托巴省（Manitoba）、魁北克省、纽芬兰省和拉布拉多省政府。

"北极"一词所覆盖的区域范围有诸多定义。在共同制定政策框架时,一些合作伙伴,包括育空地区的第一民族、西北地区的第一民族和梅蒂斯人等为他们的地区不属于"北极"范围而忧虑。因纽特人也对"北极"一词的定义方式表示关切。通常,针对"北方"地区的战略、政策、规划和投资都只针对3个地区,并且因纽特人所在的地区被排除在外。为解决以上忧虑和关切,加拿大在制定新政策框架时不仅考虑到"北极"和"北方"的地域特征,还考虑到居住在那里的人们。所以,加拿大北极和北方地区的政策框架涉及因纽特努南加特所有地区,也即因纽特人在加拿大的家园——西北地区的因纽瓦卢特人定居区、拉布拉多的努纳齐亚武特地区、魁北克的努纳维克地区以及努纳武特。①

---

① 本文件中"北极"和"北方"措辞具有以下定义:当述及环北极地区（如北极国家）时,"北极"措辞适用于国际范围内的北极地区,而"北极"和"北方"措辞适用于所有加拿大国内的北极地区。

新政策框架的制定是建立在原住民、各地区和各省的合作伙伴已经开展的广泛的工作之上，其中，《泛地区可持续发展愿景》（"Pan-Territorial Vision for Sustainable Development"）也对新框架的制定至关重要。

由各地区政府于 2017 年发布的《泛地区可持续发展愿景》强调，建设繁荣富强和自给自足的地区经济离不开资源开发、经济多样化、优化基础设施和促进创新。

其他有助于新政策框架制定的关键政策倡议包括以下内容。

（1）由加拿大因纽特团结组织（Inuit Tapiriit Kanatami）制定的战略，如：

① 国家因纽特人自杀防御战略（National Inuit Suicide Prevention Strategy）；

② 国家因纽特人研究战略（National Inuit Strategy for Research）；

（2）努纳维克因纽特人发布的《Parnasimautik 咨询报告》（"Parnasimautik Consultation Report"）。

（3）魁北克政府发布的《北方计划》（"Plan Nord"）。

（4）马尼托巴（Manitoba）省政府任命指导委员会开展的"北望"（Look North）工作。

> "每一位北方人都应该有机会享受社区的健康和强大，这也是加拿大特有的社区特色。而经济发展和经济多样化是实现这一目标的基础。"
>
> ——《泛地区可持续发展愿景》

合作伙伴帮助加拿大国内了解并思考不同地区存在的不同的机遇和挑战，以及北极和北方所有地区的管辖权和条约权力。在制定政策框架时开展的协商合作对于新政策框架的成功实施至关重要。

加拿大举国上下将与北极和北方地区的人民和政府携手并进，利用国内外的政策和投资，帮助当地以及当地的人民释放潜能。

除此之外，原住民与北方事务部长北极问题特别代表玛丽·西蒙对新政策框架的制定作出了重要贡献——她就该地区面临的最紧迫的问题向联邦政府提出了解决意见。西蒙女士在《北极共同领导模式总结报告》（"Final Report on the Shared Arctic Leadership Model"）中指出："长期以来，我们提出的愿景、行动计划、战略和倡议都是'为北方'，而非'与北方'"。这就是为什么新的框架是政府与北方合作共同制定,因为这样能够确切反映北方的需求和优先事项。

"相关我们,我们参与"是实现共赢的基本准则,它使联邦、各地区、各省、各原住民的机构和利益相交互融。如今,各地区呼吁改革,而北极和北方政策框架回应了这些呼吁的声音。新的政策框架为北极和北方地区的人民以及当地的组织机构、自治区和政府提供了一个与联邦政府合作塑造并直接改革当地的机会,从而共同建设一个更美好的未来。合作才能实现加拿大的愿景——人民和社区强大、自给自足,大家共同努力建设在国内外都充满活力、繁荣富强和可持续发展的北极和北方地区,同时彰显加拿大在北极的持续主权。

7. 加拿大的过去

加拿大政府致力于与北极和北方地区的合作伙伴建立互相信任的关系。

为此,加拿大必须做到以下几个方面。

(1)承认过去所犯下的严重错误。

(2)直面当下的挑战和机遇。

(3)进一步实现加拿大的愿景——建设一个共享、合作且更美好的未来。

第一民族在与非原住民互通有无之前已经发展了先进的技术、繁荣的贸易网络和一系列丰富多样的创新实践,使他们在恶劣的环境下也能够安居乐业。

因纽特人主要生活在沿海地区,他们发明了适用于海洋生存的船只和狩猎装备,从而帮助他们捕猎到像北极露脊鲸一样的巨型海洋生物。而第一民族大多生活在内陆,依靠陆地和淡水生活,他们发明了适用于湖泊河流生存的船只和适合在雪地上行走的雪地靴,这些有助于他们度过北方的漫漫寒冬。他们还会跟随浩浩荡荡的驯鹿群在树长线(按海拔标示的树木生长上限)和冻土带之间来回迁徙。

最初,非原住民来到北方是为了从事贸易、开通贸易路线,以及寻找毛皮和黄金等资源。非原住民和原住民间早期的交流大多短暂,但随着时间的推移,经过最初阶段的简单接触后,形成了长期且广泛的接触交流,而且新来到北方的非原住民的数量也随之增加。最终,非原住民统治了北方,由此开启了殖民时期,在这段时期内,北方遭受了严重的破坏。

北极和北方的殖民主义对原住民的生活造成了多方面的影响:非原住民带来了各种疾病;通过寄宿学校、强制迁徙等方式对原住民进行文化同化;划定国际边界切断家庭和文化纽带。

> "我们必须设立一个体系，让我们印第安人能够对我们民族有所影响的规划项目有一定的控制权。这种控制权不能仅仅体现在对项目的管理中，更要体现在规划中。如果该规划背后的想法是错误的，那么我们就是在浪费金钱，也是在浪费人们的努力。"
>
> ——《今天的努力是为了我们孩子的明天》（"Together Today for Our Children Tomorrow"），育空地区印第安人理事会（Council for Yukon Indians），
>
> 1973 年

育空地区现代的民族自决在过去 50 年里不断演变并达成以下协议。

（1）1975 年签订的《詹姆斯湾和魁北克北部协议》（"James Bay and Northern Quebec Agreement"）。

（2）1984 年签订的《因纽维特最终协议》（"Inuvialuit Final Agreement"）。

（3）1990 年签订的育空地区《保护伞最终协议》（"Umbrella Final Agreement"）。

（4）育空共有 14 个第一民族群体，其中已有 11 个签订了这些协议。

（5）1992 年签订的《哥威迅综合土地权利协议》（"Gwich' in Comprehensive Land Claim"）。

（6）1993 年签订的《努纳武特协议》（"Nunavut Agreement"）。

（7）1993 年签订的《萨哈图迪恩协议》（"Sahtu Dene"）。

（8）1993 年签订的《梅蒂斯综合土地权利协议》（"Métis Comprehensive Land Claim Agreement"）。

（9）2003 年签订的《特里乔印第安土地权利和自治协议》（"Tlicho Land Claims and Self-government Agreement"）。

（10）2005 年签订的《拉布拉多因纽特人土地权利协议》（"Labrador Inuit Land Claims Agreement"）。

在这些土地权利协议中，许多条款都规定了由原住民、各地区、各省和联邦政府以创新的方式对土地、水和其他资源进行共同管理。

在 20 世纪和 21 世纪初，加拿大不仅见证了土地权利和原住民自治制度的革新，也见证了北极和北方公共政府（Public Governments）治理能力的加强。

而且,各地区的政府进一步提升了民主化并增进了责任制。2003年,联邦政府将育空地区的土地和资源管理权移交给当地政府;2014年,联邦政府将西北地区的土地和资源管理权移交给当地政府;而关于努纳武特地区的土地和资源管理权利和责任问题还在协商中。

各地区和各省都以各地特色的方式服务于原住民并与原住民政府合作。

(1)育空政府与当地的第一民族合作,其中包括11个第一民族的自治群体。

(2)西北地区政府通过当地的政府间理事会,并依照2012年的《尊重、承认与责任:西北地区政府与原住民政府交流的方式》("Respect, Recognition, Responsibility: Government of the Northwest Territories")中的正式承诺,与原住民政府进行合作。

(3)努纳武特政府以工作伙伴的关系与该地区的因纽特人协会进行合作,从而推进他们共同的目标,包括推进努纳武特协议中相关条款的执行。

(4)西北地区和努纳武特政府的立法机构借鉴了原住民的传统,建立了协商一致的决策制度。

(5)魁北克省政府的合作伙伴有:

① 卡蒂维克地区政府(Kativik Regional Government)——该政府根据《詹姆斯湾和魁北克北部协议》而建立,并由努纳维克地区的所有居民选举产生;

② 马克维克公司(Makivik Corporation)——该公司也是根据《詹姆斯湾和魁北克北部协议》而建立,它代表努纳维克地区的因纽特人与魁北克政府、加拿大政府共同解决原住民权利争端问题。

"在这场扩大自主权的运动中,环北极地区的原住民始终处于这场运动的最前沿。他们为保障自身的自决权和自治权而不懈奋斗,他们的努力不仅影响着北极治理,未来也将持续对环北极地区以及当地居民产生深远的影响。"

——《北极人类发展报告(2015年)》("Arctic Human Development Report(2015)")

作为一个北极国家,长期以来加拿大一直致力于寻找与其他北极国家和非北极国家的合作之道,从而实现共同的目标或解决共同的挑战。1996年,加拿大在《渥太华宣言》的签署中发挥了关键作用。随着《渥太华宣言》的签署，北极理事会成立了，这是一个讨论北极可持续发展和环境保护的高层次国际论坛。加拿大为北极理事会作出了杰出的贡献，让北极地区的原住民组织在北极理事会中拥有了永久参与方的地位，其中有 3 个原住民组织包括加拿大成员。①

无论是在会议内还是会议外，北极原住民都对国际治理作出了重大贡献。例如，因纽特人环北极理事会（Inuit Circumpolar Council）强调了全球污染物对因纽特人的影响，动员并支持了《关于持久性有机污染物的斯德哥尔摩公约》的签署。

在殖民时期，北极地区的社会结构遭到了严重的破坏。但如今，这些社会裂痕正在逐渐愈合，其中民族自决的恢复起了一定作用。正如北极理事会的《北极人类发展报告》（"Arctic Human Development Reports"）所强调的那样，"掌握自己的命运"或"引导自己的人生"是影响人民福祉的重要因素。无论是已与原住民签署的协议，或是仍在谈判的协议，又或是将权力移交给地方政府的措施，都提高了北极和北方地区人民对自我命运的掌控力。如今，加拿大所面临的一部分挑战是保证当地人民拥有命运掌控力的同时，也有能力实现他们的愿望。

8. 加拿大的当下

"尽管我们在过去 40 年里取得了许多实质性的进展，如签署了土地权利协议、提高了宪法的包容度和在法院判决中加入遵循先例原则，但为什么（加拿大）北极地区在基础健康这个社会指标上却位列末席？尽管我们获得了来之不易的自主权，但为什么还是有那么多的人民和家庭没觉着收获了权利和健康呢？"

—— 玛丽·西蒙《新模式下的北极共同体》（"A New Shared Arctic Leadership Model"）

---

① 因纽特环北极理事会（Inuit Circumpolar Council）成立于 1977 年，代表生活在阿拉斯加、加拿大、格陵兰与楚克奇（俄罗斯）地区（Chukotka（Russia））的因纽特人，旨在在那些他们共同关心的问题上以同一个声音发声，在各个国际论坛上维护和倡导他们的生活方式；哥威迅国际理事会（Gwich' in Council International）成立于 1999 年，旨在使生活在加拿大和美国的哥威迅人在国际层面上扩大他们在可持续发展和环境方面的声音，从而有利于建设韧性并健康的社区；北极阿萨巴斯卡理事会（Arctic Athabaskan Council）成立于 2000 年，旨在在北极理事会和其他国际论坛上保护美国和加拿大阿拉巴斯卡成员的权力以及进一步夯实他们的权益。

由于加拿大北极和北方地区在交通、能源、通讯、就业、社区基础设施、卫生和教育方面长期存在着不平等的现象,导致当地的人民(特别是原住民)一直处于弱势地位。这些差距在该地区的社会经济统计数据和指标方面尤为明显,因此,缩短这些差距是加拿大和所有合作伙伴的优先事项。

北方和北极地区有一个显著特点,那就是原住民在总人口中所占的比例很大。这些原住民包括因纽特人、第一民族和梅蒂斯人,所以,加拿大政府一直在改进与原住民相处的方式。

《尊重加拿大政府与原住民关系的原则》("Principles Respecting the Government of Canada's Relationship with Indigenous Peoples")申明:"加拿大政府的和解方式是以《联合国土著人民权利宣言》为指导,依照《真相与和解委员会的行动呼吁》("Truth and Reconciliation Commission's Calls to Action"),尊重宪法,并与原住民、各省和各地区的政府合作。"因纽特人和联邦政府共同制定了《因纽特努南加特宣言》("Inuit Nunangat Declaration"),成立了因纽特人 - 皇室合作委员会,从而联合推进共同的优先事项,如实施因纽特人的土地权利协议以及因纽特人和加拿大政府之间和解措施的执行。

联邦政府以及北极和北方地区的人民一致认可,无论是在国内还是国际,他们都应该在该地区的管理上发挥更大的作用。除了土地权利协议和自治协议外,联邦政府还与西北地区和育空地区签署了权力移交协议,将一些权力移交给当地政府,而另一项关于努纳武特地区的权力移交协议还在协商中。北极和北方地区还与联邦政府以外的相关部门谈判并缔结了合作关系,以期更好地实现该地区人民的权利和愿望。当地社区和资源管理部门签订了利益和合作伙伴关系协议,还成功与研究人员和非政府组织建立了合作伙伴关系。

北极和北方地区的经济体制属于混合经济:有些人依靠传统经济,如狩猎、捕鱼和采集,另一些人依靠工资经济,还有一些人同时依靠这两种经济。该地区人民的文化和生活方式不仅让当地人民有了维生之道和文化存续之力,还建立起了通往工资制经济的桥梁。

尽管许多北极和北方社区的通信基础设施较为匮乏,但与外界的联通性对该地区的重要性日益增加。

(1)努纳武特地区的学生可以与因纽特努纳加特任何地区的学生通信交流。

(2)育空地区 14 个社区由一个远程医疗网络联通。

（3）耶洛奈夫（Yellowknife）的旅游业之所以能够蓬勃发展，游客在社交媒体上发的帖子功不可没。

（4）远程医疗服务使拉布拉多省的病人享受和外界相似的医疗机会。

（5）远程控制技术让生活在拉布拉多省北部海岸的人们能够在当地社区就获得医疗保健服务。

然而，尽管加拿大取得了重大进展，但许多北方社区的网络连接速度仍然比较缓慢，也没有手机服务，而且加拿大必须保证像远程医疗这样的重要服务在网络中拥有优先地位。

"北方长期的繁荣仍然最可能依赖于其潜在的矿产资源。"
——《马尼托巴省北方经济的北望报告和行动计划》（"Look North Report and Action Plan for Manitoba's Northern Economy"）

促进该地区经济的关键在于施行负责任、可持续的资源开发模式，并创造更多的就业机会，这也是当地社区和居民繁荣的根源。多年来，原住民所有企业一直在为资源产业提供劳动力和服务。所以，在这些资源开发企业中，原住民也拥有股东的地位。原住民控股、投资并投身于资源产业是该产业走向成功必不可少的一环，同时是和原住民经济协调发展的方法之一。

资源项目中包含以下内容。

（1）教育。

（2）社区培训和就业的机会。

（3）原住民直接参与供应和服务业的发展。

展望未来，气候变化是重塑北极和北方地区的最大因素。在全球范围内，该地区是受气候变化影响最大的地区之一，气候变化正在重新塑造树木线以下、冻土带以上的环境、社会和经济情形。所以，北极的生态系统有极大可能会遭受全球变暖的负面影响。

尽管环北极地区并不是温室气体排放的主要区域，但目前该地区变暖的速度是全球平均水平的2~3倍。① 《2019年加拿大气候变化报告》（"Canada's

① 全球变暖1.5℃（政府间气候变化专门委员会），2018年。

Changing Climate Report,2019")指出,无论全球温室气体排放轨迹升高还是降低,北方都将持续变暖。轨迹升高时的年平均气温预计为轨迹降低时的 4 倍,诸如暴雨等事件的发生频率可能为正常情况下的 4 倍。

无论在哪种情况下,加拿大北极地区的季节性海冰都将加速消融,预计在21 世纪中叶,加拿大北极地区和哈德逊湾(Hudson Bay)将进入长时间的无冰期。除此之外,随着极地永久冻土的融化,当地的环境正在发生不可逆转的变化,其实当地的物种分布已随之发生改变,降水模式也在发生改变。同时,这会导致当地野火的发生频率增加。

因此,原住民社区将受到极其严重的影响:传统食物的来源正在消失;海洋冰情正变得难以预测,这会让猎人在使用雪橇或雪地摩托时面临危险;海冰融化和海平面上升正在使各个社区的海岸遭受破坏性的侵蚀,并导致基础设施受到严重毁坏。

温室气体推动气候变化的同时,增强了水的酸性,这已被证实会对一些海洋生物产生负面影响。气候变化对该地区造成的影响之深不可估量、影响之大不可逆转,所以,原住民能够感受到他们文化和社会福祉正以前所未有的速度受到影响。

对于那些生活与土地息息相关的人来说,为了适应周围环境的变化,他们要遭受认知方式的挑战。这正在影响当地的文化和社会规范,如鼓励青年从事农业、食用地方特色食物、采集药用植物和保护水源。原住民社区需要适宜当地情况以及文化的工具和知识来帮助原住民适应这些快速的变化。

如果说之所以要采取合作的方式来推动北极和北方命运共同体的原因有且只有一个,那必定是共同面临的气候变化带来的复杂挑战。而所有合作伙伴在应对这一挑战时必须在规模、范围和时间上兼具变革性。

随着海冰消融和御寒技术进步,人类可以在北极和北方地区开展的活动也越来越多,如下所述。

(1)捕鱼。

(2)旅游。

(3)科研。

(4)航运(包含大、小型船只)。

(5)其他商业活动。

北极和北方地区吸引了越来越多的国内外资源开发商，因此，人们对当地的经济前景持乐观的态度，但也对潜在的环境、社会和安全问题存有疑虑。越来越多的高风险活动导致严重的安全隐患问题日益凸显，如非法人员和货物的流动、外资逐利和人为灾害。总而言之，这些变化突出了提高整个地区的态势感知的重要性，促进研究和观察，绘制地图和海图，为做出合理的决策提供必要的信息。

该地区的各个组织正在合作推进气候变化研究，其中包括因纽特人的组织、北方的各个社区、联邦和省级的各个机构以及私营机构，研究旨在了解气候变化对社区和生物多样性的影响。然而，由于目前缺乏基线数据，循证决策的制定受到严重阻碍。只有得到负责任的数据的支持，才能有助于加拿大更好地理解环境问题的"大局"，这也有助于加拿大制定可靠的、有数据支撑的政策和决策，从而帮助北极和北方地区的各个社区适应气候变化。

除此之外，推动北极和北方人生活变化的还有其他因素。在过去的几年中，北极在全球所有人心中的地位已经发生了巨大的变化，具体如下。

（1）全球对该地区的兴趣日益增加，位于欧洲和亚洲的几个非北极国家已经展开行动，制定了各自的北极政策或战略。

（2）人们对北极的兴趣日益增加，这说明人们关心该地区气候变化对全球的影响以及该地区越来越重要的战略和军事地位。

国内外已努力保证这些日益增加的国际兴趣不会对当地人民造成额外的问题。例如，国际海事组织《极地规则》规定，在极地水域航行的大型船只必须拥有比之前更好的装配，同时船员必须准备得更完善。

值得一提的是，"西北航道"这个概念进一步激发了人们的想象力。虽然在一年特定的时间段里冰层覆盖的范围会减少，在被称为"西北航道"的各种水道中航行变得更加容易，但是复杂多变的冰情依然使航行危机四伏。不管制的船只航行和海上事故可能会对北极和北方人民以及他们所生活的珍贵环境产生毁灭性的影响。这些水道均属于加拿大内水水域，因此，加拿大将继续管理国家水域内的船舶交通，确保航行严格按照国家安全环境保护标准进行。

加拿大已经制定健全的条例、规范和制度来指导这些国际事务，具体如下。

（1）北极理事会和其他多边论坛，如北极海岸警卫队论坛、北极经济理事会和包括国际海事组织在内的各个联合国组织，共同制定决策来管理该海域。

（2）根据《联合国海洋法公约》等大量的国际法律框架来管理北冰洋。

（3）加拿大也已签署几项具有法律约束力的国际协议，专门用于解决北极相关问题。

（4）加拿大已与其他北极国家建立了双边关系，以解决双边矛盾。

通过这个完善的机制，各地区政府、省级政府和原住民合作伙伴组织可以定期参与加拿大国际北极政策的制定，也可经常作为加拿大代表团的成员参加国际会议和谈判。加拿大坚信，通过促进该地区的和平、安全和稳定的方式，北极和北方地区以规则为基础的国际秩序一直以来都在促进国家利益和全球利益。

通过加拿大政府、政府的合作伙伴和当地社区进行的广泛行动，国家对于北极以及北方土地和海域的主权得到长久巩固。加拿大的北极主权是悠久的、完整的，且建立在其历史性权利上，也有一部分奠基于自古以来因纽特人和其他原住民就生存在该地区这个事实基础上。

加拿大武装部队（Canadian Armed Forces）在维护加拿大领土主权方面发挥了关键作用。在北极和北方地区，其作用通过和以下伙伴合作而实现如下几点。

（1）与西北地区耶洛奈夫市的北方联合工作小组（Joint Task Force）建立了长期的合作关系。

（2）育空地区怀特霍斯市（Whitehorse）和努纳武特地区伊魁特市（Iqaluit）的特遣队。

（3）位于拉布拉多省、负责保护北美领空并提供军事训练的 5 翼鹅湾基地（5 Wing Goose Bay Base）。

（4）负责监控偏远北方社区的加拿大游骑兵（Canadian Rangers）。

加拿大武装部队的职责包括以下内容。

（1）定期在北极和北方地区开展行动和演习，从而提高部队的作战能力，并彰显军事能力。

（2）负责海陆空巡逻任务。

（3）负责空中和海上搜救活动。

（4）通过北美航空航天防御司令部（North American Aerospace Defence Command）网络监控空域。

（5）与政府和社区合作伙伴共同维护该地区的和平稳定。

9. 加拿大的所听所知

北极和北方地区的人民以及其他利益相关加拿大人的广泛参与是加拿大能够共同制定这份政策框架的一个重要因素。他们的共同参与帮助塑造了这份新政策框架的内容，各地区、各省和原住民合作伙伴在形成各自优先事项的过程中也促成了一些重要政策，包括由公共政府起草的基础性文件，如《泛地区可持续发展愿景》以及那些由原住民政府和组织起草的文件。

> "为了给我们的孩子创造一个更好的北方，我们需要重点关注我们的社区拥有什么知识技能以及联邦政府如何发展并支持这些社区优势。这意味着我们需要将重点放在我们所拥有的而非我们所欠缺的内容上，并重视我们现有的能力而非那些贬低我们能力的声音。"
>
> ——《"我们同心一体"报告》（"'We Are One Mind' Report"），书面提交

10. 北极和北方地区的领导地位

在公众参与制定新政策框架期间，参与者强调了关于北极和北方地区政策的制定应该贴近该地区情况的重要性。北极和北方地区需要在制定解决方案方面发挥领导作用，以及获得联邦政府规划所需要的稳定且可随时取用的资金。以上都是解决区域挑战必不可少的条件。除此之外，加强地区组织的能力建设，也是发展领导能力的一个关键部分。

参与者强调，新政策框架必须建立在以往的战略、政策和协议等基础上，特别是土地权利协议，以及加拿大政府充分履行《联合国土著人民权利宣言》的承诺。他们希望看到这些土地权利协议和《联合国土著人民权利宣言》中所规定的经济、社会和文化权利得到全面实现。他们还希望看到与经济发展和土地利用规划有关的规定得以执行。

11. 强大的人民和社区

虽然在为新政策框架制定而举行的各会议上，各参与方所表达的意见各不相同，但许多参与者认为加拿大新的北极和北方政策框架的核心主题应该是"强大的北极和北方地区的人民和社区"。他们普遍认为，当地的语言文化服务机构是解决社会问题并建设强大的人民和社区的力量源泉所在。有些人担心

原住民语言被蚕食,因而加拿大需要一些有助于语言和文化振兴的项目具体如下。

（1）2014年,西北地区有22%的家庭表示,他们经常或时而担心,在他们有钱买更多的食物之前,食物已经消耗殆尽。

（2）努纳武特地区近70%的因纽特人家庭存在粮食危机。

平均预期寿命是衡量人口总体医疗健康最基本的指标之一,它会受到一系列(如医疗保健、营养、生活条件和生活方式)因素的影响。但是,这个数字在不同种族间的差距非常明显并令人震惊。例如,加拿大因纽特人的平均预期寿命仅72.4岁,而加拿大的非原住民人口高达82.9岁。

加拿大总人口中有9%的人生活在拥挤的住房内,而在因纽特努南加特地区的因纽特人中,这一比例高达52%,从而导致当地结核病等传染病的发病率较高,连带引发了其他的生存挑战。

2016年,加拿大有6.5%的家庭需要大型房屋修葺工程,而在西北地区,这一比例高达18%。

在制定新政策框架的会议上,参与者经常会提及社会挑战,特别是那些对该地区原住民有影响的社会挑战。统计数据明确表明,并非所有生活在该地区的人民都处于同样的弱势地位。例如,收入不平等不仅存在于北极和北方地区与加拿大其他地区之间,北极和北方地区内部也存在着相当大的收入不平等。在因纽特努南加特地区,当地因纽特人的个人税前收入中位数比非原住民居民低了75%。

虽然该地区存在一些国家最高中位数和平均数的收入,但事实上,该地区的生活成本、贫困率和粮食危机率也是全国最高的。例如,2017年努纳齐亚武特政府进行的家庭粮食安全调查表明,该地区家庭粮食危机水平高于纽芬兰省和拉布拉多省4倍多,高于加拿大总体水平5倍多。

寄宿学校的经历和更广泛的殖民遗产对原住民产生的深刻而持久的影响是区域圆桌会议永恒的主题,特别是在谈到语言和文化、教育和原住民知识时,参与者总是无可避免地会提及这些。因此,一些参与者提议新政策框架应支持《真相与和解委员会的行动呼吁》的实施。而且,人们已经发现原住民人口中较高的药物滥用率和自杀率与寄宿学校制度带来的代际创伤有一定的联系。

"对育空地区的许多第一民族群体而言,殖民遗留下来的传统仍旧存在,并时刻影响着他们的生活。他们中许多人所患的精神疾病是正常人受到殖民化的代际创伤影响后因异常境遇而产生的正常反应。"

——《育空地区第一民族的心理健康工作手册》("Yukon First Nations Mental Wellness Workbook")

区域圆桌会议和其他会议均提出,该地区需要发展教育和技能,包括改善幼儿、小学、中学和高等教育,提高高等教育入学率,以及增加当地高等教育的入学机会。在利益相关者圆桌会议上,参与者以书面形式提议,该地区需要更多有资质的本地工人,以及让他们的教育培训与就业机会相匹配。青年人同样认为教育是参与当地经济的一条途径,而且他们呼吁提高教育质量,因为曾有参与者描述过这样一件事:该地区的高中生在毕业后发现,他们所能获得的高中课程或具备的知识水平不符合进一步接受高等教育的要求。

加拿大 25～64 岁的人口中有 86% 拥有高中文凭,而在因纽特努南加特地区的因纽特人中,这一比例仅有 34%。

2016 年,在 25～64 岁的西北地区非原住民人口中,近 3/4（即 74%）的人口拥有高等教育证书、文凭或学位,而在原住民中,这一比例仅有 43%。

"就业和教育是相辅相成的,15 岁及以上的居民中有高等教育证书、文凭或学位的人口就业率为 83%,而没有接受过高等教育的人口就业率为 49%。提高就业和教育有助于减少健康、犯罪和住房问题。"

——《2016—2019 年西北地区政府授权书（修订版）》("Mandate of the Government of the Northwest Territories 2016-2019（Revised）")

北极和北方地区缺少基础设施和训练有素的专业人员,再加上地广人稀、人口分散不均,而医疗保健服务的实施需要大范围覆盖、文化适宜和积极响应,所以,卫生保健服务的普及依然任重道远。目前,该地区居民可获得的医疗保健服务与普通加拿大人可获得的高质量保健服务相差甚远。

（1）当地往往没有医院和专门的医疗服务。

（2）许多人为了获得专业护理或分娩,不得不离开家乡的社区。

除了面临保健障碍外,当地人还面临着相当严重的健康问题。2014 年,因纽特人结核病的新发率或多次治疗率大约是加拿大总体人口的 50 倍。

北极和北方社区也普遍缺乏提供心理健康治疗的机构和服务,但当地社区面临着严重的心理健康问题,原住民(特别是青年)的自杀率极高,这也是在区域会议上经常谈论的问题。例如,在拉布拉多省,每 10 万人中便有 231 人因自残而住院,高于加拿大平均水平 3 倍多。而且,一些能够决定心理健康的社会因素,如住房过度拥挤、失业率高和正规教育水平低,进一步加剧了社会健康问题。

圆桌会议和书面意见体现出与市政当局、地区原住民协会、开发公司、商会以及其他参与者组织建立地方合作伙伴关系的重要性。各个地方政府,包括原住民政府和机构,在每个地区都发挥着重要的作用。这些地区不仅拥有中心城市,也拥有分散各地的许多小社区。

市政当局以及地方政府和地区政府在发展和维护北极和北方社区方面发挥着关键作用,同时帮助社区应对住房、医疗和教育等问题。① 许多社区已经采取行动,以助力实现新政策框架下的目标。

> "北方地区和偏远社区在提供基本服务方面发挥着关键作用。通过与市民、私营部门、民间社团和其他政府部门合作,北极地区的城市改善了当地社区的社会、经济和环境福祉。"
>
> ——珍妮·格尔巴斯(Jenny Gerbasi),加拿大市政联合会(Federation of Canadian Municipalities)主席,书面提交

12. 综合性基础设施

基础设施问题是会议上经常提及的话题,包括加拿大需要对基础设施的投资进行变革,而不是采取补救措施,因为仅仅采取补救措施只会让危机的状态延续下去。

每每谈到基础设施,人们总会谈到接入稳定的网络宽带的重要性,因为它在促进商业、研究、教育、法律和健康方面起了作用。

---

① 正如加拿大城市联合会(Federation of Canadian Municipalities)指出的那样,在北极和北方地球,管理地方政府秩序的授权立法各不相同,没有任何一个术语能充分反映所有社区的法律地位及其与领地政府的关系。认识到"社区"定义所存在的区别,将改善北极和北方社区制定和实施方案和政策的过程。

"只因为英属哥伦比亚省反铲发掘机运营商的一次失误，整个育空地区的互联网就此崩塌，远程医疗、银行业务、汽油或日用品零售、在线教育和日常办公在顷刻间全部停滞。"

——育空社区协会（Association of Yukon Communities），书面提交

"全天候道路、铁路、航空和宽带是北方地区谈话中最常见的话题。"

——《北望报告和行动计划》（"Look North Report and Action Plan"）

基础设施的其他重点需求包括以下内容。

（1）改进地图制图和测绘。

（2）建设能源基础设施。

（3）优化港口设施。

（4）优化机场设施。

（5）稳定铁路网络。

（6）联通社区和矿物资源的道路。

从更基层的角度来看，许多北方社区长期存在住房不足的问题，从而导致了一些健康问题和社会问题。

在努纳维克，没有一个社区有全天候道路，也没有一个社区可以连接到区域能源电网，只有58%的社区有适宜的住房，只有35%的社区可以通过地面主干网络结构连接到互联网。

当地的社区和组织不仅希望联邦政府能够加大投资，更希望建立合作伙伴关系并获得机会，从而在基础设施投资方面发挥积极有效的作用，如通过建立金融伙伴关系发展业务能力和技能。他们意识到，当地必须有能力维护新的基础设施，而新的基础设施也会为当地带来就业机会和财富。各地区政府已经通过参与新政策框架的制定和在诸如《泛地区可持续发展愿景》等战略性文件中指出，大规模投资基础设施对原住民社区创造商机和促进经济繁荣有重要作用。

加拿大政府已经投入资金恢复哈德逊湾铁路线（Hudson Bay Railway Line）的运行。这条铁路将成为关键的交通枢纽和出口枢纽，服务于国际市场和加拿大北方地区。北极门户集团（Arctic Gateway Group）对铁路线的收购代表了一种具有历史意义的合作伙伴关系，因为它将第一民族和社区的所有权与私营企

业的领导权相结合。铁路线的恢复为丘吉尔镇(Churchill)和马尼托巴省北部的居民打开了经济投资和商业机会的大门，也反映了优化加拿大北极和北方的交通基础设施是当地共同的优先事项。

13. 稳健的、可持续的多样化经济

参与者经常提到"经济发展"这个关键的话题。各地区和各省政府强调：首先，区域经济需要建立在可持续的资源开采和各个部门协同发展的基础之上；其次，创业研究和创业创新将有助于加强经济并使经济多样化。

"促进经济多样化的关键在于发展北极地区的小型企业，我们可以创造可持续发展产业以代替资源开采产业，并帮助年轻人留在家乡社区就业，而不是为了就业不得不背井离乡。"

—— 哥威迅国际理事会，书面提交

2016 年，据国家原住民经济发展委员会(National Aboriginal Economic Development Board)预估，若在 3 个领地工作的原住民与非原住民接受相同的教育和培训，那么当地每年可能会额外增加 11 亿美元的收入。

圆桌会议提出，经济繁荣离不开高技术劳动力、社会和物质基础设施、经济多样化和实质性机会等基本因素。利益相关者和专家从不同的角度研究了经济发展问题。在公开提交的文件中，一些人认为应该大力支持采矿等不可再生资源的开发。2017 年，西北地区和努纳武特的采矿业是对当地经济贡献最大的私营产业——在领地内运营的 6 个采矿企业在辖区内开支超过 10 亿美元。《泛地区经济发展愿景》("Pan-Territorial Vision for Economic Development")、魁北克省的《北方计划》和马尼托巴省的《北望报告和行动计划》等文件都强调了资源开发在稳健经济方面的重要作用。

"负责任的'采矿'是指承诺履行社会经济责任(包括促进经济、就业和社区发展)，秉持对环境负责的态度，并保护矿工和北方人民的健康和安全。"

—— 责任宣言(Mission Statement)，西北地区和努纳武特矿业协会

（Northwest Territories and Nunavut Chamber of Mines）

"发展一个可持续的社区旅游业的有益之处包括：当地青年可以享受更健康的生活方式；保护当地文化；为青老年人提供新的商业机会。"

——《Parnasimautik 咨询报告》，努纳维克

来自商界的参与者建议加拿大政府可以具体阐明对北极和北方地区的长期战略愿景，从而进一步明确产业投资方向，并吸引更多的大规模投资项目。代表着原住民经济发展公司和小型企业利益的组织提出，他们需要更多的资本支持和商业机会，以及更多惠利的联邦采购政策。除此之外，参与者普遍认同，深入国际市场有助于促进经济发展。学者们呼吁政府支持并发展其他的经济模式，如创新、工艺及传统文化活动。原住民组织和非政府组织的一些代表告诫政府切勿过度依赖重点工程项目。他们不仅强调了陆基和传统经济活动的重要性，还提出聚焦当地文化、社区和生态系统的"环保型经济"极具发展潜力。

14. 科学和原住民的传统知识

"对因纽特人来说，经济发展必须以因纽特人的传统知识为指导……这种方法可以从因纽特人的世界观做出影响因纽特人生活的决策和行动。"

——《努纳武特经济发展的新模式》（"A New Approach to Economic Development in Nunavut"），P.J. 阿基亚戈克（P.J.Akeeagok），奇奇克塔尼因纽特协会（Qikiqtani Inuit Association）主席，2018 年

在区域圆桌会议上，关于知识创新的话题往往聚焦于社区和研究人员之间的关系、原住民在研究中的地位以及原住民传统知识的作用。参与者认为，科学和原住民的传统知识都有利于当地有效而公平的知识建构和决策。参与者还希望可以有更多的当地居民和原住民积极参与研究重点的确立，并参与研究的开展。注重研究过程中的深度参与，意味着它对扩大社区的研究能力以及加强地方和区域的研究基础设施和机构至关重要。原住民的传统知识在宣传国际政策方面也发挥着重要作用，国际政策的传播转而又对北极地区的原住民产生影响。

　　"哥威迅人需要直接参与关键的研究决策论坛,从而确保研究内容适合解决社区关注的重点问题。此外,我们还需要更多的资金以支持原住民传统知识的收集和分析。"

——哥威迅部落理事会(Gwich' in Tribal Council),书面提交

　　会议还提到了社会科学研究的重要性,因为它能够为北极、北方地区和原住民社区所需的情势判断和政策决断提供必要的证据基础。这些研究应该不仅仅由大学主导或基于合作伙伴关系,还需要由地方主导,即使是地方机构也可以进行研究,这样才能为决策提供充分的基础。报告还指出,北极和北方地区的研究资金绝大部分都投入了南部地区,所以,各个社区希望进行研究的社区可以提高研究成果和研究利益的共享程度。会议中提出的许多观点在地区研究文件和加拿大因纽特团结组织发表的国家因纽特人研究战略中被重点强调。

15. 保护环境和生物多样性

　　"因纽特人认为,养护有利于平衡因纽特人和其他加拿大人之间社会、经济和文化关系,同时有利于促进民族和谐、缓解气候变化和维护生态完整性。"

——奇奇克塔尼因纽特协会(努纳武特),书面提交

　　气候变化对社会和环境的影响是所有区域圆桌会议上反复出现的话题。基础设施、住房、安全等问题都与气候变化息息相关。在利益相关方参加的圆桌会议上,许多人认为,该区域污染排放范围较小而受到的影响较大,与其采取气候变化的缓解措施,不如采取适应措施。他们还郑重提议,加拿大南方地区和国际主要排放国需要采取更有力的措施缓解气候变化。

　　环保问题引发热议,各位参与者对此态度不一。一些参与者强调,有必要减缓经济发展对野生动物的影响。原住民捕猎驯鹿群等野生动物,为他们自身提供了营养,保障了食物来源,并延续了民族传统。但是,也有一些参与者对捕猎活动的监管力度和其对资源开发的影响表示担忧。协同管理可再生资源可以作为合作管理的平台,有助于整合不同的观点。加拿大认为,保护区无法

保护北极和北方地区的生态系统免受遥远源头引发的污染和气候变化的影响。除此之外，加拿大还认为，从整体出发保护环境有利于地区发展。若采取这种方法，那么有以下建议可供选择。

（1）推动如"原住民领导下的环境保护和环境监管"等理念的发展。

（2）建设原住民保护和养护区。

（3）通过促进环保型经济，让环保融入当地经济发展。

16. 全球背景

> "在我们看来，阻碍我们获得权利和健康的因素并非被整齐地划分为'国内'和'国外'因素。作为一个跨领地和跨国的民族，哥威迅人不仅关心本地问题，也关心国际问题。"
>
> ——哥威迅国际理事会，书面提交

来自各地区的参与者在讨论国际问题时始终围绕着一些关键信息，其中包括希望通过加强管理北极的国际规则和制度，从而维护北极地区的和平和合作事项。许多参与者强调，要优先维护北极理事会在环北极极合作中主要论坛的地位。

参与者还提议，加拿大应该针对有利于改善社会、经济和生活条件的领域进行国际合作。例如，加拿大鼓励通过北极理事会等论坛或在地区级层面加强北方互助合作，就以下问题互相交流并有效解决。

（1）心理健康。

（2）教育。

（3）原住民语言。

（4）可再生能源。

原住民参与者特别关注如何提高整个环北极极地区的原住民和文化产品的流动性，因此，他们呼吁做到以下几个方面。

（1）增强原住民在国际北极论坛上的话语权，包括大力支持北极理事会设立原住民永久参与方席位。

（2）加拿大应该采取强硬立场维护原住民的民族自决权，发展可持续的农耕和捕猎，并打击对上诉行为产生不利影响的国际行为。

口头或书面发表过意见的参与者也表示，他们希望看到加拿大在应对气候变化、污染以及其他对该地区有很大影响的环境问题时,可以在国际舞台上发挥领导作用。

17. 安全、保障和防御

会议期间,参与者始终强调,气候变化对该地区商业利益和商业活动的增多产生了变革性的影响。他们还围绕环境保护、环境效应、区域安全运输、搜索和救援能力等关键问题提出疑问。

在圆桌会议上,参与者认为,政府有必要采取全面的措施增强地区的安全、保障和防御,以应对该地区的快速变化。对此,国家加强了该地区加拿大武装部队和加拿大海岸警卫队(Canadian Coast Guard)的力量,并与当地人民进行了明确的沟通和交流。加拿大游骑兵是维护该地区安全的重要武装力量,政府应该进一步加强并扩大游骑兵的训练和效率。此外,加拿大武装部队咨询当地社区和原住民团体的举措也深得参与者的高度赞赏,并呼吁继续推进这一合作。

参与者注意到,与社区合作并投资该地区的基础设施将有助于加拿大在行使国家主权的同时增加在当地的存在意义,而且加拿大可以通过合作、信息共享和培训来扩大目前这种合作伙伴关系。

18. 原住民青年

"所有北极地区的青年都明白一个道理,那就是教育是打开机会之门的钥匙。他们渴望获得与其他加拿大人同等的高质量教育——这种教育也可以再次肯定他们的文化和原住民语言是他们作为加拿大人不可或缺的一部分。在这个和解的时代,我们若想新的北极政策框架与以往那些关于北极未来的文件有所区别,就必须倾听这些青年的声音。"

——《新模式下的北极共同体》

该区域正随着青年数量的增多而发生改变:加拿大的中位年龄略大于40岁;但努纳武特的中位年龄只有26岁多。这些激增的青年人口有的从事艺术,有的成为领导者,他们在各行各业都取得了卓越的成就。然而,数据显示,青年仍需跨越各种障碍和挑战,才能顺利生活、学有所成并找到有意义的工作。

"只有接受教育,我们才能在生活和社会的方方面面进一步发展。

青年想了解他们的身份和他们民族的历史。他们也明白只有获得高质量的正规教育,才能积极参与社区和社会的发展,并有资格在社区、地区或其他地方选择心仪的就业岗位。"

———努纳维克卡吉特青年理事会（Qarjuit Youth Council）,努纳维克

如今,年轻的原住民领导人渴望在前几代人的工作上建功立业。正如《我们同心一体——年轻的原住民领导人对于北极政策框架的制定意见》报告（We Are One Mind, Perspectives from Emerging Indigenous Leaders on the Arctic Policy Framework）所说:"北极和北方政策框架必须以人为本,才能行之有效。"该报告由原住民青年组织德内纳赫霍（Dene Nahjo）、我们的声音（Our Voices）和卡纳克（Qanak）共同编写的,包含 3 个主题和其下的 25 个建议。

（1）北方人领导北方地区的政策制定。

（2）投资土地、语言和文化,为一个健康的社会打好基础,造福子孙后代。

（3）健康的土地和可持续发展的经济。

这份报告敦促联邦和地区政府及时采取行动,以解决目前还处于协商阶段的土地权利协议和自治协议问题。它建议联邦和地区政府成立一个部长级工作组,用于审查联邦立法障碍。这些立法障碍禁止北方人参与联邦项目,并对人民和社区实施不恰当的规定。除此之外,报告还建议联邦和地区政府更新其咨询框架,从而解决隔阂和冗余问题。

19. 加拿大的未来

加拿大政府及其合作伙伴将致力于弥合该地区与国家其他地区之间存在的差距问题,特别是与原住民相关的各个方面。新框架下的目标清晰明了且雄心勃勃,为生机勃勃、可持续发展和繁荣的未来指点迷津。

未来,加拿大北极和北方地区将不再被置于社会的边缘。

（1）当地人民将全面参与加拿大社会的发展,能够获得与其他加拿大人相同的服务和机会,过同等水平的生活。

（2）能够获得维持身心健康所需的资源。

加拿大将努力为北极和北方地区创造一个新的环境。在这个新的环境里,青年们将接受他们所需的教育并在教育的滋养下茁壮成长。同时,原住民的语

言和文化能够得以保存并振兴。

加拿大将鼓励环境和社会在可持续的前提下发展，为当地人民提供就业机会并创造财富。加拿大将用新的措施和现有的措施共同管理北极和北方地区的土地、海域和资源，包括支持原住民的领导者地位并维护原住民的保护和养护区。比如，位于加拿大和格陵兰岛之间的皮基亚索克（Pikialasorsuaq）（北方水域冰间湖）以及位于西北地区的塞甸尼内尼国家公园保护区（Thaidene Nëné National Park Reserve）是国家设立的两个原住民保护区。

加拿大将响应当地政府和人民的号召，努力填补北极和北方地区的知识缺口；同时，支持并鼓励当地人民参与研究的各个过程。加拿大将全面地阐述各种知识的定义，其中不仅包含原住民传统知识的精华部分，也包含西方科学知识。

加拿大将在北极地区施行以规则为基础的国际秩序，将生命安全、环境安全以及北极和北方人民，特别是原住民的有效参与放在首位。如今由于原住民的跨国流动受限，家庭和文化被迫分隔，加拿大也将努力消除这种流动障碍。

各司其职，认真应对北极和北方地区长期存在的各种社会和经济挑战，才能实现加拿大美好的共同未来。只有缩小决策和资源与需求之间的差距，才能缩小该地区与加拿大其他地区之间的差距。差距的缩小需要该地区的人民更努力奋发、专心致志、互相信任、通力合作，让当地人拥有更大程度的民族自决权。

20. 同原住民和谐相处

"我们意识到……与大多数其他加拿大人相比，因纽特人在社会、经济和文化上面临着相当严重的不公平待遇。因此，我们承诺要通力合作，让因纽特人在社会、经济和文化方面和其他加拿大人享有同样的公平待遇。实现这一承诺需要通过全面实施土地权利协议与和解协议，从而积极创造一个成功的社会、经济和文化和环境条件。"

——《因纽特努南加特宣言——因纽特皇室合作委员会》

正在持续推进的原住民和解协议是实现北极和北方政策框架目标和方向的基础。

关于土地权利协议和自治协议的谈判协商和全面实施是和解协议的关键组成部分，这些协议需要作为合作关系延续和革新的一部分体现在新的政策框架内。但这些合作关系的延续和革新离不开《尊重加拿大政府与原住民关系的原则》等坚实的基础。

2015 年，加拿大总理贾斯汀·特鲁多（Justin Trudeau）代表加拿大政府签署了《真相与和解委员会的最终报告》（"Final Report of the Truth and Reconciliation Commission"），并承诺基于承认原住民权利、互相尊重、共同合作和建立伙伴关系的基础上，致力于重建民族间的关系。

2016 年，加拿大政府承诺建立永久的双边机制，恢复与第一民族、因纽特人和梅蒂斯族人民的关系。

（1）所有（共 4 个）因纽特人地区都解决了土地权利问题。

（2）政府已经与第一民族和梅蒂斯人就北极和北方的大部分传统领土的土地权和治理权签署了协议。

定义原住民与皇室关系的基础性文件是以《1982 年宪法法案》（"Constitution Act of 1982"）第 35 章为基础的历史条约和现代条约，每一项条约都在原住民和各级政府之间建立了一种独特的关系。这些关系是为了纪念皇室与联邦、各省级和各地区政府之间的互动而建立的，如今，它们为公正而持久的和解提供了基础。履行这些现代条约是一项共同的责任，而加拿大将与原住民、各省和各地区合作，以实现这一目标。

和解的工作不仅仅在联邦层面进行，原住民、北极和北方政府也开展了和解工作。此外，它还会通过其他机制进行。该区域的和解工作和政治演变相互交织在一起而且仍在继续。在这条和解之路上，加拿大取得了一定的进展，这些进展很大程度归功于原住民和非原住民，他们共同努力确保并执行土地协议和自治协议、发展公共政府并且找到了切实可行的方法来实现加拿大共同的目标——改善子孙后代的生活质量并妥善管理土地和资源。

21. 担任国际领袖

北极和北方地区的环境正在迅速变化，同时，国际上对该区域的兴趣激增，在这个关键时期，加拿大将加强国家在北极和北方问题上的国际领导地位。

加拿大追求的目标是坚定地支持在北极地区实施基于规则的国际秩序及其规则下制定的制度，寻求在 21 世纪加强并完善这些制度的方法。

为此，加拿大将努力做到以下方面。

（1）在对北极地区产生影响的多边论坛上，与原住民、各地区和各省的政府协同合作,如由北极理事会和联合国组织等协调开展的论坛。

（2）加强与北极国家、重要的非北极国家和组织的双边合作关系。

加拿大将在双边关系和多边论坛上提高其领导作用,从而推广加拿大的价值观和关注点,如人类安全和环境安全。

加拿大追求的目标包括以下内容。

（1）以国际北极参与为契机,解决国内社会和经济发展等优先事项。

（2）提高对北极和北方地区的了解。

（3）保护环境。

在全球化的背景下,加拿大所面临的许多问题,包括北极和北方地区的问题,仅通过国内行动无法有效解决。因此,各地政府务应利用好国内外的政策杠杆。例如,通过投资建设基础设施开拓国际市场,并通过贸易专员的服务帮助该地区的企业连通国际市场,同时吸引并巩固有利于北方人和尊重加拿大国家利益的国际直接投资,进而促进加拿大北极和北方地区的经济发展。

22. 促进可持续发展

北极和北方政策框架的内容源于一个重要的国际承诺,也就是联合国《2030 年可持续发展议程》。为了实现议程中设定的目标,加拿大一直致力于执行该议程,并关注其进展。

联合国 2030 年可持续发展目标包括以下内容。

（1）在全世界消除一切形式的贫困。

（2）消除饥饿,实现粮食安全,改善营养状况并促进可持续农业。

（3）确保健康的生活方式,促进各年龄段人群的福祉。

（4）确保包容和公平的优质教育,让全民终身享有学习机会。

（5）实现性别平等,增强所有妇女和女童的权能。

（6）为所有人提供水和环境卫生,并对其进行可持续管理。

（7）确保人人获得负担得起的、可靠和可持续的现代能源。

（8）促进持久、包容和可持续的经济增长,促进充分的生产性就业,使人人获得体面的工作。

（9）建造具备抵御灾害能力的基础设施,促进具有包容性的可持续工业化,推动创新。

（10）减少国家内部和国家之间的不平等。

（11）建设包容、安全、有抵御灾害能力和可持续的城市和人类住区。

（12）采用可持续的消费和生产模式。

（13）采取紧急行动应对气候变化及其影响。

（14）保护和可持续利用海洋和海洋资源，以促进可持续发展。

（15）保护、恢复和促进可持续利用陆地生态系统，可持续管理森林，防治荒漠化，制止和扭转土地退化，遏制生物多样性的丧失。

（16）创建和平、包容的社会，以促进可持续发展，让所有人都能诉诸司法，在各级建立有效、负责和包容的机构。

（17）加强执行手段，重振可持续发展的全球伙伴关系。

《2030年可持续发展议程》于2015通过，它致力于在今后15年实现17项可持续发展目标。议程范围广泛且雄心勃勃，涉及可持续发展的3个层面：社会、经济和环境，并且包含和平、治理和正义这3个元素。这个议程本质上覆盖全球，意味着加拿大不仅需要在国内执行可持续发展目标，也需要在国际上采取行动，消除全球的贫困，不落下任何一个人。

这些目标与加拿大所提到的缩小北极和北方地区原住民与其他加拿大人之间差距的目标高度吻合。无论在国内还是国外，加拿大计划将新政策框架追求的目标和《可持续发展目标》（"Sustainable Development Goals"）追求的目标相匹配，它们体现在新政策框架的各个目标和方向中，并与《泛地区可持续发展愿景》的原则高度一致。该原则为"各个地区将团结一致，共同创造可长期可持续发展的北方经济"。《泛地区可持续发展愿景》表明，这个目标可以通过采取对环境负责的态度、采用可持续的资源开发方式、创造就业机会和促进多样化的经济的方式来实现。

23. 维护加拿大北极和北方地区安全稳定的当下和未来

加拿大北极和北方地区的浩瀚、气候、数量虽少但充满坚韧的人口，构成了该区域别具一格的环境，也构成了特殊的安全挑战，这使当地在面临紧急情况和军事威胁时，难以维持态势感知并及时对这些威胁做出反应。气候的快速变化及其对当地的影响使这些挑战变得更加复杂，导致该区域环境发生变化，而且导致带着不同兴趣的更广泛的人类来到该区域。

加拿大需要用多元一体的方式保护当下和未来的当地人民的安全,并保障加拿大北极和北方地区以及北美大陆的安全。该区域的环境安全问题相当复杂,因此,加拿大不仅需要重视与各级政府、原住民和当地社区之间的合作,还需要重视与值得信赖的国际合作伙伴之间的合作。而且,加拿大将继续改进合作方式,以面对不断演变升级的各种挑战。

加拿大政府正在采取措施扩大其在北极和北方地区的活动范围,包括通过施行《强大、安全、参与:加拿大的国防政策》("Canada's Defence Policy Strong, Secure, Engaged)以及《海洋保护计划》("Oceans Protection Plan")中的关键要点,来保卫当地的和平稳定。加拿大将通过制定能力建设投资计划来加强国家武装部队在北方和北极地区的震慑力度。这一计划将为国家武装部队提供他们所需的装备,从而救助当地需要帮助的人民,并维护部队在该区域的有效运行。

根据《海洋保护计划》,加拿大海岸警卫队将继续加强以下能力。

(1)包括通过扩容北极海岸警卫辅助队(Coast Guard Arctic Auxiliary)来加强海上搜救能力。

(2)应对海上环境紧急情况的能力。

(3)破冰能力。

(4)促进海洋意识(Maritime Domain Awareness)的能力。

加拿大应对地区挑战的能力、提供安全保障的能力以及严格遵守国家法律法规的能力在很大程度上依赖国家建设并维护全面感知整个区域态势的能力,若有差池,恐危及生命。例如,海上和跨境交通流量的增加为边境执法和有效船只追踪带来了新的挑战,如非法毒品和非法进口品的流入。这也是加拿大携手合作伙伴培养强大的领域意识至关重要的原因,合作伙伴之间的合作领域包括通过信息共享加强协调,开发新的空、陆、海和天基能力,以及寻找新的解决方案,来监管北极和北方地区的各种挑战。

24. 目标和方向

(1)目标 1:加拿大北极和北方地区原住民能够适应环境变化、保持身体健康。

北极和北方地区原住民与大多数其他加拿大人在健康和社会发展成果方面的差距犹如天壤之别。当地人民健康不良的身体状况与当地接受治疗的机会不足和一些严重的社会问题直接相关,这些问题包括以下内容。

① 住房严重短缺;

② 受教育程度较低;

③ 监禁率和失业率较高,特别是在较小的社区,此种情况更为严重。

气候驱动的变化加剧了当地原住民面临的危机,比如行进在传统路线上的危险增多。此外,高昂的生活成本以及传统食品的供应方式和获得方式的改变导致粮食危机率不断上升。比如,努纳武特有一半的家庭面临粮食危机。解决粮食危机的方法包括保证当地人买得起商店的食物、可以获得传统的食物保障饮食健康、可以得到社区福利服务以及可以接触当地文化和传统。

平均预期寿命是衡量民生福祉的关键指标。加拿大因纽特人的平均预期寿命比非原住民少 10.5 年。虽然加拿大统计局(Statistics Canada)关于第一民族和梅蒂斯人的最新信息并没有按地区分类,但从全国的数据来看,第一民族和梅蒂斯人的平均预期寿命大约比加拿大非原住民少 4～5 年。

① 一项研究表明,加拿大北方地区人口的平均预期寿命最短;

② 另一项研究发现,在因纽特人、第一民族和梅蒂斯人高度密集的地区,平均预期寿命比其他地区少 7～12 岁;

③ 北极和北方地区原住民人口的传染病率和自杀率比加拿大其他地方高得多;

④ 2019 年失踪和被杀原住民女性调查委员会(National Inquiry into Missing and Murdered Indigenous Women and Girls)发布的最终调查报告中的统计数据显示,原住民女性正在遭受暴力行为,而且她们遭受暴力后死亡的可能性远高于非原住民女性。

加拿大将同心协力采取多元化的方式,在尊重因纽特人、第一民族和梅蒂斯人独特的权利、利益和环境的前提下,缩小这些巨大的差距。

实现这一目标取决于各方面的进展,包括经济发展、公共安全、公平正义和调停和解。加拿大还需要未雨绸缪,采取措施,提高当地人民的适应和韧性能力,以应对目前气候驱动的变化。在这个适应过程中,文化复兴也将占有一席之地,而陆上活动和实践将有利于教育、医疗和福祉方面。加拿大还会研究其他面临相似挑战的北极国家所施行的先进解决方案,因为彼此交流关于环北极地区的知识和建设环北极地区的最佳方案可能有助于北极社区的茁壮成长。此外,让当地人民和文化产品能够更加自由地在北极和北方地区跨境流动,有助于进一步加强家庭和文化的长期维系。

（2）目标1的方向包括以下内容。

① 消除贫困；

② 消除饥饿；

③ 消除无家可归者和住房过度拥挤的现象；

④ 减少自杀；

⑤ 加强身心健康；

⑥ 通过注重教育、文化、健康和福祉，为孩子们创造一个能够茁壮成长的环境；

⑦ 缩小在教育成果方面的差距；

⑧ 提供进一步学习和发展技能机会，包括教授原住民特有的传统知识和技能；

⑨ 加强跨境原住民文化和家庭的维系；

⑩ 系统性地解决原住民女性所遭受的一切形式的暴力；

⑪ 终止原住民在加拿大刑事司法系统中的过度代表权；

⑫ 在司法问题中采取文化适宜的方式，如改良后的司法措施和除监禁之外的其他替代措施。

（3）目标2：加强基础设施，缩小与加拿大其他地区的差距。

关于基础设施的差距，每一位北极和北方地区的居民都深有体会，所以，加强基础设施建设在新政策框架的优先事项中位居首位。国家正在投入资金改革基础设施走廊（Infrastructure Corridors），从而建设更高效的电子通信、清洁能源和交通运输。加拿大还需要解决天气监测和气候监测方面的缺陷，特别是在深受气候影响的产业和部门。据国家原住民经济发展委员会预计，每向交通和能源基础设施投资1美元，就能产生10倍以上的收益。

加拿大致力于为北方人民创造商机和繁荣，也致力于更好地帮助北极和北方地区赶上国家的其他地区。

该区域的交通基础设施严重短缺。

① 大约有70个社区全年只能乘坐飞机通行，或随季节变化走水路或冰路进行通行；

② 海洋和航空基础设施是许多北方和北极社区的门户，亟须进一步加强。

交通基础设施的限制，导致乘客和货物进出社区以及政府提供项目和服务困难重重且费时费钱。基础设施的短缺严重限制了贸易和商业的发展。

气候变化对现有的基础设施的韧性造成了威胁，也给新的基础设施建设带来了挑战。近 2/3 的北极和北方社区完全依靠柴油，然而柴油价格昂贵，难以运输，而且会造成温室气体，所以能源的成本、可持续性和可靠性都是值得深思的问题。

许多社区完全依靠卫星才能获得互联网服务，当地缺乏快速、高质量和可靠的电信网络，但网络是发展经济、教育、健康和研究必不可少的。

（4）目标 2 的方向包括以下内容。

① 投资重大基础设施项目；

② 建设快速、可靠、价格合理的宽带连接；

③ 发展多式联运基础设施及运营，提供社区与加拿大、国际社会联系的机会，增加获得基本服务的机会；

④ 开发宽带、能源、交通等多用途走廊，包括建设水力电网；

⑤ 帮助所有社区实现能源安全和能源可持续性，改善可靠、经济实惠和绿色清洁的能源获取途径；

⑥ 改进新旧基础设施，增强韧性，使其适应气候变化；

⑦ 加强社区的基础设施，包括社会基础设施；

⑧ 加强收集使用天气和气候数据的监测型基础设施。

（5）目标 3：强大、可持续、多样化和包容的地方和区域经济。

强大的经济有利于北极和北方社区提高韧性，也有利于国家经济可持续发展，从而惠及全体国民。然而，北方地区的经济发展却遭遇困难。该区域内人口稀疏分散、基础设施贫乏、能源和网络连接成本昂贵，导致企业运营成本较高。

接受正规或高等教育的机会有限，导致当地人难以在劳动市场中脱颖而出，这种情况在原住民中屡见不鲜。所以，当地亟须制定促进劳动人口流动性的政策，以支持教育和就业领域的发展。

许多小企业获得银行和法律服务等专业扶持的机会相当有限。如《泛地区可持续发展愿景》中所述："负责任和可持续的资源开发和就业机会是地区经济的基石。原住民所有权、原住民投资和原住民参与是资源产业成功的关键。"此外，北方地区还需要发展其他领域，从而使北方经济免于进入"经济繁荣与萧条的循环",同时为北极和北方地区人民提供更多元化的机会。此举将壮大中产阶级,并建立一个多元化的、繁荣的、真正包容的经济,在这样的经济环境下,所有人都能充分发挥自己的潜能。

加拿大将支持当地经济的发展,如捕猎海豹、捕鱼、狩猎和制作手工艺品,以及那些旨在促进创新、多样化和开拓国内外市场的措施。它们有利于当下和未来的经济活动。

为了实现经济可持续发展,加拿大还需要向北极和北方人民提供长期的就业机会、其他福利以及确立他们在决策中的核心地位。解决好土地权和治理权问题,并协商好利益分配问题是经济发展的基石。加拿大政府承诺,根据原住民权和条约权,在决策过程中与原住民就资源和基础设施项目进行实质性协商,在履行协商义务的同时,尊重现代条约下原住民群体在决策中的核心作用,这样有助于实现包容性的经济。

该区域内的许多领域具有相当可观的经济潜力。因此,在未来 10 年里,这些领域将出现经济增长。其中,自然资源领域将飞速发展,其他领域也将进一步发展,包括以下方面。

① 旅游业;

② 商业捕捞业;

③ 文化产业。

北方地区的环境受气候变化的影响而发生改变。据预测,环境变化将促进资源开发、旅游和航运等产业的发展,但这些活动也给人类、基础设施和生态系统带来了新的危险,同时对搜救能力和灾难应对能力提出了更高的要求。为了确保地方和区域经济能够持续增长,加拿大需充分考虑气候变化因素。

国际贸易和国际投资能够帮助北极和北方地区的产业发展,对该区域的经济增长有重要贡献。

① 在现有的和新的自由贸易协定下,充分利用全球出口机会;

② 在促进经济发展和保护环境的同时,吸引并稳定国际直接投资。

(6)目标 3 的方向包括以下内容。

① 鼓励原住民积极参与经济发展;

② 发展北方和北极经济,惠及北方人民和所有加拿大人民;

③ 增加加拿大北极和北方的财富留存;

④ 减少收入不平等；

⑤ 激发创新，并投资研发极寒气候下的资源开采；

⑥ 改善矿产和能源等领域的资源开发方式，同时，确保以负责任、可持续和包容的方式发展这些领域；

⑦ 提供企业成长所需的支持；

⑧ 在强大的经济基础上，通过创新和伙伴关系促进经济多样化；

⑨ 增加贸易和投资机会；

⑩ 最大化投资基础设施带来的商机。

（7）目标4：让知识和理解指导决策。

加拿大的北极和北方地区吸引了大量国内外科学家和研究人员的兴趣。该区域正在进行着许多科学研究和观察，它们旨在填补目前的知识空白。这些研究的关键任务是了解气候变化的影响、环境的脆弱性、适应和韧性的途径。研究任务还包括从地质测绘到追踪物种分布等。这些任务旨在了解社会发展对经济和文化的影响。

北极和北方地区的人民希望这些知识空白能够得以填补，但同时他们也希望搜集、创造和共享知识的方式能有所改变。加拿大开展北极和北方地区研究的方法具有以下特点。

① 鼓励当地居民和原住民参与研究进程，包括以下方面。

• 确定政策框架中的优先事项；

• 亲自着手研究；

• 加强基于社区的实地观察。

研究议程将包含更多的社会科学研究，以满足社区的迫切需求。在制定决策时，将同时同等地考虑原住民传统知识和科学知识。

国际合作在缩小区域知识差距方面发挥着重要作用，当考虑到有关北极和北方地区科学的复杂性、关联性和资金成本时，国际合作尤显重要。

② 在国际上，加拿大将进一步捍卫原住民传统知识，进一步促进国际合作研究。

虽然关于原住民传统知识、自然科学、社会科学和医疗的学术机构和研究部门已经以其高质量的知识和研究成果享誉国际，但加拿大必须与原住民研究人员和机构建立更有意义、更公平的伙伴关系。位于努纳武特的加拿大高北极研究站(Canadian High Arctic Research Station)是环北极和北极研究单位网络中最新建立的一个研究机构,加拿大欢迎世界各地的科学家赴北极开展科学研究和调查。

(8)目标 4 的方向包括以下内容。

① 确保北极和北方地区人民,无论年龄与性别,都能在开展研究和其他知识创造活动方面发挥主导作用;

② 确保北极和北方地区人民有适合的研究工具和基础设施,使他们能够参与知识创造活动的各个过程;

③ 进一步支持健康、社会科学和人文研究;

④ 以符合原住民民族自决的方式创造和储存知识,从而平衡伦理、可及性和文化;

⑤ 加强国际极地科学研究合作,这些合作应涵盖对原住民传统知识的运用;

⑥ 通过伙伴合作,实施他们的研究策略;

⑦ 针对广为流传的社区和经济发展需求,开发创新的技术性解决方案;

⑧ 支持专门针对北极和北方人们的数据收集、生产和测量;

⑨ 减少原住民传统知识机构和组织获得研究资金的障碍。

(9)目标 5:加拿大北极和北方地区拥有健康而韧性的生态系统。

气候变化是加拿大北极和北方地区的人民面临的现实。加拿大北极地区的升温率是全球平均水平的 2～3 倍,这给北极和北方地区社区、生态系统和基础设施带来了巨大的压力。

升温带来的影响还包括以下内容:

① 对陆地和海洋生态系统有广泛的影响;

② 加剧目前生物多样性受到的威胁,如:

• 生态环境变化;

• 外来物种入侵。

采取以下紧急行动:

① 减缓气候变化;

② 适应气候变化对当下和未来的影响;

③ 通过以下努力,促进韧性:

• 增加当地相关信息的可获得性和可及性,以助于决策;

• 提高降低风险的能力。

信息和预警服务中提供的天气、水、冰、气候和空气质量等环境数据是分析态势情况的重要基础,它们有利于加拿大更好地了解环境变化的影响和风险,能够填补加拿大北极和北方地区在地球观测方面的巨大差距,并使这些服务适应当地的独特环境和不断发展的需求。

这对有效决策至关重要,将使社区能够做到以下几个方面。

① 面对紧急情况更准备就绪;

② 获得更好的信息;

③ 更能适应气候变化带来的挑战。

尽量减少污染等其他环境压力将有助于减少负面影响。以可持续方式管理自然资源、养护生物多样性以及保卫并修复生态系统是保护北极和北方地区环境和社区的必要条件。原住民将在北方生态系统的管理中持续发挥独特的作用,包括通过守卫者计划(Guardians Programs),保护脆弱的地区和物种、监测生态健康并维护文化遗址。

从气候变化到污染物再到海洋污染,这些都是对加拿大北极和北方地区造成最大环境影响的问题,而仅仅通过国内行动是无法解决的,因为这些问题的主要根源追溯到该区域以外的地区。虽然这些环境问题是全球性的,但对加拿大北方地区人民的健康造成影响,尤其是对生活在这块土地上的原住民的健康造成了显著的影响。因此,加拿大将发挥领导作用,倡导采取更及时、更雄心勃勃的国际行动,以解决这些对北极和北方地区的环境以及对当地人民造成影响的环境挑战。

（10）目标 5 的方向包括以下内容。

① 进一步减少国内外温室气体和短寿命气候污染物的排放;

② 确保对生态系统和物种的保护、修复和可持续利用;

③ 支持原住民可持续使用当地物种;

④ 对北极和北方地区的环境进行全面、综合的规划、管理和发展;

⑤ 与各地区、各省和原住民合作,确定、管理和保护具有文化和环境意义的地区;

⑥ 通过监测和研究进一步了解气候变化的影响和适应方式,包括运用原住民引导和以社区为基础的适应方式;

⑦ 进一步适应气候变化,并加速环境恢复;

⑧ 进一步了解生态系统和生物多样性的脆弱性以及环境变化的影响;

⑨ 确保运输的安全性和环保性;

⑩ 停止使用或修复所有受污染的场所;

⑪ 加强区域、国内和国际污染的防治措施。

(11)目标6:在北极地区施行基于规则的国际秩序,有效应对新的挑战和机遇。

环北极地区以其稳定且高水平的国际合作而闻名,这得益于当地稳健且基于规则的国际秩序,而加拿大在这一秩序的形成中发挥了重要作用。基于规则的国际秩序是管理国际事务的国际规则、规范和制度的总和。它们促进北极地区的和平与稳定,有利于国家和全球利益,是北极和北方社会、经济和环境繁荣发展的条件。

国际秩序不是一成不变的,它会随着时间的推移而发展,从而应对新的机遇和挑战。随着气候变化和地缘政治变化,北极和北方地区也处于快速变化时期。因此,加拿大需要改进国际规则和制度,才能应对该区域面临的新挑战和新机遇。在这一关键时刻,加拿大将一如既往地加强其国际领导地位,与北方民和原住民合作,确保国际秩序朝着保护和促进加拿大利益和价值观的方向不断演变。这些利益和价值观受到北极各国的广泛认同,包括以下内容。

① 改善原住民和北方人民的生活;

② 保护该地区脆弱的环境;

③ 加强北方人民(特别是原住民)的话语权。

国际规则和国际机构作为基于规则的国际秩序的一部分,也将在解决北极悬而未决的边界争端和大陆架诉求重叠争端方面发挥关键作用。

(12)目标6的方向包括以下内容。

① 在讨论和决定极地问题的多边论坛上,加强加拿大的领导地位;

② 在相关的国际论坛和谈判中,加强北极地区和加拿大北方人民的代表力和参与度;

③ 加强和北极国家、主要非北极国家和组织的双边合作;

④ 更明确地界定加拿大在北极的海域和边界。

(13)目标7:加拿大的北极和北方地区以及当地人民是安全、有保障和防守严密的。

在加拿大的北极和北方地区，正如在国家的其他地区一样，安全、保障和防御是社区健康、经济稳健和环境永续的基本前提。气候变化正在对北方人民的生活和福祉产生深远影响，威胁粮食安全和必需商品的运输，危及脆弱的生态系统和关键基础设施的稳定运作。

由于气候变化的影响及御寒技术的改进，北极和北方地区的通行难度越来越低，而且随着北极国家和非北极国家对该区域的潜力都表达出各种兴趣，北极和北方地区正逐渐成为一个具有国际战略、军事和经济重要性的区域。

① 加拿大北极地区和环北极地区的国内外旅游、科学研究和商业活动正稳步增长；

② 西北航道作为加拿大内水的一部分，通航量也在增加。

在加拿大北方地区，土地和水道之间的关系是独一无二的。数千年来，因纽特人无惧冰封的大地和海洋，一直在这个地区生存、航行、狩猎、捕鱼并定居。这些行为延续至今，并且对今天的因纽特人文化和经济产生至关重要的作用。

在当今日益复杂的北极和北方环境中，保障北方长久的安稳需要进一步加强应急管理和社区安全，包括加强安全维护方的存在感和能力，这些安全维护方包括以下内容。

① 加拿大武装部队；

② 加拿大皇家骑警（Royal Canadian Mounted Police）；

③ 加拿大边境服务机构（Canadian Border Services Agency）① 。

加强应急管理需要一个协调良好的战略，包括提高原住民代表的参与度，这对于提升社区应对紧急情况和自然灾害的能力至关重要。

北方社区面临着多重风险因素和各种挑战，如偏远的地理位置以及有限的能力，这些都影响着他们应对犯罪问题的能力。对于文化敏感性犯罪的预防和社区安全的规划，加拿大需要掌握必要的知识、具备一定的能力，从而建设一个健康、安全和更强大的社区。

通过北美防空联合司令部和海上安全行动中心（Maritime Security Operations

---

① 北极和北方政策框架的安全、保障和防御章节并未描述加拿大武装部队为保卫加拿大北极和北方地区所付出的努力。有关加拿大武装部队在北极活动的全面描述，参见《强大、安全、参与：加拿大国防政策》113 页。

Centers)加强态势感知能力,对保护加拿大的北极当下和未来至关重要。据此,加拿大将做到以下几个方面。

① 继续展示加拿大对北极的北方地区的主权;

② 保护北美大陆免受常规和先进的军事威胁;

③ 保护加拿大北方经济、环境和重要基础设施的完整性和可持续性;

④ 确保运输系统的安全性和可靠性;

⑤ 维护加拿大武装力量保卫加拿大北方所需的技术优势;

⑥ 有效管理边境安全;

⑦ 增强加拿大海岸警卫队的能力,提升合作伙伴基本的海事领域意识;

⑧ 维护北方人民和社区的安全和繁荣。

⑨ 各级政府、原住民、北方地区人民和社区、国际盟友和合作伙伴间的合作至关重要。

(14)目标7的方向包括以下内容。

① 加强加拿大与国内外合作伙伴在安全、稳定和防御措施上的合作;

② 加强加拿大的军事存在感,预防并应对北极和北方地区安全事件;

③ 加强加拿大对北极和北方地区的领域意识、监测监管和控制能力;

④ 根据加拿大立法和监管框架,执行管理北极和北方交通运输、边境完整和环境保护的条款;

⑤ 提高北极和北方地区的全社会应急管理能力;

⑥ 通过施行有效的和文化适宜的预防犯罪措施和警务服务,维护社区安全。

(15)目标8:通过和解,支持民族自决权,培养原住民和非原住民之间相互尊重的关系。

在最终报告中,加拿大真相与和解委员会(the Truth and Reconciliation Commission of Canada)将"和解"描述为"在这个国家的原住民和非原住民之间建立并维持相互尊重的关系。为了实现这一目标,加拿大必须了解历史,承认过失,并赎罪改正"。

总部设在努纳武特的奇奇克塔尼真相委员会(Qikiqtani Truth Commission)还呼吁政府与奇奇克塔尼因纽特人以"认识和承认过去的错误,并承诺共同合作建设更美好的未来"为基础,建立新的关系。近年来,加拿大政府已经公开承认其过去的政策对原住民的负面影响,比如通过以下声明。

① 2008 年致印第安寄宿学校受害者的道歉声明（Statement of Apology to Former Students of Indian Residential Schools in 2008）；

② 2010 年致因纽特人高北极移居的道歉声明（Apology for the Inuit High Arctic Relocation in 2010）；

③ 2017 年加拿大政府致纽芬兰和拉布拉多省住宿学校受害者的道歉声明（Statement of Apology on Behalf of the Government of Canada to Former Students of the Newfoundland and Labrador Residential Schools in 2017）。

加拿大政府将继续纠正过去的错误，承认过失并提升意识。同时，政府还在采取行动，以尊重因纽特人、第一民族和梅蒂斯人的权利、利益和现实的区别对待方式，改善并恢复与原住民的关系。加拿大政府正朝着认可和落实原住民权利的方向迈进，而这也是双方建立合作关系的基础。加拿大政府还在致力于寻求新的合作方式，如通过因纽特人官方伙伴关系和其他永久性双边机制，一起推进共同的优先事项。

改善和移交治理权可以让所有的加拿大北极和北方地区人民拥有更多对他们自己生活的控制权，这将加固和解，提升长期的和解能力，助力建设更健康、更有韧性的社区。绝大多数原住民自治政府位于北方地区，加拿大通过自治政府制定了创新性的自决路径。

联邦政府的作用之一是促进加拿大北极和北方地区人民的自决权，包括将省级的权力移交给地区政府，这有助于北极和北方人民共同采取适宜当地的和解方式。

除了认可民族自决权和创新治理协作的形式以外，和解还意味着缩小北极和北方地区原住民与其他加拿大人之间存在的社会经济差距。为了缩小这些差距，加拿大将与原住民政府和组织、各地区、各省和其他合作伙伴共同努力。其中一部分将通过实施以下政策实现。

① 呼吁加拿大真相与和解委员会采取行动；

②《联合国土著人民权利宣言》；

③ 本政策框架下阐述的目标和方向。

（16）目标 8 的方向包括以下内容。

① 尊重、维护并落实北极和北方地区原住民的权利，包括那些历史条约、现代条约以及《联合国土著人民权利宣言》中述及的权利；

② 改变联邦运作方式和程序,进一步加强北极和北方地区原住民的自决权和代表权,并承认北极和北方地区各原住民政府和公共政府的独特运作环境;

③ 确保北极和北方地区原住民有机会、有选择并且有能力与皇室缔结条约、协议和其他有所助益的约定,从而为他们关系的不断发展提供基础;

④ 恢复、振兴、维护并加强北极和北方地区原住民的文化,包括他们的语言和知识体系;

⑤ 兑现未尽的移交承诺,包括移交努纳武特的土地权、内陆水域权和资源管理权;

⑥ 与原住民政府和组织、各省、各地区和其他合作伙伴合作,缩小北极和北方地区原住民与其他加拿大人之间的社会经济差距;

⑦ 继续纠正过去对原住民所犯下的错误行径。

25. 展望未来

随着新政策框架的进一步发展,框架下各合作伙伴之间的合作关系和联邦政府各部门之间的合作关系得以加强。其实,这种发展新的合作方式本身就是一项重大成就。

在框架的第二阶段,框架下的合作伙伴、政府和原住民组织将基于第一阶段的合作基础进行商讨,并制定治理机制。此治理机制将以过去 50 年治理方面的重大进展为基础,商讨合作伙伴之间如何定期合作、共享信息并评估框架实施的进展。

(1)治理机制将包括以下内容。

① 维护权力移交、现代条约、土地权利和自治协议下的司法和制度环境;

② 遵循北极问题特别代表玛丽·西蒙在《新模式下的北极共同体》最终报告中论述的伙伴关系原则;

③ 满足合作伙伴的期望,让他们能够有意义地持续参与切乎自身利益的决策;

④ 定期召开合作伙伴会议,就政策框架的实施情况进行讨论;

⑤ 在联邦、各省、各领地和原住民间新关系背景下致力于和解;

⑥ 确保现有的论坛,如因纽特皇室合作委员会、育空地区论坛和西北地区政府间理事会,都可助力新政策框架的实施;

⑦ 展示各地区、各省和原住民政府的权威和力量。

新政策框架下的财政投资部分对于政策框架的成功至关重要。合作伙伴将共同制订一个投资和实施计划。该计划将论述如何利用新的投资以及其他经济和监管杠杆来促进框架的实施。

（2）投资和实施计划将包括以下内容。

① 确定新的投资；

② 提供关于合作伙伴的融资计划是如何与加拿大北极和北方政策框架下的目标和方向保持一致并助力实现目标和方向的信息的（政策框架中的目标和方向在合作伙伴起草的那部分内容中）；

③ 调整战略并灵活投资，从而适应北极和北方地区"开拓商业"的独特性质；

④ 确立与特定的资金和计划相关的指标、数据收集和汇报义务。

26. 北极和北方政策框架的原则

制定以下各项原则是为了持续指导新政策框架的实施。

（1）北方人民将共同参与制定有关北极和北方地区的决策，以此表达他们的权利、需求和观点。

（2）加拿大联邦政府、各地区政府、省政府、原住民政府以及市政府的权利和管辖权将得到尊重。

（3）发展应该是可持续的和全面的，要综合考虑社会、文化、经济和环境等因素。

（4）从真相与和解委员会的工作出发，不断与原住民进行和解，这是取得成功的基础。

（5）由于气候变化是该区域真切面对的现实，各项倡议将考虑到其带来的各种影响，包括对北方地区原住民的影响，因为他们的文化、传统经济和粮食安全都有赖于土地和野生动物。

（6）政策和规划将致力于表达出对多样性和平等的追求，加拿大将使用诸如"基于性别的分析 +"等分析工具评估对不同群体的潜在影响。

（7）新的政策框架将以区别对待的方式，确保因纽特人、第一民族和梅蒂斯人的独特权利、利益和境况得到证实、认可和执行。

（8）加拿大政府承认因纽特人、第一民族和梅蒂斯人是加拿大原住民,他们由享有独特权利的社区组成,并且有他们自己的历史,包括与皇室的互动历史:新的关系建立在权利认可、尊重和合作的基础上,而且合作伙伴关系必须表达出每一个加拿大公民的独特利益、优先事项和境况。

（9）社会的每一个部门,从私营企业到大学再到学院,从非营利部门到社区组织再到加拿大的每一个公民,都可以在建设强大的加拿大北极和北方地区方面发挥重要作用。

27. 由合作伙伴起草的部分框架内容

在过去一年多共同起草政策框架的过程中,合作伙伴讨论了北极和北方政策框架下的各项内容。政策框架中的想法、抱负、目标和方向融合了来自合作伙伴的多种思想和观点。通常来说,这也意味着政府和原住民伙伴在争取共识的过程中互相妥协。加拿大认为,能够直接表达出自己的观点、愿望和优先事项对原住民而言至关重要。虽然政策框架下的各个章节内容是整个过程中的重要构成部分,但这些内容未必仅代表联邦政府或其他合作伙伴的观点。

美国能源部支持北极活动和北极优先事项的战略[①]

发布时间:2022 年 10 月

发布者:美国能源部

行动纲要

随着气候变化对美国北极地区的经济和居民生活产生负面影响,近年来,北极地区引起了更多的关注和关切。更温暖的北极天气条件、陆地和海洋冰层的迅速减少与中纬度极端天气、风暴加剧、长时间干旱、野火、洪水和海平面上升等现象密切相关。此外,潜在的资源开发、新的航运模式、转型的渔业和繁荣的旅游业都要求各个国家、公司和社群为应对这些新的机遇和挑战做好调整和准备。美国的北极地区(阿拉斯加)在能源系统中一直没有获得公平的利益。出于经济、文化、环境、地缘政治、公平和安全等原因,致力于基于科学和事实的决策和投资对整个北极地区和美国的未来至关重要。气候和经济变化推动能源转型,这对美国北极地区来说是一个巨大的挑战,也是巨大的机遇。

美国北极政策的目标是建立一个安全稳定的北极地区,使得美国的利益得到保障、国土得到保护,美国希望各北极国家能够进行合作,以应对共同的挑战。这需要在能源、科学和安全领域进行重点投资,对此,美国能源部(Department of Energy)已经有所行动。增加在能源、科学和安全方面的投资,将提高能源部北极工作的影响力和有效性,并有利于支持美国的《北极地区国家战略》("National Strategy for the Arctic Region")政策目标。

[①] 本文编译于 "U. S. Department of Energy Strategy to Support Arctic Activities and Priorities"。

能源部旨在通过科学和技术创新来应对能源、环境及核挑战,以确保美国的安全与繁荣。能源部提倡结果公平。通过及时促进国家能源系统的实质性高效转型,确保美国在能源技术方面的领导地位。能源部在科学和工程领域的努力构成了美国繁荣经济的基石,同时在战略领域发挥明确的领导作用。除了通过国防、防核扩散和环境保护加强核安全外,能源部还将国家实验室作为整个联邦政府的资源来监管。美国北极战略的三大核心任务反映了能源部通过卓越的运营和管理将能源(Energy)、科学(Science)和安全(Security)作为其政策的核心。

认识到能源部在应对日益增加的北极机遇和挑战方面的作用,《参议院2022财政年度能源和水资源开发拨款法案报告》("Senate Report for the Energy and Water Development Appropriations Bill for Fiscal Year 2022")(以下简称《2022财年参议院报告》)中指出:

> "委员会支持促进电力技术的研究、开发和部署,这种技术具有成本效益,能够满足美国农村和偏远地区,特别是永久冻土地区的需求。委员会鼓励北极能源办公室(Arctic Energy Office)继续整合能源部各部门,以协作和创新的方式共同努力,从而满足美国及其盟友在北极的能源、科学和国家安全需求。此外,鼓励北极能源办公室在北极地区领导跨领域行动,以应对21世纪的能源、科学和国家安全挑战。"
>
> ——美国众议院2021年第117-36号决议,第75页

美国能源部的北极战略是根据内部和外部利益攸关方之间的广泛合作所获得的启示制定的。这些合作具体包括能源部国家实验室综合体、州、地方、部落和学术伙伴的跨部门协作。该战略旨在为美国能源部未来10年的北极活动提供指引。

一、能源部的北极背景

《2022年北极地区国家战略》("The 2022 National Strategy for the Arctic Region")强调了4个核心任务,分别是促进美国安全利益、减缓气候变化和保护环境、经济发展以及国际合作与治理。美国能源部的3个核心任务和美国国

家战略的4个核心任务构成了能源部北极战略的基础。5项核心原则贯穿《北极地区国家战略》的4个核心任务,这5项核心原则分别是与阿拉斯加原住民社区进行往来、协调与合作;深化与盟国的合作伙伴关系;关注长周期投资;培养跨部门联盟和创新理念;承诺采取全面统一的政府措施。能源部的工作重点包括应对气候危机、创造清洁能源工会就业机会、促进能源公正和确保国家安全。这些工作重点直接支撑北极地区的国家战略。

美国能源部重新建立了北极能源办公室,以制定和协调能源部的北极战略,并将其作为能源部所有北极活动的唯一协调联络点。北极能源办公室的重建表明了能源部对北极地区的投入和重视。能源部的目标是"把能源部带到北极,把北极带回能源部"。

美国能源部在北极地区工作的重要性在《2022财年参议院报告》中得到了明确体现,这在前几年的拨款法案报告中也有相关的篇幅说明。《2022财年参议院报告》进一步强调了美国北极阿拉斯加地区面临的能源挑战和机遇,报告中指出:"阿拉斯加是美国能源成本最高的地区之一,这使得多样化的研究、开发和部署机会更具成本效益,以满足美国农村和偏远地区的需求。阿拉斯加也有各种传统和创新的能源资源和技术,包括200多个微电网。"

该战略响应了《2022财年参议院报告》关于满足美国及其盟友在北极地区的能源、科学和国家安全需求的指导意见,并表明了能源部对北极地区的再度关注。

二、能源部北极活动

早在1977年美国能源部成立之前,许多合并为能源部的实体(包括能源部项目办公室的前身和国家实验室)就参与了北极事务。能源部在北极的活动涵盖能源、科学和安全三大核心任务,本节将对能源部目前正在进行的北极活动提供说明性但非全面性的概述。

1. 能源

美国能源部资助的北极能源工作涵盖该部门的许多技术领域。能源部的工作重点是向低碳能源系统的过渡(如可再生能源的微电网整合、电力运输和有益的电气化),在"研究-开发-示范-部署"的连续过程中开展各种项目。

能源部正在对科学技术开发进行投资,以实现美国电力基础设施(或"电网")的现代化。电网现代化实验室联盟(Grid Modernization Laboratory Consortium)是美国能源部和国家实验室的战略合作伙伴,旨在汇集高端的专家、技术和资源,共同实现国家电网现代化的目标。该联盟有益于更有效地利用资源,构建共享网络,促进知识的学习和保存,加强实验室协调与合作,通过联合当地利益相关者和相关行业建立区域视角与关系。该联盟开展的几个项目均以阿拉斯加为基地,并与北极相关。

能源部最近在北极地区的投资还包括工程研究、实地测试和分析,以解决有效利用该地区的化石能源和碳管理资源所面临的技术和经济挑战。例如,阿拉斯加北坡天然气水合物实验项目(Alaska North Slope Gas Hydrates Field Experiment Program)是能源部赞助的一项合作项目,目的是促进新兴天然气资源的负责任开发。能源部还发布了阿拉斯加液化天然气项目的"补充环境影响声明"(Supplemental Environmental Impact Statement)草案,其中包括生命周期分析(Life Cycle Analysis),以计算阿拉斯加液化天然气出口到亚洲和全球其他天然气市场所排放的温室气体排放量。

能源部还赞助了对阿拉斯加关键矿产的研究。能源部针对特定地点的碳矿石、稀土和关键矿产(Carbon Ore, Rare Earth and Critical Minerals)而开展的项目由多年期拨款资助,目的是确定阿拉斯加的稀土/关键矿产资源地点,并评估其开发的技术经济可行性。为了评估新兴的微型核反应堆和小型模块化反应堆(Small Modular Reactors)系统在北极的未来应用,能源部进行了初步的市场研究。这些系统也由能源部携手工业和国防部门进行共同资助。能源部向社区和各种组织提供技术援助,以支持资源评估、战略规划、能源效率/耐候性研究、恢复力评估/增强、建筑设计、可持续社区设计、政策分析、技能培训和技术整合。

2. 科学

几十年来,能源部在地球气候系统的科学理解和建模等方面一直保持着领先地位。北极放大效应正在导致北极地区发生最剧烈的变化以及最复杂的自然系统行为和相互作用。北极理事会北极监测和评估计划工作组发布了《2021年北极气候变化更新:主要趋势和影响》("Arctic Climate Change Update 2021:

Key Trends and Impacts"），其中"一个重要的更新是，1971—2019 年，北极地区年平均（陆地和海洋）表面温度的增幅是同期全球平均气温增幅的 3 倍——高于此前评估报告的预测"。

美国能源部是北极系统建模的主要联邦机构，并在北极的大气实验观测方面拥有最大的贡献。能源部与包括美国国家航空航天局（National Aeronautics and Space Administration）、美国国家海洋和大气管理局（National Oceanic and Atmospheric Administration）和美国国家科学基金会（National Science Foundation）在内的其他联邦科学机构合作协调北极地区的工作，并与国土安全部（United States Department of Homeland Security）和国家地理空间情报局（National Geospatial-Intelligence Agency）协作，为国土安全部、国家地理空间局和其他安全机构提供国家实验室支持，以应用能源部的科学能力。能源部定期参加跨部门小组，如跨部门北极研究政策委员会（Interagency Arctic Research Policy Committee）、民用应用委员会（Civilian Application Committee）和环境安全工作组（Environmental Security Working Group）。

北极科学是美国能源部地球系统旗舰模型——"能源级地球系统模型"（Energy Exascale Earth System Model）的冰冻圈组件的关键部分。能源部通过海冰模式联盟（Development of Sea-ice）与跨部门合作者进行协作，开发海冰和陆地冰模型，以更好地模拟海冰和格陵兰冰盖的变化。利用能源级地球系统模型和其他更专业的模型，高纬度应用和测试（High-Latitude Application and Testing）项目侧重了解北极内部以及北极与中纬度地区之间的相互作用及反馈。北极沿海环境跨学科研究项目（Interdisciplinary Research for Arctic Coastal Environments）旨在提高对陆地过程（包括永久冻土融化、水文和侵蚀）、海冰（形态和耦合）、海洋动力学（分层、波浪和潮汐）、海岸变化（侵蚀、沉积和洪水）、生物地球化学（河流和海洋）、大气过程和人类系统（运输、资源可用性及开采和定居点）之间的耦合、多尺度反馈的理解，这将有利于控制北极系统，特别是阿拉斯加北坡东半部地区的变化轨迹和速度。

能源部的项目涉及研究云、气溶胶和降水相互作用的物理学、化学学和动力学，目标是减少全球和区域气候模拟和预测的不确定性。能源部在乌特恰格维克（Utqiagvik，以前的巴罗（Barrow））拥有一个永久性大气辐射测量站（Atmospheric Radiation Measurement），几十年来一直在不断收集雷达、激光雷达、系留气球和飞机观测数据。移动的大气辐射测量设备已在北冰洋和挪威北部部署数月,也于阿拉斯加的奥利托克角(Oliktok Point)部署多年。

下一代生态系统实验(Next-Generation Ecosystem Experiments)北极项目为期10余年,旨在提高对富含碳的北极永久冻土生态系统过程和气候反馈的预测性理解。该项目能够系统地改进能源部地球系统模型的物理、生态和生物地球化学过程,以应对北极科学挑战。该项目还与美国国家航空航天局的北极-北方脆弱性实验(Arctic-Boreal Vulnerability Experiment)协作,共同开发遥感产品,并提供高分辨率数据,从而进行空间分析和缩放。能源部促进了数据集的共享,并根据《2018年循证决策基础法案》第115-435号公法("Foundations for Evidence-Based Policymaking Act of 2018" Public Law 115-435),支持"可查找、可访问、可互操作和可重用"(Findable, Accessible, Interoperable, and Reusable)的数据管理原则和"集体利益、控制权力、责任、道德"(Collective Benefit, Authority to Control, Responsibility, Ethics)的原住民数据治理原则。

3. 安全

作为一个北极国家,美国致力于维护国土、盟友和伙伴的安全。除了确保北极地区的国家安全外,能源部还从更广泛、更系统的角度看待北极安全问题,包括社区和个人安全,如提高社区弹性。能源部是美国政府中负责所有与核有关的民用和安全活动的领导机构。其中包括微反应堆的潜在部署和整合、北极地区核动力航运的增加、历史性放射源的回收以及与核有关的环境管理。能源部负责监测北极核活动,并准备应对潜在的北极核事件。能源部还负责与第二次世界大战和冷战遗留问题有关的场地和活动的长期监督和维护、劳动力重组和福利发放、财产管理、土地使用规划以及社区援助。能源部有两个遗产地位于北极。

能源部正在与其他机构携手,努力确保北极地区的关键矿产和基础设施的有效使用。能源部与国防部和其他机构协作,共同采取举措增强北极地区关键能源基础设施的恢复能力。能源部通过国家实验室综合体,支持国土安全部、国防部和情报部的安全任务。除了扮演这些传统的全球和国家安全角色之外,能源部还资助发展地方能力和现行研究,以保障社区和个人层面的安全(如对关键的"食物-能源-水"关系的研究)。

未来，美国在北极和／或阿拉斯加地区部署核能是一个关键问题，而这个问题唯有能源部可以解决。除了对能源安全可能产生的潜在积极影响外，能源部还将继续关注相关的国家和全球安全问题。基于美国国家科学院（National Academy of Sciences）2050年北极未来项目（Arctic Futures）针对北极核事故应急响应所进行的桌面演习，能源部必须做好准备，并预见北极活动的增加和核事故发生的可能性。北极自然系统变化和人类活动水平对能源部的不扩散和条约核查任务产生了影响。

4. 国际

能源部正在加强与各个北极国家的双边关系，涵盖能源、科学和安全等核心领域。通过支持北极理事会的活动，包括北极远程能源网络学院（Arctic Remote Energy Network Academies），能源部进行多边参与。此外，能源部还积极致力于发展和支持阿拉斯加机构与国际合作伙伴之间的阿拉斯加－北极互动。

5. 跨部门

能源部积极支持跨机构合作，以维护美国在北极的利益。作为国家安全委员会（National Security Council）的法定成员，能源部积极参与北极决策的跨机构协作，包括执行《2014年北极地区国家战略》（"2014 National Strategy for the Arctic Region"）和其他倡议。能源部还参与了由国务院主持的北极政策小组，如海上运输系统委员会（Committee on the Maritime Transportation System）北极跨机构行动小组、民用应用委员会、环境安全工作组、北极执行指导委员会（Arctic Executive Steering Committee）、跨机构北极研究政策委员会以及其他相关任务。此外，通过与美国环保署（U. S. Environmental Protection Agency）及其第十区（Region 10）专家开展阿拉斯加活动的合作，能源部正在获得以下北极作业的技术新见解：生态敏感性和潜在的永久冻土对液化天然气和碳捕集与封存（Carbon Capture and Storage）基础设施开发的影响、评估是否存在适用于碳储存的地质条件，以及对于能源有限的社区的影响。

6. 政府间阿拉斯加原住民关系建设

美国能源部致力于与阿拉斯加原住民就影响北极的决策进行接触、通知和磋商。能源部承诺遵守联邦文化资源保护和其他法律以及行政命令，以保存和保护历史和文化遗址以及传统的原住民习俗。能源部还努力在各项目中提供技术、教育和培训援助。此外,能源部还进一步寻求与其他联邦和州政府机构的合作,以解决北极地区的部落事务。

三、能源部战略

能源部将提供科学、技术和工程等问题的解决方案,确保能源转型能给以往未得到充分服务的社区带来福祉,促进基于科学的决策,并确保北极地区的国家安全。

美国能源部北极战略目标以下基本原则为基础。

(1)能源部的北极工作将在能源、科学和安全三大战略目标之间适当平衡和整合。

(2)能源部将与北极居民(包括原住民)、其他联邦机构、州和地方组织、国际合作伙伴和盟友进行协调,以确保对北极挑战、能源公平和解决方案的适用性有充分的了解。

(3)能源部将通过北极能源办公室与各项目办公室展开合作;利用能源部的国家实验室;促进公共和私营部门的参与;并与外国盟友合作,战略性地应对北极挑战。

(4)能源部将优先考虑由北极居民(包括原住民)提出的基于社区和地区的解决方案。

(5)能源部将优先考虑有助于实现能源部目标而开展的当地能力建设和决策。

(6)能源部将促进、支持和利用私营部门的技术能力和操作能力,以实现安全和可持续的美国北极利益。

(7)能源部的数据管理和应用责任将成为能源部北极活动的重要组成部分。

(8)能源部将在整个北极地区努力解决多样性、正义和公平问题。

(9)与美国其他地方一样,能源部在北极地区的行动将与总统的目标保持一致,主要包括以下内容。

① 到 2035 年,基本实现电力零碳排放;

② 到 2050 年,实现净零碳排放经济;

③ 确保弱势社区从清洁能源投资中获得至少 40％的总收益。

为了实现这一愿景,能源部将运用其最佳的能力和技术来实现以下战略目标。

（1）能源部将发挥领导作用,并与合作伙伴协作,推进北极能源部门的零碳、韧性和公平化发展。

① 目标1:能源部将确保能源转型投资充分考虑北极气候挑战和公平问题。

② 目标2:能源部将开发、示范和推广能源技术,并提供技术援助和贷款计划,以增强北极社区和关键基础设施的韧性。

③ 目标3:能源部将发挥领导作用,并与合作伙伴协作,确保零碳能源成为未来北极基础设施的一部分。

④ 目标4:能源部将领导小型、模块化和移动核能的安全整合技术,以支持能源韧性和零碳能源的发展。

（2）能源部将发挥领导作用,并与合作伙伴协作,推进对北极挑战的科学理解。

① 目标1:能源部将利用"能源级地球系统模型"的计算能力,领衔对自然、管理和人为系统的高分辨率地球系统建模,以解决紧迫的北极问题。

② 目标2:能源部将与联邦、州、地方、部落、学术和国际合作伙伴协作,推进对北极的科学认识。

③ 目标3:能源部将确保基础设施的基础科学和工程投资充分考虑北极问题。

④ 目标4:能源部将引领新技术进步(如人工智能)的整合,以增强美国在气候变化方面的应对能力,并利于决策。

（3）能源部将发挥领导作用,并与合作伙伴协作,确保北极安全。

① 目标1:能源部将提供技术支持和解决方案,以执行传统的国土、国家和全球安全任务,重点关注气候变化带来的影响。

② 目标2:能源部将开发和部署解决方案,以支持北极地区的能源安全和国家安全。

③ 目标3:能源部将管理实验室资源,促进实验室与美国政府机构、州、地方、部落、学术和国际合作伙伴之间的合作,以应对北极安全问题。

④ 目标4:能源部将发挥领导作用,并与合作伙伴协作,提高北极全域意识。

能源部的北极愿景,旨在达成一个具有凝聚力的跨部门北极战略,有机整合涉及能源、科学和安全三大核心任务的活动。

为了实施能源部北极战略,北极能源办公室将领导协调能源部综合体系的项目活动。根据具体目标和情况,能源部将采用不同的计划和合作机制,包括能源部计划指导的活动、能源部资助的跨学科科学和技术倡议、外部资助的国家实验室项目、国家实验室指导的研究与开发活动、技术转型和私营部门的合作倡议,以及跨机构的合作网络。

四、目标、目的、策略

本节将更详细地描述支持能源部战略目标的计划性目的,重点介绍能源部为支持北极战略和《北极地区国家战略》所提供的一些独特贡献。本节也将更详细地描述前文述及的基本原则。

愿景:能源部将提供至关重要的科学、技术和工程解决方案,以支持美国日益增长的北极参与。

为了实现这一愿景,能源部将运用其最佳的能力和技术来实现以下战略目标。

(1)能源部将促进北极能源部门的可持续性、韧性和公平性。

能源对北极社区和产业的物质、环境和经济可行性和活力至关重要。北极地区的孤立性要求能源部门能够提供经济实惠、可靠且易获取的服务,并保证在与其他地区联系中断时不受影响。气候变化带来了快速而巨大的影响,这就要求能源系统能够灵活地适应迅速变化的自然和社会条件。能源可及性和安全性是解决北极地区福祉极端差异的必要条件。

这些挑战并非北极独有。传统的能源方法无法满足北极地区和其他地区当前不断发展的需求。北极提供了一个有效并引人注目的平台,向世界其他地区展示,如何在关注能源公平的前提下,有效地向低碳未来过渡,同时保持社会经济可行性和文化资源。

能源部将与北极居民合作,在可能和适当的情况下利用跨地区的协同效应,开发和部署实现北极地区可持续生活和工作所需的能源技术。

① 目标1:能源部将确保能源转型投资充分考虑北极气候挑战和公平问题。

气候变化给北极能源系统带来了广泛而严峻的挑战。永久冻土的退化和下沉正在破坏北极能源基础设施(如管道、配电系统、燃料库、发电厂建筑)的物理完整性,或对其构成迫在眉睫的威胁。春季和夏季的风暴正在加速海洋和河流附近的海岸线侵蚀；降水（如雨、雪）的变化正在改变水力发电（如水坝、河流）系统的可用性（如位置、数量和时间），降低河流的通航性和冬季结冰道路的可行性，从而损害燃料／物资的输送，并改变河道位置和携带的杂物量；受气候影响的森林发生野火的频率正在迅速增加，严重程度也逐渐加深。气候变化也正在影响物种（如鱼类、哺乳动物、植物）的类型、数量和分布，这些物种为北极居民提供食物、就业、文化和娱乐资源。对于许多沿海和河畔社区来说，部分或全部搬迁到更安全、不那么脆弱的地区是他们未来发展的唯一可行选择。

气候变化正在影响当地可再生能源的可用性和可及性。不断变化的风向和天气条件对一些现有风能和太阳能装置的性能产生了不利影响，并使现有气象数据库和模型预测可用能源的准确性降低。

气候变化也给北极带来了新的经济机会。由于海冰分布和厚度都在减少，北极地区的海上活动正在增加。随之而来的是对新港口、更好导航设备以及更广泛应急能力（如泄漏反应、搜索和救援、紧急避难所）的需要。由于永久冻土减少、冰川和海冰消融，人们对包括稀土元素和关键矿物在内的矿产资源的认识和可及性正在提升，新的开采、加工和运输地也在不断建立。同时，海产品加工地和技术亦随着物种的迁移、水温和食物链特征的变化而变化。

能源部在北极的工作重点是建立准确可靠的数据库和增强气候建模能力，以指导在不断变化和复杂环境中的人力和基础设施投资。能源部将确保专注于解决方案的技术开发，使北极居民能够有效地应对不断变化的自然和经济环境。

② 目标 2：能源部将开发、示范和推广能源技术，并提供技术援助和贷款计划，以增强北极社区和关键基础设施的韧性。

北极的能源需求包括供热、供电和运输。虽然具体的技术、财政和人力因地而异，但在部分地区有许多相似之处。

能源效率在建筑结构（如住宅、社区和政府建筑）、公共基础设施、工业运营和军事设施中至关重要，它是减少进口化石能源依赖和合理规划新能源系统投资的重要途径。由于北极地区人口稀少、自然环境恶劣且物流困难，当地能力建设是能源基础设施部署的关键部分。

与全球一样，北极地区正在向更具可持续性和韧性的能源系统过渡，表现为从少数大型的单一系统转变为一系列较小、自给自足的解决方案。这些解决方案集成了多样化的能源资源，并可以根据对外部条件的最佳响应进行选择性的互联或断联。能源开发、加工、储存、分配和管理功能都必须得到解决。

北极地域辽阔，地理位置偏远，因此，需要可靠、经济实惠且能够适应当地不断变化的条件的运输系统。运输应用包括通过公路、铁路、水路（如海、河、湖）和空气在北极地区内部以及北极与外界之间进行人员和货物的运输。

通过技术示范，可以更有力、更广泛地完成技术转型。技术示范为吸取实地经验教训提供机会，使多个实体能够观察到与其相关的设施，并通过利益攸关方之间的沟通和网络交流从他人的经验中受益。有效的技术转型包括建设当地能力（从一般的能源知识到特定技术的安装 / 运行 / 维护能力），并确保其实施在经济承受范围内。

能源部的工作包括能源技术的开发及其在实际领域的转化，从而使公共部门、私营企业和政府合作伙伴受益。能源部将与当地的北极利益攸关方合作，确保服务于社区、行业和政府利益的能源基础设施改进能够满足区域优先事项，适应北极的气候和文化条件，参与和建设区域能力，并最大限度地采用灵活、适应性强的建筑架构，以提出真正可持续和有韧性的解决方案。

③ 目标 3：能源部将发挥领导作用，并与合作伙伴协作，确保零碳能源成为未来北极基础设施的一部分。

北极阿拉斯加地区在经济上也依赖能源商品的出口。零碳战略的一个关键环节是最大限度地减少与北极地区化石能源开采、加工和运输引起的环境影响，特别注意甲烷减排问题。此外，能源部可以支持稀土和关键矿产的负责任开发，并将其作为经济多元化战略的一部分。

在北极的大部分地区，人们强烈依赖化石燃料进行发电、供热以及人员和货物的运输。具有讽刺意味的是，在一个石油、天然气和煤炭资源出口对地区经济贡献巨大的地区，大部分当地使用的化石燃料却依赖进口。其中，柴油、天然气和煤的使用最为广泛。一些较大的地区采用了热电联合系统。能源价格的差异很大，主要取决于获取燃料的方法。如果建设管道在经济上不可行，则必须将燃料运输到最终用户那里。通常情况下，燃料运输只能按季节进行，例如，在海洋和河流无冰的时候用驳船运输，或者仅在极寒的几个月里用油罐车运输，因为那时可以建造和使用冰路。在某些情况下，燃料必须用飞机运输。即使在人口较多的地区，由此产生的能源负担也超过 10%，在农村地区或低收入的城市社区（这些地方通常有高比例的弱势人口），能源负担则可能远高于25％。

北极地区已成为可再生能源开发和整合的引领者，其可再生能源发电比例超过全球平均水平的2倍以上。冰岛和挪威等国几乎100％的热能和电力都来自可再生资源。美国正积极地与该地区的伙伴合作，共享最佳实践，增强该地区的能源韧性。在约250个地区，柴油燃料与当地可再生能源（如水力发电、风能、太阳能、生物质能、海洋水动力或地热能）联合使用。阿拉斯加在将可再生资源纳入社区规模微电网方面发挥了领导作用。能源部将继续支持并加强这项工作。

在北极能源部门开展有效脱碳的过程中，必须考虑财政现实（如对能源商品出口的经济依赖、弱势社区的高能源负担），对高效建筑的气候相关需求，双峰分布的人口结构（即集中的城市人口结构和分散的乡村社区人口结构），以及在大部分地区存在的可再生能源滞留问题（即能源供应中心和需求中心之间的物理距离）。

④ 目标4：能源部将领导小型、模块化和移动核能的安全整合技术，以支持能源韧性和零碳能源的发展。

核能可以提供可靠、持久的热能和电力，但对体力劳动力和现场劳动力的需求不高。能源部（包括核能办公室和国家实验室）、美国军方、美国国家航空航天局、美国核能监管委员会、行业、大学和州机构正在不断发展技术、分析工具和许可程序，以确保小型反应堆在阿拉斯加和其他北极地区或偏远地区成为可行的能源资源。这些较小的系统（1～10兆瓦）经过工厂组装，可迅速作为模块化单元运输和安装。小型模块化反应堆的发电量为60～300兆瓦，可以替代目前使用化石燃料的热电站。此外，小型移动反应堆（1～5兆瓦）可以使北极地区的能源部署更加灵活。这些反应堆将很快在能源部的实验室里进行测试。其他北极国家也在积极开展类似的开发工作。

能源部将优先开展与北极原住民的积极合作，以确保他们在确定核能系统选址考虑因素和约束条件、确定优选应用方面能够有效参与。能源部将提供技术、环境和经济方面的意见，为勘探和实施小型核反应堆制定州级和地区性路线图。能源部将在反应堆（如容量、热功率比、瞬态响应）和集成（能量储存、远程监测等）技术方面进行技术和经济开发。能源部将为反应堆安装、运行、维护和停用所需的本地工作人员提供专业的知识培训。能源部将确保反应堆测试和示范活动在规划和执行中考虑到北极地区的要求（如性能、集成）。

（2）能源部将发挥领导作用，并与合作伙伴协作，推进对北极挑战的科学理解。

能源部北极研究涵盖地球科学、海洋科学、空间科学等多个领域。能源部科学办公室推进气候变化研究，以了解温室气体排放对地球气候和生物圈的影响。能源部支持北极地区的建模和预测工作，如区域北极系统模型（Regional Arctic System Model）；大气系统研究，如阿拉斯加北坡的大气辐射测量设施（Atmospheric Radiation Measurement Facilities on the North Slope of Alaska）；跨学科研究项目，如北极海岸环境综合研究（Interdisciplinary Research for Arctic Coastal Environments）；以及下一代生态系统实验——北极项目。能源部致力于传统生态知识的整合。

① 目标 1：能源部将利用"能源级地球系统模型"的计算能力，领衔对自然、管理和人为系统的高分辨率地球系统建模，以解决紧迫的北极问题。

利用"能源级地球系统模型"的计算平台，能够实现对下一代全球气候模型的"能源级"计算和开发，能源部对此进行的投资极大地推进了对气候变化和北极生态系统的科学理解。能源部将继续投资推进计算平台和建模基础设施的发展。增强北极了解，合作开发知识，以及推进"能源级"计算均是能源部的优先事项。区域细化是支持北极决策和政策的必要手段。

当前的地球系统模型正越来越优化其分辨率，并努力解决多尺度现象，这极大地有助于分析北极的未来发展方向和带来的影响。然而，在关键的地区、区域和全球尺度上充分整合关键过程和地貌组成（如永久冻土、冰川、土壤水分）的能力仍有待改进。此外，这些模型在思考如何考虑并最终整合建设系统（基础设施、能源系统、水资源和天然气分配），以实现对北极地区现有和未来的经济、社会和安全问题的真正系统化方面，还处于早期阶段。随着北极地区努力应对气候变化及其对建筑、能源需求以及当地和扩展经济的影响，其需要在各种尺度上显著增强模型和分析工具的预测能力，以支持相关规划和决策。另外，全球地球系统模型模拟所需的过程表征的复杂性与支持决策分析和规划的特定地点模拟的复杂性之间存在差距。

② 目标 2：能源部将与联邦、州、地方、部落、学术和国际合作伙伴协作，推

进对北极的科学认识。

能源部将继续通过联邦北极政策委员会（Interagency Arctic Policy Committee）、美国北极研究委员会（United States Arctic Research Commission）和北极理事会（包括因纽特人环极理事会（Inuit Circumpolar Council）等组织）等平台进行北极参与。能源部的北极参与直接支持《北极地区国家战略》的战略目标（即扩大研究），以更好地了解气候变化，并支持美国北极研究委员会的目标（即"加强北极地区的国际科学合作"）。其中一个例子就是能源部在乌特恰格维克开展的相关工作。这些工作（包括但不限于永久性的大气辐射测量站）是与乌特恰格维克的创新公司、多个联邦机构、阿拉斯加州机构、多个学术合作伙伴和国际合作组织合作完成的。为了支持《北极地区国家战略》，能源部将通过改进数据收集和观测工具以及全球气候模型来提高监测和预测能力。

③ 目标3：能源部将确保基础设施的基础科学和工程投资充分考虑北极问题。

在北极阿拉斯加地区，能源部长期以来评估关键基础设施的风险、脆弱性和相互依赖性方面的专业知识面临着挑战。大多数北极阿拉斯加地区的社区都具有独立的电力和供水系统，这些系统没有与更大的系统或电网连接。这些基础设施以及供水和污水处理系统面临的大多数风险都具有当地和特定的地点特色。一个关键的问题是如何最好地利用能源部的地球系统、基础设施和多部门动态专业知识，帮助社区在可行的时间尺度内评估系统的脆弱性和韧性。

④ 目标4：能源部将引领新技术进步（如人工智能）的整合，以增强美国在气候变化方面的应对能力，并利于决策。

作为一个科学机构，能源部在创新经济中发挥着重要作用。该部门促进基础和应用科学研究的变革性增长，发现和开发新的清洁能源技术，并将科学创新作为美国经济繁荣的基石。能源部通过贷款项目办公室（Loan Programs Office）和高级能源项目研究署（Advanced Research Projects Agency-Energy）等倡议，资助尖端研究和创新清洁能源技术的部署。能源部正努力开发新技术，如人工智能，这或将成为美国历史上最具变革性的技术。北极地区的挑战和机遇是最为严峻的，需要能源部长期提供技术支持。此外，北极的恶劣环境为验证这些新技术提供了一个实验场所，并有可能提供全球解决方案。能源部必须运用其世界领先的科技提供北极解决方案，抓住这一机会，为美国人民带来相关的经济、环境、能源和国家安全利益。

（3）能源部将发挥领导作用，并与合作伙伴协作，确保北极安全。

北极正在发生重大变化。这些变化在自然系统（气候变化和北极放大效应）和地缘政治系统中是显而易见的。不断变化的北极正在增加地缘政治利益，而能源部则带来了显著的投资能力和潜在的新投资，以增强个人、社区、国家和整个北极地区的安全。

从国内角度来看，北极安全传统上是通过冷战和冷战后大国竞争的视角来看待的。这种视角随着美国国家利益、盟友、实力相当或接近的对手之间的国际关系的不同而有所增减。国家安全层面的北极安全并没有减弱。北极的"开放"以及对北极居民个人和社区安全需求的认识，扩大了能源部和国家实验室系统必须帮助应对的北极安全需求。

① 目标 1：能源部将提供技术支持和解决方案，以执行传统的国土、国家和全球安全任务，重点关注气候变化带来的影响。

北极能源系统容易受到自然灾害和恶意或意外的人类活动的影响。北极地区存在各种自然灾害，如地震（2021 年 5 月 30 日在阿拉斯加发生的 6.1 级地震）、极端寒冷（持续 2 周或更长时间达到 −40° F 或更低）、北方森林野火、火山活动（对支持北极能源系统运转的交通造成影响）。人类活动可能削弱北极能源系统的可靠性、韧性、安全性和保障性，包括网络和网络物理威胁、供应链漏洞，甚至是忽视或缺乏执行必要维护的本地能力。在实现北极能源转型的同时，能源部将考虑这些广泛存在的危害。

② 目标 2：能源部将开发和部署解决方案，以支持北极地区的能源安全和国家安全。

在联邦和州政府在阿拉斯加定居之前，许多偏远的阿拉斯加社区传统上是半游牧性质的。社区往往建在驳船容易到达的路线上，以便修建学校和其他建筑物。这些地点——虽然在 20 世纪 50 年代是稳定的——正日益受到气候变化的影响。在未来的几十年里，由于大约 70% 的北极基础设施都位于消融的永久冻土之上，整个社区的搬迁将变得越来越普遍。共同开发经济实惠、安全且适应气候的社区基础设施，将是确保迁移现象不再重演的关键。此外，北极地区许多原住民的土地富含化石燃料和关键矿物。确保与社区充分协商并对开采活动给予适当补偿是解决北极经济和环境正义问题的关键。联邦、州和地方的经济政策需要协调，以确保利益最大化。

③ 目标3：能源部将管理实验室资源，促进实验室与美国政府机构、州、地方、部落、学术和国际合作伙伴之间的合作，以应对北极安全问题。

能源部利用北极能源指导小组（Arctic Energy Steering Group）协调部门间的北极政策和活动。能源部已经建立了北极实验室伙伴关系（Arctic Lab Partnerships），以促进能源部实验室北极活动的开展并改善合作。能源部将北极能源办公室作为其所有北极活动的唯一协调联络点。

④ 目标4：能源部将发挥领导作用，并与合作伙伴协作，提高北极全域意识。

在美国北极专属经济区和整个北极地区的海域内，规划和开展活动因环境变化而变得复杂，这使得预测模型难以准确地描述海冰及相关海洋和大气条件。在北极物理环境发生重大变化的情况下，实现对北极环境的认知和相关理解是运营实体面临的重大挑战之一。为支持北极安全，推进智能化的、数据驱动的决策框架，需要考虑环境数据的获取、整合和呈现方式（有助于改善北极运营者的决策能力）。

北极巨大的地理范围，加上有限的人口、稀缺的环境感知、不完善的通信网络和不充分的卫星覆盖（需要极地轨道，因为纬度限制了赤道基准点的有效使用），加剧了维持对北极环境持续有效的态势感知的问题难度。即使环境数据可用，其及时性、分辨率、准确性和可预测性通常也不足以用于规划和操作活动。

（4）原则：美国能源部北极战略目标以下列基本原则为基础。

① 能源部的北极工作将在能源、科学和安全三大战略目标之间适当平衡和整合。

能源部的职责涵盖能源、科学和安全任务。北极能源办公室将持续跟进了解能源部在所有3个领域的北极活动，并向领导层提供有关能源部在上述3项任务之间平衡北极活动的反馈意见。

② 能源部将与北极居民（包括原住民）、其他联邦机构、州和地方组织、国际合作伙伴和盟友进行协调，以确保对北极挑战、能源公平和解决方案的适用性有充分了解。

根据指导能源部与部落民族和阿拉斯加本土公司之间关系的美国能源部第144.1号命令，能源部北极活动将以接触、通知和磋商为指导，从而确保将印第安民族纳入决策过程。

③ 能源部将通过北极能源办公室与各项目办公室展开合作；利用能源部

的国家实验室；促进公共和私营部门的参与；并与外国盟友合作，战略性地应对北极挑战。

④能源部将优先考虑由北极居民（包括原住民）提供的基于社区和地区的解决方案。

在北极地区，社区参与区域能源规划（Regional Energy Plans）已经取得成功。区域能源规划为确定区域解决办法和促进社区之间的合作，从而实现规模经济提供了一种机制。能源部"阿拉斯加战略技术援助响应小组"（Strategic Technical Assistance Response Team）项目是在社区层面实施区域能源规划的成功典范。能源部资助的合作科学项目应采用因纽特极地理事会（Inuit Circumpolar Council）提出的知识共创的最佳实践经验，并基于《北极研究跨机构委员会五年战略计划（2022—2026 年）》对美国政府机构的指导。根据因纽特极地理事会的描述（2020 年，第 32 页），知识共创旨在将本土知识和科学融合在一起，以了解北极地区，从而进行适应性和整体性决策。联邦北极政策委员会之所以采用这一定义，使因为它包括本土居民、北极社区、研究人员和政策制定者通过各种形式和非正式的合作过程共同界定挑战并进行研究的方法。

⑤能源部将优先考虑有助于实现能源部目标而开展的当地能力建设和决策。

能源部将主要通过北极能源办公室和印第安能源办公室（Office of Indian Energy），增加在阿拉斯加偏远地区研讨会框架内开展的项目数量；通过国家实验室的技术人员培训计划促进实习、工作／学习和实习课程；促进对其他村庄、国家实验室和其他创新能源技术地点的实地考察；为偏远地区公用事业运营商提供深入的实践培训；与私营部门合作，在北极偏远地区开发先进能源系统运行和管理工具；并为创新能源系统的开发、运行、维护和故障排除提供技术支持。

⑥能源部将促进、支持和利用私营部门的技术能力和操作能力，以实现安全和可持续的美国北极利益。

为了推进北极地区的能源转型，必须解决创新与部署之间的差距。能源部及其下属实验室在能源技术方面进行了长期的、大量的投资，包括提高效率的技术在内的技术部署，必须将其列为高度优先事项。通过与能源部技术转型办公室（Office of Technology Transitions）和其他重点部署办公室的合作，北极能源办公室必须优先考虑技术部署，还必须继续进行技术开发和基础研究。因此，北极能源办公室应保持对能源部在基础研究方面投资的了解，特别关注与高级能源项目研究署的持续合作。

⑦ 能源部的数据管理和应用责任将成为能源部北极活动的重要组成部分。

正如《北极研究跨机构委员会五年战略计划（2022—2026 年）》所述，包括本土知识在内的北极数据是不可替代的。这些数据往往源于恶劣和偏远的条件，在当前这个环境迅速变化的时代，这些数据是无价的。数据管理对北极的基础研究、监测和应用研究至关重要。能源部将遵循 2018 年美国国家科学院的最佳实践，确保数据的开放性、可搜索性和快速访问性。在适当的情况下，能源部将采用开放的数据合集，开发智能数据管理工具和实践，并利用现有数据和元数据平台，实现跨学科和跨机构的协调。北极研究、知识共创和数据管理现在遵循着可查找、可访问、可互操作、可重用数据管理原则（Wilkinson 等人于 2016 年提出）和本土数据治理的集体效益、控制权力、责任、道德原则（Collective Benefit, Authority to Control, Responsibility, Ethics）（Carroll 等人于 2020 年提出）。在追求数据的开放性和可访问性的同时，能源部将采取细致入微的方法来保护私密和敏感数据，并尊重本土数据主权（Carroll 等人于 2019 年提出）和自治权。

⑧ 能源部将在整个北极地区努力解决多样性、正义和公平问题。

能源部致力于确保每个人都有机会充分参与和获得能源部的项目、机会和资源。这一承诺适用于能源部在北极的所有努力，能源部鼓励与少数族裔服务机构和其他少数族裔服务实体建立伙伴关系。美国能源部致力于通过设定目标、制定明智的政策和开展项目，增加小型和弱势企业在政府合同中的承包机会，以增加对它们的支持。此外，美国能源部确保少数族裔、妇女、残疾人和语言能力有限的人享有平等的机会。最后，美国能源部通过充分利用多样性，赋权所有员工，在为国家服务的过程中创造和维持一个高效、包容的员工队伍，以实现卓越的成果。

⑨ 与美国其他地方一样，能源部在北极地区的行动将与总统的目标保持一致，主要包括以下内容：

• 到 2035 年，基本实现电力零碳排放；

• 到 2050 年，实现净零碳排放经济；

• 确保弱势社区从清洁能源投资中获得至少 40% 的总收益。

挪威将于 2023—2025 年担任北极理事会主席国[①]

发布时间：2023 年 5 月

发布者：挪威外交部

北极理事会成立于 1996 年，旨在促进北极国家和民族在该地区的共同利益，包括合作推进可持续发展和保护北极环境。鉴于北极地区气候正在以惊人的速度发生变化，保护北极比以往任何时候都更为重要。北极是首先经历全球气候变化加速效应的地区，其温度的上升速度是全球平均水平的 3～4 倍，这对北极生态系统和生物多样性产生了重大影响，并且日益影响着北极社区和当地的土著居民。不断变化的北极气候也对全球气候和天气模式产生了重大影响，尤其导致了全球海平面的进一步上升。

目前，国际合作充满困难和挑战，北极理事会内部的合作也将受到影响。因此，保持对北极长期发展趋势的关注至关重要。北极地区对全球气候系统和生态系统发挥着关键作用。美国不仅要采取更多的措施来控制温度的上升，还必须采取措施，以适应不断变化的气候、迎接新的机遇，并应对新的挑战。这些机遇和挑战可能带来的影响尚不为人所知。北极理事会致力于北极气候和环境调查，帮助国际社会了解北极动态，也为国际社会提供平台，开展上述领域的北极合作。

一、挪威担任北极理事会主席国

北极理事会是处理北极问题的主要政府间论坛。挪威担任北极理事会主席国的总体目标是促进稳定和建设性合作。挪威将专注北极理事会的核心问

[①] 本文编译于 "Norway's Chairship of the Arctic Council 2023-2025"。

题，包括气候变化的影响、可持续发展以及努力提高该地区居民的福祉。

挪威将继续支持北极理事会 6 个工作组及其专家组正在进行的活动和项目。挪威的国家优先事项基于 2021 年在雷克雅未克通过的第一份北极理事会战略计划（Arctic Council Strategic Plan）。挪威将立足 4 个优先议题：海洋、气候与环境、可持续经济发展以及北极人民，继续秉持理事会采取的长期方法，致力于确保一个充满活力和可持续发展的北极地区。北极理事会战略计划的中期评估将在 2025 年进行。

北极地区每天都在变化，这些变化影响着该地区的未来发展。北极青年和土著居民是挪威主席国任期内的跨部门优先事项。挪威将寻求机会，让该地区的年轻人能影响并参与与北极理事会相关的各项工作。挪威还将加强与北极原住民组织的合作，强调原住民参与理事会、对理事会所有合作领域所作的宝贵贡献的重要性。

加强北极环境管理和人类活动管理的科学基础是北极理事会工作的基石。挪威将继续关注此项工作。同时，挪威将采取措施突出传统知识和本地知识的重要性，并力图将此类知识纳入理事会工作。

挪威主席国任期内的 4 个优先议题反映了挪威在北极地区以及挪威北极政策的长期优先事项。这些优先事项均基于知识和负责任且可持续管理的原则。

二、海洋

由于人类活动增加、气候迅速变化和海冰减少的综合影响，北极海洋环境承受着日益增加的压力。为了确保海洋的健康和富饶，增强北极海洋产业的可持续性，挪威将继续关注综合海洋管理。

挪威的未来工作将着眼于以下几个方面。

（1）开发海洋管理工具。挪威将进一步开展开发管理工具的北极合作，以更好地适应气候变化。挪威还将探索开发北极海洋数字环境地图集的可能性，以更好地综合并分析海洋环境数据。

（2）保护依赖冰的物种和生态系统。为了更好地保护依赖冰的物种和生态系统，挪威将采取更加积极、有效的措施，并在发展北极海洋保护区网络和其他有效的区域保护措施方面加强合作，以促进海洋生物多样性的保护。

（3）组织国际会议讨论以生态系统为基础的海洋管理。为了分享在北极地区以生态系统为基础的海洋管理措施实施的进展和经验，挪威将在其主席国任期内组织一次国际会议，探讨以生态系统为基础的海洋管理。

（4）发展北极观测系统。北极国家需要积累有关北极海域（包括北冰洋中部）的基础知识。持续支持海洋和极地研究对于发展基于充分知识的综合和科学管理方法至关重要。因此，挪威将优先发展北极观测系统，并采取措施促进更有效地共享观测和研究数据。

（5）采取行动应对海洋垃圾。挪威将继续与他国长期合作，应对海洋垃圾和塑料污染问题。在担任主席国期间，挪威将加强北极合作，共同应对海洋垃圾问题，并通过启动合作项目跟进 2021 年的"海洋垃圾区域行动计划"（Marine Litter Regional Action Plan）。

（6）加强北极地区应急准备和安全航运方面的合作。北冰洋的冰层日益消融，使得加强北极地区的紧急事态预防、准备和响应越来越重要。北极海洋活动的扩大增加了事故风险，可能对生命、健康和环境产生影响。北极地区的偏远及恶劣的天气条件增加了应急准备和搜救行动的困难。在担任主席国期间，挪威将加强北极地区在可持续航运和降低风险措施方面的合作，以应对北极地区日益增加的航运量。挪威将加强与北极海岸警卫队论坛的合作，该论坛在同一时期也将由挪威担任主席国。挪威将通过具体的倡议和行动进一步发展北极地区在航空和海上搜救、油污应对、海上放射性和核污染处理以及卫生准备方面的合作。此外，挪威还将考虑在主席国任期内举办北极紧急事态准备会议的可能性。

三、气候和环境

气候变化在北极地区尤其迅速。北极的变化会对全球产生影响，而气候变化显然是北极生物多样性面临的最严重的威胁。在全球范围内采取行动限制温室气体排放是保护北极环境的最重要的途径。同时，气候变化也为北极国家带来了巨大的共同挑战。必须通过获取最新的变化信息并采取措施限制其对环境和社会的不利影响来应对这些挑战。

在主席国任期内，挪威将重点关注气候变化对北极地区的影响，适应气候变化而改变管理制度的必要性，以及应对人类活动增加所带来的环境问题。共享的坚实知识基础对于应对所有这些挑战十分重要,北极合作对于找到良好的解决方案也具有至关重要的作用。

挪威的未来工作将着眼于以下几个方面。

（1）加强对北极气候和环境的了解。必须继续进行长期的知识累积工作,以深入了解北极地区的气候变化、污染和生物多样性,并努力使这些知识易于获取和使用。传统知识和本地知识是这一知识基础的重要组成部分。

（2）改善对研究数据的获取和使用。挪威将在任职主席国期间,进一步发展共同的数据政策和工具,改善对北极理事会数据的获取和使用。此外,挪威将通过更好地获取用户友好的地形数据,支持北极地区的监测、研究和决策过程。

（3）加强在北极生物多样性保护方面的合作。挪威将优先进行有关气候变化对北极生物多样性的影响分析,以改善对未来形势的共同认识并确定所需采取的措施。挪威希望为实施北极生物多样性保护措施而开展更紧密的合作铺平道路,这将对实现《生物多样性公约》下新的全球生物多样性框架目标起到重要作用。

（4）特别关注炭黑和甲烷。在担任主席国期间,挪威将特别关注炭黑（煤烟）和甲烷等短寿命气候污染物。未来几年,减少全球炭黑和甲烷的排放量有助于减缓北极地区 2030 年之前的升温速度,从而防止因融冰和冻土融化引起的全球气候变化加剧。

（5）支持国际气候行动。挪威将在气候变化相关的多边论坛中成为北极问题的坚定倡导者。挪威旨在通过北极理事会的工作,如支持《巴黎协定》和国际气候行动,提高人们对北极气候变化全球影响的认识。

四、可持续经济发展

在担任主席国期间,挪威将强调可持续经济发展是北极社会发展的重要基础。绿色转型、蓝色经济、可持续航运和北极食物系统将是挪威任期内的特别优先主题。

北极地区丰富的自然资源已经在支持经济发展和社区活力方面发挥了作用。同时,北极地区具有相当大的绿色转型下的经济发展潜力,因为北极拥有许多绿色转型所需的矿产储量。在北极地区,关键是要可持续利用资源,并确保资源的开发不以牺牲原住民和当地社区为代价,也不对生物多样性产生负面影响。这将是北极各国的重要责任。

挪威的未来工作着眼于以下几个方面。

（1）更新北方经济报告（Economy of the North Report）。为了促进北极地区的经济可持续性，包括社会可持续性，挪威将在报告中纳入可平衡各可持续发展目标以及确定各目标潜在协同效应的相关见解。加强经济、生计和环境等区域统计数据的开发，同时加强同原住民组织的合作，建立以自然为基础的生计和经济发展的知识基础——将是更新报告工作中的重要组成部分。

（2）支持新的行动，以获取在绿色转型过程中有关自然保护和传统土地使用的知识。在担任主席国期间，挪威将重点专注在绿色转型过程中（如在开发绿色能源、工业和交通基础设施时）的自然保护和传统土地使用。挪威将尤其支持能够产生新的知识和解决方案的行动，以保护和进一步发展土著居民的文化和生活方式。

（3）支持旨在促进北极航运绿色发展的行动。北极地区海洋活动的增长为北极发展和北极价值增长带来新的机遇，但同时，减少国际航运所引发的各种废物排放也将带来巨大的工作压力。挪威将支持减少北极航运环境影响的现有行动，并探索在北极建立绿色航运走廊的可能性，将其作为试点项目。

（4）提高对气候变化对北极食物系统影响的认识。北极自然资源的可持续管理是可持续经济发展的基础。与此同时，气候变化正在影响北极的生长季节和海洋生物资源。当地的饮食文化和原住民的传统知识对于发展可持续经济和适应气候变化至关重要。在担任主席国期间，挪威将加强对北极食品链和价值链的了解，特别关注食物系统。培养当地年轻人的专业知识是这项工作的重要组成部分。

（5）加强与北极经济理事会的合作。通过与北极经济理事会的密切合作，挪威将努力加强北极地区的经济合作，并促进北极产业最佳实践、新技术解决方案和标准的共享。

五、北极居民

全球气候变化正在以新的方式改变着北极地区居民的生计、生活模式和生活条件。通过担任北极理事会主席国，挪威将致力于发展具有韧性、多样性和包容性的北极社区，使其成为每个人都愿意居住的宜人之地。

挪威的未来工作着眼于以下几个方面。

（1）着重关注年轻人，并组织北极青年会议（Arctic Youth Conference）。挪威将积极发起并组织一次北极青年会议；将采取措施，让北极地区的年轻人更多地参与北极理事会的工作并制定北极理事会的议程；还将开展与北极社区的紧密合作，如与北极市长论坛（Arctic Mayors' Forum）的进一步合作。这些均至关重要。

（2）在北极地区继续推动性别平等与包容。在担任主席国期间，挪威将努力确保北极理事会继续开展性别、多样性和包容方面的长期工作。挪威将采取实际措施，跟进关于北极性别平等的最终报告中的建议。

（3）加强北极地区的公共卫生合作。气候变化对自然环境产生影响，进而影响公共卫生。因此，挪威将努力加强北极地区的公共卫生合作。

（4）调查气候变化对北极地区公共卫生的影响，并与其他北极国家合作，致力于建立一套北极人类生物库网络，以评估北极居民对环境污染物的暴露情况。与此同时，挪威将继续在北极地区生活条件、数字化健康解决方案、心理健康和健康应急方面开展合作。挪威将加强现有网络以及对北极地区健康和预防措施相关领域知识的共享。

（5）加强医疗应急准备。挪威还将寻求更紧密的北极合作，为发生重大事故时提供强有力的应急医疗准备，并通过应用传统知识和本地知识，加强北极社区在各类紧急情况下的准备和应对系统。

（6）加强北极文化领域的合作。文化和创意产业对于北极社区的凝聚力、价值创造和提升该地区的吸引力至关重要。然而，文化很少成为北极理事会的议程之一。因此，挪威将支持北极艺术峰会（Arctic Arts Summit），特别关注加强北极原住民网络和北极原住民艺术合作。随着时间的推移，该峰会已成为一个重要的平台，为北极社区文化提供了机遇与挑战，也为发展新的商业活动提供了基础。

（7）发展和更新北极文化遗产评估，扩大国际信息交流，了解气候变化对北极文化环境的加速影响。

欧盟更有力地参与建设和平、可持续与繁荣的北极：与欧洲议会、欧盟理事会、欧洲经济和社会委员会以及地区委员会的联合通讯[①]

发布时间：2021年10月

发布者：欧洲委员会

引　言

欧盟地处北极地区。欧盟作为地缘政治集团，在欧洲的北极地区和北极其他地区都有着战略利益和现时利益；欧盟在支持北极地区多边合作方面，在努力确保北极地区安全稳定、可持续发展、和平与繁荣方面，也有根本利益；欧盟是主要的经济参与者，需要对包括北极地区在内的全球可持续发展承担责任，也需要对包括土著人民在内的居民生计承担责任。欧盟通过其环境足迹以及对北极资源和产品的需求，对北极地区产生重大影响。

气候变化是北极地区面临的最广泛的威胁，已达到前所未有的危机节点[②]。北极地区对全球变暖特别敏感。在过去的50年中，平均而言，它的变暖速度是整个地球变暖速度的3倍。目前，北极海冰覆盖率至少是1850年以来的最低水平。据估计，2050年之前，至少有一年夏季最热时，北极几乎不会结冰；而且格陵兰岛上的冰盖正在收缩，北极地区永久冻土解冻范围也在不断增

---

① 本文编译于"A Stronger EU Engagement for a Peaceful, Sustainable and Prosperous Arctic"。

② 联合国政府间气候变化专门委员会发布的《2021年气候变化：自然科学基础》报告，由联合国政府间气候变化专门委员会第六次评估报告第一工作组撰写。

加。北极地区这些相互关联的变化导致全球海平面上升,干扰天气系统,并使得海岸受到侵蚀、生物多样性丧失和相关生态系统被破坏。海冰减少导致对阳光的反射减少(反照率效应降低),永久冻土解冻导致温室气体释放,这些都进一步加速了气候变化,可能引发气候系统超过临界点。环境恶化加剧带来的可怕后果会波及整个地球,并以多种方式深刻地影响着大自然和人类,其中一些影响方式才刚刚显现;土著人民受到的打击尤其严重,日益恶化的自然环境将破坏他们后代的发展前景。联合国政府间气候变化专门委员会最近发布报告,再次强调了立即采取果断行动的紧迫性[①]。

从现在开始的 10 年时间很关键,应对气候危机和生物多样性危机要么成功要么失败。欧盟是应对这些危机的全球引领者,在第 26 届联合国气候变化大会之前就通过了新的气候法和欧盟 2030 年"减碳 55％"一揽子计划[②]。这表明,欧盟准备在这方面充分发挥作用,承担起全球责任。鉴于北极地区变暖的巨大连锁反应,人类的气候行动对北极地区特别重要。根据《欧洲绿色协议》[③] 所做的立法提案以及通过科学、创新和区域投资来支持欧盟可持续发展的蓝色经济新方法[④] 都将成为欧盟投入北极地区工作的核心。

北极国家[⑤] 在应对其领土内的困难和机遇方面肩负着主要责任,然而,许多困难超出了国家边界和区域边界,需要通过区域合作或多边合作才能更有效地应对。在这方面,必须考虑欧盟作为欧洲北极地区的立法者角色。

人们对北极资源和北极通道兴趣浓厚,可能使该地区成为区域性竞争和地缘政治竞争的舞台,可能引发局势紧张,甚至可能威胁到欧盟利益。全球需求来自北极地区产品,这说明北极地区的发展不仅仅是当地政治力量和经济力量推动的。

上述挑战和机遇相互关联,其中许多挑战和机遇最好通过与北极地区国家、地方政府和当地社区协调,以密切合作的方式来应对。欧盟全面参与解决

---

① 同上。
② "减碳 55％"一揽子计划包括应用碳排放交易、增加可再生能源使用、提高能源使用效率、加快推广低排放运输模式、协调税收政策、采取防止碳泄漏措施、保护和发展天然碳吸的工具。
③ 欧盟委员会,第 2019/640 号。
④ 欧盟委员会,第 2021/240 号。
⑤ 加拿大、丹麦王国、芬兰、冰岛、挪威、俄罗斯、瑞典、美国。

北极事务是地缘政治的需要，欧盟行动必须基于自己的价值观和原则，包括法治、人权、可持续发展、性别平等、多样性和包容性，以及支持基于规则的多边主义[①]和尊重国际法，特别是尊重《联合国海洋法公约》。

目　标

根据先前《联合通讯》[②]规定的欧盟北极事务政策、2016年《欧盟外交与安全政策的全球战略》（"Global Strategy for the European Union's Foreign and Security Policy"）以及欧盟委员会的政治优先事项，欧盟将加强参与解决北极地区事务，方式如下。

（1）在不断变化的地缘政治格局中努力维持和平，进行有建设意义的对话与合作，在对外接触中提出北极地区问题、加强区域性合作、对新出现的安全挑战树立战略远见，旨在保持北极地区的安全与稳定。

（2）解决因为气候变化所产生的生态困境、社会困扰、经济困难和政治挑战；采取强有力的行动应对气候变化和环境恶化；通过环境立法、对炭黑排放和永久冻土解冻采取协调一致的行动，通过推动不开采石油、煤炭和天然气（包括在北极地区），使北极地区更具有环境修复能力。

（3）支持北极地区包容性发展和可持续发展，造福北极地区居民及其子孙后代，关注土著人民的需求、妇女的需求和年轻人的需求，在那里投资面向未来的蓝色经济，创造就业机会。

一、新地缘政治背景下和平与合作的地区

欧盟将增强自己的战略预见性，将北极事务纳入外交政策主流，并将相关工作建立在区域合作基础上。为了缓解对安全的担忧，欧盟将加强民防能力，扩大搜救合作、强化对永久冻土解冻的研究。

近年来，对北极地区感兴趣的国家明显增加，这可能将北极地区变成地缘

---

① 《联合通讯》，第2021/3号。

② 欧盟委员会，第2008/763号；《联合通讯》，第2012/19号和《联合通讯》，第2016/21号。体现《欧洲绿色协议》对外维度的欧盟《理事会关于气候和能源外交的结论》，2021年1月25日。

政治竞争的舞台，并损害欧盟的利益。随着各国对北极资源和北极海运线路的兴趣不断增加，北极许多地区的军事活动也迅速增加。欧盟致力于维护北极地区安全、稳定、繁荣和可持续发展，为此必须维持这里的低紧张度与多边和平合作。欧盟理事会在 2021 年 1 月关于气候和能源外交的结论中指出了环境问题和气候变化对安全和国防的重要性，认为有必要与伙伴国家和联合国体系等国际组织通过多边伙伴关系进行密切合作。

俄罗斯在其北极地区进行军事集结，似乎反映了其全球的战略定位和国内的优先事项，包括让基础设施具有军民两用功能。这除了导致安全挑战不断增加外，还可能使气候变化的后果进一步恶化。这种情况可能发生，部分原因是北部海岸线漫长，其他国家越来越容易到达，但这基本上不属于北极事务①。美国、挪威、英国、丹麦、加拿大和冰岛等许多国家正密切关注这些事态的发展，北大西洋公约组织也非常关注此事，以期回应俄罗斯在其北极水域和领空日益增强的自信。包括中国在内的其他参与国已经增加了活动，人们对那里的关键基础设施所有权、海底电缆建设、全球航运、网络空间和虚假情报等领域的兴趣也日益浓厚。

越来越多的国家（组织）申请北极理事会的观察员地位，这反映了新的地缘政治环境。欧盟为了进一步强化参与北极理事会工作组的工作和专家组的工作，再次申请正式观察员地位；欧盟根据 2011 年 5 月② 在瑞典基律纳市发表的北极理事会宣言，将继续为北极理事会的工作作出贡献；欧盟将酌情与其他观察员国（组织）进行合作，包括与欧盟成员国进行合作。

1. 增长战略远见

欧盟正在密切关注北极地区的安全动态，在某些方面甚至非常关切。北极地区安全由环境因素、经济因素和政治军事因素组成，不能孤立地看待其中任何一个因素。气候变化和融冰正在推动形成更大的地缘政治利益，非常可能增加战略竞争；欧盟将根据 2021 年《战略前瞻报告》③（"Strategic Foresight Report"）的各个行动领域，增强战略前瞻能力，以便更好地了解北极地区因为

---

① 参考《联合通讯》中的欧盟与俄罗斯关系，第 2021/20 号。

② 北极理事会秘书处《基律纳宣言》，瑞典基律纳市，2013 年 5 月 15 日。

③ 欧盟委员会（2021）750 最终提案（2021.8.9）：2021 年《战略前瞻报告——欧盟的能力和行动自由》。

气候变化而带来的安全提示及其对全球安全环境的影响;欧盟将与美国、加拿大、挪威和冰岛等合作伙伴国共同努力,还将与北约在战略预见方面进行合作,着眼于研究气候变化带来的中长期安全影响,共同研究,共享数据,这也是与北约就气候变化问题、安全问题等许多方面正在进行交流的一部分内容。

随着北极地区的经济活动和军事活动不断增加,欧盟卫星中心会提供安全地理空间分析,支持欧盟监测北极地区安全局势的工作,从而启用建立信任的措施,以防止不可测事件和加强北极地区的稳定。伽利略卫星导航系统不仅可以提供搜索和救援信息服务,还可以提供与安全相关的信息服务。伽利略公共监管服务将确保其授权用户在北极地区不受限制和不间断地获得强大的导航服务,从而增强授权用户在北极地区的运营安全。

2. 欧盟的北极政策建立在欧盟共同支持政策的基础上

欧盟的北极政策建立在《联合国海洋法公约》原则之上,建立在联合国《2030 年可持续发展目标议程》原则之上,建立在所参与的北极理事会工作和巴伦支欧洲－北极理事会工作之上,也建立在多方达成的"北方维度"政策框架之上。

重点 1:欧盟和"北方维度"政策

"北方维度"政策是欧盟、俄罗斯、挪威和冰岛的共同政策。其中有 4 个维度的伙伴关系安排,它们是环境维度(包括核安全)、公共卫生和社会福利维度、运输和物流维度和文化维度。

"北方维度"政策中的"北方政策环境维度伙伴关系"旨在改善波罗的海排水区废水处理的情况,并解决炭黑排放问题。有关的"北方政策环境维度伙伴关系"项目通过欧洲复兴开发银行管理的"北方政策环境维度伙伴关系支持基金"(总计 3.5 亿欧元)实施,该基金已延长至 2027 年。"北方政策环境维度伙伴关系"项目的核窗口是一种多边融资机制,旨在解决俄罗斯西北部涉及苏联时代留下的核遗产风险。巴伦支海地区有世界上最大的乏核燃料和放射性废物堆积区之一。2002 年以来,捐助者已向上述核窗口提供了 1.663 亿欧元,欧盟则为环境窗口提供了 4 400 万欧元,为核窗口提供了 4 000 万欧元。"北方政策环境维度伙伴关系"项目极大地改善了波罗的海的环境条件,并降低了北极水域放射性污染的风险。

欧盟建构了强大的北极研究国际网络,这是外交工具 ① 。该网络包括与加拿大、俄罗斯和美国达成的双边《科技合作协议》("Science and Technology Cooperation Agreements")。2016 年以来,欧盟一直通过北极科学部长级会议支持科学外交 ② 。欧盟已经动员起全大西洋研究联盟加强北极研究,还将致力于建立一个研究范围涵盖北极和南极的全大西洋研究联盟。欧盟将把北极事务纳入与北极地区对话的主要内容,以及与其他参与者对话的主要内容。这些参与者包括美国、加拿大、挪威、冰岛、俄罗斯、中国、日本、韩国和印度以及地区性组织。欧盟还在欧洲对外行动局内设立北极事务特使一职,使欧盟有了发展北极外交的聚焦点。

欧盟与格陵兰岛和法罗群岛有着重要的纽带关系,这两个地方是丹麦王国的一部分,都在寻求与欧盟建立更密切的关系。为了进一步巩固和发展欧盟委员会与格陵兰岛之间的长期合作关系,欧盟委员会将在格陵兰岛的努克镇设立一个办事处。该办事处将确保欧盟对格陵兰岛的支持,并进一步加强和深化欧盟委员会与格陵兰岛政府之间的伙伴关系,包括通过北极事务特使的密切配合在共同利益领域开展合作和对话。

重点 2:格陵兰岛

格陵兰岛根据《海外联合决定》与欧盟进行了内容广泛的政治和政策对话,获得了进入欧盟市场的优惠贸易安排,成为海外国家和领土中人均获得欧盟支持最多的国家之一(2021—2027 年,支持总额预计将达到 2.25 亿欧元)。这有助于格陵兰岛的可持续发展和经济多元化。迄今为止,与欧盟的长期合作都特别有助于加强格陵兰岛的教育系统并增加格陵兰岛人的学习机会,因为知识和技能对格陵兰岛的社会经济发展至关重要。2021 年续签的《欧盟－格陵兰岛可持续渔业伙伴关系协议》是双方长期合作的重要里程碑,能够促进海洋资源的可持续利用。欧盟正在寻求深化和扩大与格陵兰岛的伙伴关系,包括在绿色经济增长相关问题方面有可能进行的合作。欧盟在格陵兰岛永久存在会是一

① 欧盟研究与创新方案为国际合作提供了独特的基础,8 个北极国家中有 5 个是欧盟成员国(芬兰、瑞典、丹麦王国或联系国、挪威、冰岛)。法罗群岛是丹麦王国的一部分,具有特定的地位,以联系国的身份参与活动。

② 北极科学部长级会议是政府间活动的项目,参与国都对北极研究感兴趣,每半年举行一次会议。

个强有力的信号,说明欧盟在加强双方的伙伴关系,也引起世界对欧盟维护北极
地区实地行动的关注,有关行动包括在格陵兰岛领土上设立欧盟委员会办事处等。

3. 在北极地区开展民事保护、民事安全和安全挑战等方面的合作

人们对北极的科学、资源、基础设施、运输和旅游业等方面越来越感兴趣,
这就需要加强安全和安保系统,如利用卫星收集有关环境、天气、冰、生物、航
运和空中交通等方面的数据,并改善通信。由于气候变化的影响,野火和洪水
在北极地区变得越来越普遍,北极理事会目前正在监测这些情况的动态[1],因
此,北极地区对应急能力的需求越来越大。

欧盟在应对环境灾害危机方面的经验和使用的工具,对欧洲的北极地区
和其他地区均非常有用。欧盟将通过欧盟民事保护机制[2]及其紧急响应协调
中心与主要伙伴开展合作。实际上,欧盟民事保护机制已经通过丹麦、芬兰、瑞
典、冰岛和挪威用于北极地区,预计与其他北极国家的类似合作也会进行,如通
过北极理事会的突发事件预防和准备,与反应工作组展开合作。

欧盟的哥白尼应急管理服务机制已经在灾难发生之前和刚发生之后提供
了监测、早期预警和绘制地图的服务;欧盟的全球灾害警报和协调系统[3]将进
一步完善重大突发灾害后的警报和协调服务;欧盟将提高哥白尼海洋环境监测
中心的能力以及欧洲海洋观测和数据网络的能力,以便更好地预测极端天气事
件的影响,特别关注北极地区。未来的伽利略紧急警报服务将直接到达现场
并向面临灾难威胁的人群(特别是身处偏远地区、地面网络连接未覆盖的人
群)发出预警通知。

及时有效的搜救行动在北极地区非常重要,因为那里的气候恶劣、天气不
可预测,且距离遥远。伽利略搜救系统显著减少了海上救人所需时间,其新的
伽利略返回链接服务为水手和飞行员在恶劣环境中操作提供了新的功能。目

---

① 红十字与红新月会国际联合会编写的《2020年世界灾害报告》中指出,在过去10年里
所有自然灾害引发的灾难中,83%的灾难是由极端天气和与气候相关的事件引起的,如
洪水、风暴和热浪。

② 欧盟的"欧盟民事保护机制"加强了欧盟成员国与66个参与国(包括冰岛和挪威)在民
事保护方面的合作。

③ 全球灾害警报和协调系统是联合国、欧盟委员会和世界各地灾害管理人员之间的合作框
架,目的是在地球上任何地方发生重大突发灾害后,第一阶段改进警报、信息交换和协调
工作。

前,只有伽利略系统在全球范围的服务是免费的。

欧盟将进一步开展海上搜救工作,还会更多地利用欧盟卫星系统和欧盟机构提供的服务。根据欧盟海上安全战略性动计划①,欧盟将促进各海岸警卫队之间的合作,特别要通过北极海岸警卫队论坛进行合作。为了提升在北极地区航行的船舶的安全性,欧盟支持国际海事组织针对北极海区渔船和休闲船发布了安全指南,并制定了关于航程计划和航行过程的强制性措施(见国际海事组织的《极地水域船舶航行安全规则Ⅱ》)。

重点3：解冻中的永久冻土

永久冻土解冻及伴生的天然气水合物会对北极地区环境构成明显威胁,也对居住在那里的人们构成明显威胁,这些危险后果会对北极以外的地区产生广泛的影响,迫切需要处理。

(1)气候变化:永久冻土解冻所释放的温室气体很危险,有可能导致北极和其他地区发生不可逆转的环境变化。欧盟将利用卫星观测、飞机测量、船舶测量和地面站的测量,提高人们对这一变化过程的了解。

(2)基础设施:永久冻土解冻会削弱基础设施的坚固程度并增加对海岸的侵蚀,北极地区有超过70%的基础设施和45%的采油场建在永久冻土之上。可能采取的应对措施包括开发局部冷冻并保持地表稳定的设备和方法、提供有关永久冻土地区沉降和侵蚀的卫星数据,以及制定更严格的建筑标准。

(3)健康方面:各国卫生当局将对人类、动物和植物的健康风险进行监测和评估。这些风险来自各种病原体,如炭疽病原体、永久冻土中所含汞等污染物病原体、受损污水管道中的病原体,以及因为物种迁移和人类活动等传播进入永久冻土地区的病原体。

欧盟需要进一步研究制定适应环境和缓解危害的措施,提高人们认知这些危害对北极社区和可持续发展的影响,为此,欧盟已经通过努纳塔留克(Nunataryuk)北极环保项目中的"地平线2020"(Horizon 2020)分项目对这些工作进行支持。"系统中的泛北极观测系统:根据社会需要实施观测"项目将以此为基础,使用哥白尼卫星观测、原位观测、土著群体提供的数据,来监测和预测永久冻土的解冻过程,并绘制永久冻土的参数图。

---

① 欧盟《海事安全战略》及其实施的《行动计划》于2014年6月24日和12月16日通过。

这些工作的一个关键目标是，在为永久冻土地区创建数据库和提供服务方面，欧盟需要与北极国家（特别是俄罗斯）进行更密切的合作，以改善环境和健康安全，并制定缓解灾难的措施；还需要更好地了解气候变化，了解永久冻土解冻，了解潜在的新、老流行性病原体释放之间可能存在的联系。欧盟可以建立一个监测系统，用以检测这些病原体。这个系统作为公共卫生领域中"北方维度"伙伴关系的一部分，用于在北极地区进行建模和预警。

欧盟卫生应急准备和反应管理局将在预测未来健康威胁方面发挥关键作用，这些威胁包括封存在永久冻土中但可能被重新激活的解冻细菌。在未来可能发生的卫生紧急情况中，欧盟卫生应急准备和反应管理局将加强欧洲卫生安全架构以应对威胁，并参与欧洲疾病预防和控制中心等机构的工作。

欧盟准备做到以下几个方面。

（1）与伙伴国家和北约组织合作，加强对北极地区安全风险的战略预判，特别是对与气候变化相关风险的战略预判。

（2）在格陵兰岛的努克镇设立欧盟委员会办事处，以便加强和提升欧盟与格陵兰岛的合作关系。

（3）进一步参与所有北极理事会相关工作组的工作。

（4）推动南北极全大西洋研究联盟的工作。

（5）帮助改善海上搜救工作条件，更多地利用欧盟卫星系统，进一步开展各海岸警卫队之间的合作，特别是在北极海岸警卫队论坛中的合作。

（6）通过欧盟民事保护机制，与主要合作伙伴和区域性论坛进行合作，以便在北极地区加强民事保护方面的应对能力和合作关系。

（7）促进关于永久冻土解冻所产生的长期影响的研究和数据收集，以评估这种情况可能给社区、人民健康和可持续发展带来的影响，并制定缓解灾害的措施。

（8）利用欧盟卫生应急准备和反应管理局预测未来在北极地区发生的健康威胁，包括已封存在永久冻土中的细菌在冻土解冻时可能重新被激活。

二、要使北极地区更能抵御气候变化和环境恶化

欧盟承认并将继续评估自身对北极地区的影响[①]，旨在与各国政府、各区

---

① 引自《欧盟在北极的行动及其影响概述》，此为"欧盟伙伴关系机制"项目资助的研究报告。

域当局、各地方当局以及各北极社区等进行密切合作，以协调的方式应对气候变化和环境恶化带来的影响。欧盟将对影响北极地区的空气、陆地和海上主要污染源采取行动，如对塑料等海洋垃圾、炭黑、化学品、运输碳排放采取行动，也要对不可持续地开发自然资源的行为采取行动。

1. 气候变化和生物多样性：同一枚硬币的两个面

气候变化和生物多样性相伴相依。欧盟是《联合国气候变化框架公约》（"United Nations Framework Convention on Climate Change"）谈判的主导力量，也是《联合国生物多样性公约》谈判的主导力量；欧盟最近通过了一项气候法，设定到2050年实现气候中和目标，并增强对气候变化的抵御能力以及降低应对气候变化的脆弱性，所提议的"减碳55%"一揽子计划旨在让欧盟的气候政策、能源政策、土地使用政策、运输政策和税收政策能够促使温室气体净排放量到2030年至少减去55%，并将促使这一揽子计划转化为全面的政策和承诺，造福北极地区；欧盟还支持到2030年保护30%陆地和30%海洋的全球"30×30"目标，其措施是建立海洋保护区和其他有效保护措施所组成的网络；欧盟还大力支持《联合国海洋法公约》之《国家管辖范围以外区域海洋生物多样性》实施协议，该实施协议是关于国家管辖范围以外海洋区域生物多样性保护和可持续利用的内容。

保护和可持续利用北极海洋生物资源（包括鱼类种群）极为重要。欧盟是《预防中北冰洋不管制公海渔业协定》的缔约方[①]。

重点4：推动《预防中北冰洋不管制公海渔业协定》取得成功

对于北极地区而言，《预防中北冰洋不管制公海渔业协定》的生效是一项成功的国际合作案例。该协议要在北冰洋中部未来渔场应用预防方法和科学方法来保护海洋生态系统。欧盟在该协议生效前的谈判和准备工作中作出了重要贡献；欧盟将支持该协议得到迅速实施，包括制订联合科学计划、为探索性捕捞制定保护措施和管理措施，以及进行必要的制度安排；欧盟还将对北冰洋中部情况进行研究，作为其对联合科学计划贡献的一部分。

为了保护北极地区，欧盟还支持在北冰洋划定海洋保护区，支持《保护东

---

① 关于代表欧盟达成《预防中北冰洋不管制公海渔业协定》的2019年3月4日《理事会决定》（欧盟）第2019/407号。

北大西洋海洋环境公约》。

欧盟与欧洲航天局合作进行的"地球系统科学倡议"对于人们了解气候变化非常重要。哥白尼计划运营着一个专注于北冰洋的监测和预报中心。该中心专门从事海冰观测和监测,欧盟将进一步扩大哥白尼计划在北极地区展开的服务,并通过"地平线 2020"计划中的"系统中的泛北极观测系统:根据社会需要实施观测"等子项目使用所收集的知识和数据;欧盟将探索建立哥白尼北极专题中心,以一站式服务的形式从内陆和海上提供监测极地动态的所有相关服务。

2. 解决塑料等海洋垃圾污染问题

到 2030 年[①],欧盟减少塑料垃圾和微塑料的目标分别为下降 50％和 30％。因此,欧盟正在寻求达成一项《全球塑料协议》("Global Plastics Agreement")来对抗塑料污染,方法是以利用循环经济和缩减塑料生命周期;此外,欧盟将通过关于空气、水和土壤《零污染行动计划》("Zero Pollution Action Plan"),在全球范围内推动无毒环境;欧盟正积极参与北极理事会的相关工作,也积极参与《保护东北大西洋海洋环境公约》组织的工作(该组织专门处理塑料等海洋垃圾)。

3. 促进公众对北极地区减少炭黑排放的响应

减少影响在北极地区的炭黑排放仍然是一项艰巨挑战。炭黑是一种短寿命气候污染物,在空气中飘浮并使高反射物质表面变暗和吸收太阳辐射,从而导致区域性气候变得很热;它也是一种对人健康有害的空气污染物。欧盟大约要对北极地区炭黑沉降的 36％负责,炭黑沉降物导致大气、陆地和冰面变暖。因此,欧盟推动一项综合政策来应对这一挑战。

重点 5:炭黑

欧盟支持北极理事会的指标性目标,即"截至 2025 年,北极地区炭黑排放量比 2013 年减少 33％,并争取促使北极理事会实现"这一目标。

欧盟鼓励所有北极国家确保其北极的社区使用可再生能源,减少使用柴油发电和减少炭黑排放。

---

① 欧盟委员会,第 2021/400 号。

欧盟将在北极理事会的工作基础上,通过与美国、加拿大等国多边合作的方式寻求减少炭黑排放,这与最近展开的零污染行动计划中所宣布的行动一致。

欧盟还将促进合作限制炭火燃烧(森林燃烧和泥炭燃烧)所产生的炭黑,特别建议北极国家和其他国家考虑建立并共享针对森林的空中灭火手段和陆地灭火手段。这个建议可以通过区域性合作建立共享机制来实现,如建立联邦民事保护机制。

欧盟将继续以之前接受资助的"合伙契约"行动为基础,严格按照北极理事会关于炭黑的《北极监测和评估方案》展开工作,"北方政策环境维度伙伴关系"还将支持俄罗斯境内的炭黑项目。一个重要的步骤是建立测量站网络。

欧盟委员会将进一步探索减少炭黑排放的路径,这是"截至 2025 年,对'国家减排承诺指令(欧盟)2016/2284'审查"的一部分。

哥白尼全球野火信息系统将监测北极火灾及其炭黑排放的影响,北极地区炭黑排放在过去几年中一直急剧增长。

欧盟将继续加强哥白尼大气监测服务机构提供全球炭黑气溶胶值预测的能力。

4. 支持北极地区开发可再生能源的潜力

北极地区拥有巨大的可再生能源潜力(如地热、风能、绿色氢能和水能),清洁能源技术的发展符合北极地区的利益,也符合欧盟的利益。为此,欧盟将加强北极地区在清洁能源方面的合作,增加在该领域的交流,探索清洁能源供应和能源转型的方式。

5. 遏制化学污染

为实现环境中零化学污染所进行的当地的、区域性的和多边的工作均有助于减少北极地区污染。欧盟可能要对北极圈以北 6%～8% 的沉淀汞负责[1],故支持根据《关于汞的水俣公约》采取强有力的行动,进一步遏制汞污染。 即将修订的《汞条例》[2]("Mercury Regulation")也有助于实现遏制汞污染目标。

6. 降低海上运输带来的碳排放和环境足迹

欧盟要对北极海上运输所产生的 31% 二氧化碳排放和 16.5% 炭黑排放负

---

[1] 《经济政策和区域发展》报告,第 60 页。

[2] 法规(欧盟),第 2017/852 号。

责①。《可持续智能交通战略》②（"Sustainable and Smart Mobility Strategy"）根据
《欧洲绿色协议》规划了欧洲交通系统向绿色和数字化转型的路径，允许北极
人口稀少的地区维持现状，但要变得更加容易复原。

欧盟将根据《欧洲绿色协议》目标和"减碳55％"一揽子计划③，引领北
冰洋零排放和零污染航运的发展。欧盟认可国际海事组织最近通过的北极航
运重燃油禁令，并将推动该禁令得到快速全面的实施。欧盟及其成员国将在国
际海事组织层面和在欧盟层面促进北极航运的碳减排更快、更多、更高效。

7. 为实现气候中和而确保实施可持续和负责任的矿产品采掘和矿产品加工

欧盟消耗全球20％的矿产品，却仅生产了这些矿产品中的3％④，许多关
键矿物要依赖少数或单一来源国。例如，中国提供了98％的稀土元素资源和
93％的镁资源。8个北极国家有可能成为关键原材料和其他原材料的重要供
应商，欧洲的北极地区已经有些重要的矿物开采活动，如瑞典计划到2035年以
碳中和的方式生产铁矿石。这样的活动可能成为创造本地增值产品和中下游
产业的重要经济驱动力，从而促进经济增长和就业增加。

欧盟除了支持区域管理和落实循环经济倡议，还将推动对环境、经济和社
会的评估，以最优方式进行采矿、废物管理和事故响应。欧盟的《关键原材料
行动计划》⑤（"Action Plan on Critical Raw Materials"）旨在确保欧盟关键工业原
材料的可持续供应和安全供应，同时充分尊重和参与当地土著社区的管理。欧
盟关于可持续原材料供应的原则强调全面环境管理和生物多样性保护的重要
性、促进有效利用能源、支持减缓气候变化带来的危害和适应气候变化、帮助提
高土著人民面对气候变化影响的复原韧性。该原则呼吁安全使用和回收再利
用资源，如从采矿废料和加工废料中处理和回收原料，以提高资源使用率，甚至
循环使用二手资源，以提高资源循环使用率。该原则还涉及社会方面的内容，
如尊重人权、当地文化、习俗和价值观，以及与当地社区进行透明、积极、具有

---

① 《经济政策和区域发展》报告，第94页。

② 欧盟委员会，第2020/789号。

③ 欧盟委员会，第2021/551号；欧盟委员会，第2021/559号；欧盟委员会，第2021/562号。

④ 欧盟＋英国，《经济政策和区域发展》报告，第114页。

⑤ 欧盟委员会，第2020/474号。

建设性的对话。

可持续的原材料开采和加工、建立具有韧性的欧盟价值链,将有助于北极地区通过创新和循环来实现可持续经济发展,确保当地人民在工作中健康安全,并创造面向未来的体面工作的机会。在实现更加清洁和更加可持续的采掘矿物和加工矿物的同时,清洁的绿色技术能够使帮助当地和欧盟更多地吸纳二手原材料。在北极地区增加对原材料的循环利用,逐步淘汰现在的线性原材料利用模式,并最大限度地减少采掘业对环境的不良影响,这很有必要。鉴于北极地区独特的原始特征及其对气候变化的高度敏感性,欧盟将支持全球合作伙伴制定最高标准,以减少开采原材料过程和加工原材料过程对环境的影响,这些内容符合欧盟的《行动计划》。为此,《欧洲地平线》科研资助框架下的原材料研究和创新主题项目都将涵盖环境友好和原材料可持续利用的内容。这些内容与生物多样性保护、循环再利用以及为监测环境应用"地球观测"技术等相一致。

其他一些国家在保护地球环境的同时,已经迅速采取行动,确保资源供应。获得足够的资源是欧盟保持战略开放自主的关键。欧盟也必须将外地采购源多样化,以满足不断增长的资源需求。欧盟正在与加拿大等资源丰富的国家发展战略合作伙伴关系,将各自价值链整合得更加紧密,并将在研究创新方面进行合作,在理想的环境、社会和治理标准方面保持协调,以换取清洁、合乎道德的原材料来源。

欧盟也输入北极地区开采的石油和天然气[1],但致力于通过实施《欧洲绿色协议》来实现《巴黎协定》所设立的目标。欧盟在部分暂停勘探北极地区碳氢化合物[2]的基础上,致力于确保石油、煤炭和天然气存留在包括北极地区的地下。这么做的一个重要考虑因素是由于普遍存在的恶劣天气条件,当出现工业事故或海上事故时,进行救助以及响应和清理污染等特别困难。

因此,欧盟委员会应与合作伙伴共同履行多边法律义务,不允许在北极或邻近地区进一步开发碳氢化合物矿藏,即便那里的碳氢化合物已被开采出来,也不得从那里购买。

---

① 欧盟进口了俄罗斯北极地区生产的87％液化天然气,《经济政策和区域发展》报告,第104页。

② 在美国、加拿大和格陵兰的部分地区。

8.加强北极海洋治理

北冰洋和邻近的亚北极海洋是气候变化引起全球性环境反应的中心,北冰洋最明显的变化是夏季海冰消退,一些气候研究模型预测:未来10年内北冰洋会出现无冰夏季。温度变化会影响洋流,包括墨西哥湾流。海水酸化和温度带快速变化都将对北极海洋和沿海生态系统产生显著影响,而这些影响可能是灾难性的。

《联合国海洋法公约》提供了管理北冰洋的工作框架,内容包括和平解决争端。欧盟将为加强国际海洋管理作出贡献,并将支持合作伙伴确保海洋清洁、健康和可持续管理 [①]。

欧盟将继续与该地区合作伙伴通过渔业协议等发展可持续的伙伴关系,如冰岛、挪威、英国、格陵兰岛和法罗群岛。管理斯瓦尔巴群岛及其水域的国际法律制度必须得到充分的尊重,欧盟保护海洋生物资源的专属权限代表了22个欧盟成员国的意志。这些国家是1920年《关于斯匹茨卑尔根(斯瓦尔巴群岛)巴黎条约》("Treaty of Parison Spitzbergen (Svalbard)")的签约方。

欧盟将加强哥白尼海洋环境监测中心的力量,以满足监测北冰洋环境的特殊需求。

欧盟准备做到以下几个方面。

(1)在欧洲的北极地区推动形成可持续的和负责任的解决方案,以便开采支持绿色转型所需要的关键矿物资源,并寻求与资源丰富的第三国建立战略伙伴关系。

(2)与全球合作伙伴一起推动制定最高标准,以减少开采矿物过程和加工矿产品过程对环境产生的影响。

(3)在北极地区部分暂停碳氢化合物勘探的基础上,推动石油、煤炭和天然气存留在北极等地区的地下。

(4)支持并促成北极理事会指标性目标,即"截至2025年,北极地区炭黑排放量比2013年减少33%"。

(5)为达成各方完全认同的《国家管辖范围以外区域海洋生物多样性》协议进行谈判,并促成落实《预防中北冰洋不管制公海渔业协定》。

---

① 《联合通讯》,第2016/49号,转型。

（6）支持划定北冰洋海洋保护区。

（7）通过提高哥白尼海洋环境监测中心的能力和欧洲海洋观测和数据网络的能力，促进地球观测、海洋观测、灾害预报和气候预测，以更好地预测全球变暖和极端天气事件带来的影响。

（8）支持哥白尼北极专题中心从内陆和海上一站式提供监测极地的所有相关服务，这项服务是可能实现的。

（9）资助相关研究，增进人们对北大西洋塑料垃圾长途转移和空中微塑料传播的了解。

（10）引领北冰洋航运零碳排放和零污染。

（11）促进北极船运减排更迅速、更多、更好。

三、激发创新性绿色、蓝色和数字化转型

通过实施《欧洲绿色协议》，包括可持续蓝色经济发展新方法和在国际层面优先推进此协议，欧盟力求缓解和适应气候变化以及从气候变化相关问题中恢复，并提供欧洲解决方案，以确保绿色和蓝色转型的步伐稳健。

1. 提升科学, 促进研究, 展开创新, 造福北极

科学技术和研究创新是欧盟北极政策和北极行动的核心。欧盟推动科学和创新方法[1] 是在以身作则，率先垂范，在寻求绿色、数字、健康和创新方案的合作中促进多边主义、开放和互惠，同时促进公平和包容性转型。2014—2020年，欧盟在"地平线 2020"计划与北极相关的研究中投资了约 2 亿欧元，并将通过"欧洲地平线"科研资助框架（2021—2027 年）[2] 支持北极科学。

卫星、大数据、人工智能和先进建模方式等创新技术可能改变北极经济。这些新技术可以使航运、渔业和旅游等部门提高可持续性发展和循环利用资源的水平，而蓝色技术、海上可再生能源、氢能源和海上安全等新兴部门也依赖创新和技术。

---

[1] 欧盟委员会，第 2021/252 号。

[2] "欧洲地平线"科研资助框架下包含 3 项新举措，这些举措有助于在未来 10 年里提升北极地区研究的社会影响，内容包括健康海洋、健康沿海和健康内陆水域的使命；适应气候变化的使命，包括社会转型；为了气候中和、可持续发展和有成效的蓝色经济而共同投资的伙伴关系。

"地平线 2020"计划中的欧盟－北极网络项目 II（2020—2023 年）是欧盟－北极网络项目 I（2015—2019 年）的继续,内容关于"协调和共同设计欧洲北极研究区"。该项目将加强欧洲的北极研究社团。

"地平线 2020"计划资助的大多数北极项目都与当地人民或与土著人民合作,当地人民或土著人民拥有独特的北极生态系统历史知识和本土知识。这方面的进一步工作将通过欧盟－北极网络项目 II 下的专门研讨会和全大西洋研究联盟展开。

重点 6:欧盟－北极网络项目

欧盟－北极网络项目协调欧盟－北极集群,这个集群包括欧洲极地委员会、斯瓦尔巴群岛北极综合地球观测系统和 21 个欧盟资助的北极项目。这些项目的调研内容包括北极生物多样性的驱动因素和变化、北极海岸系统的转变、冰盖和海平面上升预测、北极的适应性和可持续发展以及北极标准化方面的能力建设。

"玛丽·斯沃德斯卡－居里行动"（Marie Skłodowska-Curie Actions）项目为培训青年职业研究人员提供资助,为包括北极地区在内的研究人员流动提供资助,也为研究人员职业生涯的所有阶段提供资助。几个正在进行的"地平线 2020"资助项目一直在与青年极地职业科学家协会密切合作,为青年科学家提供培训方案。

2. 优先考虑生活在北极的人们

由于不断加速的气候变化压力和社会经济压力,预计北极地区会越来越多地受到人口变化过程和移民迁徙过程的影响。虽然未来北极人口总数预计保持相对稳定,但北极不同地区之间的人口增长率和人口迁移过程估计会有很大差异。欧盟将对生活在北极地区人民的未来进行投资,发展更好的教育,实现经济可持续增长,增加就业机会,让年轻人、妇女和土著人民更多地参与对北极事务的决策,这些事务包括创新和研究、创造就业、数字技能和教育等。

人是可持续发展和韧性社会的关键。北极各地区在种族、社会管理、经济、人口、移民方式和社会现实等方面各不相同,可持续发展方式需要包容性对话、多样性和人们有意义地参与各层级决策。

"北极利益相关者论坛"和"土著人民的对话"现已成为欧盟北极政策的

组成部分。欧盟定期与北极经济理事会等商业团体、与北极市长论坛等市政当局组织代表，以及与"北部人口稀少地区"等整个北极地区代表进行讨论，还与萨米理事会保持定期联系。

新冠病毒疫情大流行提升了人们了解北极气候变化影响带来健康威胁的认知需要。

重点 7：健康和复原能力

欧盟将与世界卫生组织和受影响最严重的北极地区政府合作开展专门项目，以加强和分享的知识和最佳实践。这些知识和实践与疾病暴发、自然灾害有关，也与因为气候变化、环境恶化产生对野生动植物及人类的威胁有关；欧盟将支持由北极理事会"可持续发展"工作组管理的"一个北极，共同健康"项目的工作；北极理事会特别关注土著人民的生存状况。

欧盟的凝聚政策计划，尤其是欧盟区域间跨界合作北部边缘与北极（Northern Periphery and Arctic）计划，为萨米和因纽特人的文化、生计和创业提供了支持。该计划为跨境人员相互接触提供了操作框架，这一操作框架根据北极具体特点而设定，包括与合作伙伴的合作等；《新冠病毒疫情大流行响应项目》（包括俄罗斯）就是在北部边缘与北极计划中健康信息电子记录方面长期成果基础上展开的。

《联合国土著人民权利宣言》是欧盟人权政策的重要内容，欧盟将根据国际劳工组织第 169 号公约促进北极土著人民的权利和自由，并鼓励与北极土著人民进行充分的协商与合作，同时，谨记"自主同意、事先同意和知情同意"的原则，然后，通过和实施可能直接影响他们生存的工作措施。

欧盟将在向公众咨询北极政策意见期间与跨境青年人保持已有的密切联系，并与北极地区青年代表建立定期的磋商关系。北极地区的青年组织参与了由"伊拉斯谟＋计划"（Erasmus＋Programme）资助的行动。该计划旨在开发各种项目和提供工作信息、培训信息、异地学习信息或其他成为积极公民机会的信息。冰岛和挪威与这个计划有着充分的联系。

没有性别平等，就不可能实现真正的可持续发展。欧盟对北极科学的承诺有助于人们更好地了解与气候变化、环境变化、移民模式和工业发展相关的性别不安全感和人不安全感；欧盟欢迎女性在萨米理事会领导层中占据重要地位，并根据北极理事会工作和欧盟核心原则，确保在制定适用于北极地区的政策时能听到妇女的声音；欧盟将在"邻国、发展和国际合作项目"下资助服务于北极地区青年和妇女的项目，并促成城市之间的多种合作。

3. 促进北极地区的可持续发展

欧盟北极政策旨在刺激创新性绿色转型，在这种转型中的创新领域，北极地区可以创造出面向未来的就业机会。这些领域包括绿色能源领域、氢能源领域、可持续采掘领域、电子学习领域、健康电子记录领域、互联和基础设施领域、可持续旅游领域、绿色技术领域、渔业领域和农业领域等。

欧盟给北极地区的专项资金从瑞典北部和芬兰东北部的"凝聚力和农村政策"计划中划拨，而"地区间"合作计划则需要法罗群岛、冰岛、格陵兰岛、挪威和俄罗斯的加入来扩大欧盟行动的范围。这些计划是欧盟引导北极地区发展的关键工具。欧洲"农村地区的长期愿景"倡议提出了欧洲人共同的期望，即建立更加强大、相互联系、繁荣韧性的农村地区，包括北极地区[1]。

2021—2027 年，欧盟的凝聚计划将专注于绿色转型和数字化转型，通过持续的智能专业化战略、创业资金以及针对北极青年的倡议等措施，为智能经济转型提供支持。芬兰北部地区和瑞典北部地区都有资格获得新设的"公平转型基金"，该基金旨在缓解向气候中和经济转型所带来的社会成本和经济成本。

重点 8：为北极地区设立的投资欧洲计划

投资欧洲计划由基金、欧洲咨询中心和门户网站组成，内容也适用于北极。欧洲投资银行集团（European Investment Bank Group）[2] 在实施投资欧洲计划过程中发挥着关键作用，其他计划执行合作伙伴包括国家推广银行或国际金融机构，如北欧投资银行；非欧盟国家可以通过向投资欧洲计划注入资金来建立联系。投资欧洲基金提供的欧盟预算担保估计能够调动 3 700 亿欧元的公私投资，为关键政策领域的项目提供资金。这些领域包括绿色转型和数字转型领域、研究和创新领域、欧洲卫生部门的新行动领域和战略技术领域等。

现有的欧盟计划和新的欧盟计划，如欧盟区域间跨界合作极光（Aurora）计划、北部边缘与北极计划、卡累利阿计划和科拉尔克季克（Kolarctic）合作计划，

---

① 欧盟委员会，第 2021/345 号。

② 包括欧洲投资银行和欧洲投资基金。

以及可以支持欧洲北极地区可持续发展的组织(欧洲投资银行集团)将通过专门在线投资和信息门户网站，让受益人更易看到相关信息。

智能专业化可以支持开发有助于绿色转型的创新技术和解决方案，帮助欧洲的北极地区受益于欧盟复苏计划的投资。该复苏计划强调能源效率、可持续能源和工业转型；此外，欧盟气候行动创新基金支持海洋环境低碳技术示范项目。

欧洲投资银行集团将支持北极地区的绿色能源发展，获得融资和投资的方式可以是开展各种项目，如通过提高资源使用效率来实施循环经济的项目、通过推进可持续生产过程来实施循环经济的项目，以及跨产品生命周期的其他循环经济项目。

4.连通北极地区

空间基础设施为地面连接基础设施有限地区的企业和社区提供基本服务。在北极地区缺乏全面陆地信息连通的情况下，欧盟将通过其天基安全连通的方法提供可靠实用的信息连通手段，以做到以下几个方面。

（1）政府安全通信和敏感数据、在恶劣的北极环境中保护关键基础设施、危机管理、远程医疗、海上和空域监视。

（2）用于 5G/6G 集成、物联网、健康电子记录、飞机上和海上连通，以及智能教育等方面的商业安全通信。

（3）高速宽带应用消除盲区，确保整个北极地区的凝聚和欧盟成员国的凝聚，并解决数字技术不平衡问题。这种支持甚至可以让人口稀少的北部地区充分发挥其单一市场的作用。

连接欧洲设施计划的数字技术部分将向北极地区开放，使得一系列项目有可能得到所提供的融资支持。这些项目包括"5G 跨境走廊"项目、"5G 智能社区"项目、"连接高性能计算机中心"项目、"欧洲云联盟"项目和"潜艇电缆系统"项目等。

吕勒奥港、凯米港、奥卢港、纳尔维克港和哈默费斯特港是跨欧洲运输网络(TEN-T)的港口，都是海陆运输的重要连接点。"欧洲'走廊'延长线"项目与"连接欧洲设施"(2021—2027 年)项目一起得到批准，目的是在陆地上(也可能通过北海航线)运输来自北极地区的货物。

欧盟准备做到以下几个方面。

（1）在"欧洲地平线"科研资助框架下投资北极研究,包括与北极地区本土知识拥有人进行合作研究。

（2）帮助人们了解与北极气候变化相关的健康威胁,有可能通过欧洲气候与健康观察站支持"一个北极,共同健康"项目。

（3）在欧洲的北极地区率先垂范,提出可持续解决方案,促进其他北极地区和世界其他气候条件恶劣的地区采用这些解决方案。

（4）推进关于北极地区气候变化对社会和人口影响的研究。

（5）让妇女、年轻人和土著人民更多地参与相关决策过程。

（6）通过欧盟太空计划和连接欧洲设施计划促进北极地区的数字连接。

（7）通过欧盟资助的计划刺激创新的绿色转型,在此过程中,北极地区可以创造出面向未来的就业机会。

（8）通过在线"一站式服务"让更多人了解欧盟可能提供的资助。

（9）通过延伸跨欧洲运输网络走廊改善交通的连通性。

结　论

本《联合通讯》承诺,欧盟将加强参与北极地区及其周边地区的事务,以应对这些地区面临的地缘政治挑战、环境挑战、经济挑战、安全挑战和社会挑战,并与其他各方合作管理这些地区的新机遇。本《联合通讯》以正在进行的工作和新专业知识领域为基础,介绍一系列欧盟在北极地区的行动。欧盟委员会和外交与安全政策联盟高级代表将与欧洲议会、欧盟理事会和其他机构合作实施这些行动,他们注意到了欧洲议会关于北极地区机遇、担忧和安全挑战的报告。考虑到为建设一个安全、繁荣、和平、可持续发展的、符合整个世界利益的地区而需共同承担的责任,欧盟将扩大与北极地区和其他地区所有主要伙伴和利益相关方的合作。

印度北极政策：
建立可持续发展合作伙伴关系①

发布时间：2022 年 12 月
发布者：印度政府

印度的北极参与涉及：

- 加强印度与北极地区的合作；
- 促进极地研究与第三极（喜马拉雅山）研究的协调发展；
- 为增强人类对北极地区的认识作出贡献；
- 加强应对气候变化和环境保护的国际力量；
- 促进印度国内对北极的研究与认识。

一、简介

1. 北极对印度的重要性

通常，北极被认为是北极圈以北的地区，即北纬 66° 34′ 以北的地区，包括以北极点为中心的北冰洋。北极理事会由 8 个北极国家组成。北极人口达 400 万余人，其中大约 1/10 属于原住民。

（1）北冰洋及其周边地区一直都属于焦点区域，是全球科学界及其感兴趣的研究对象，也是政策制定者高度重视的区域。北极影响着地球生态系统的大气循环、海洋循环和生化循环。

（2）北极易受气候变化的影响，表现为海冰消融、冰盖消融、海洋变暖以及大气变暖，从而导致盐度降低、热带地区海陆温差上升、亚热带地区干燥以及高

---

① 本文编译于 "India's Arctic Policy: Building a Partnership for Sustainable Development"。

纬度地区降水增加。

（3）这些变化可能影响每个国家的重要发展领域，如经济安全、水安全、可持续发展、气候状况、季风模式、海岸侵蚀、冰川融化，印度也深受其影响。印度农业严重依赖季风，因为季风季的降水量大约占全年降水量的70%。水稻、豆类及大豆等夏季主要作物几乎占印度粮食产出的50%，其产量均依赖季风季的降水量。季风正常来临，对印度粮食安全和广大农村地区的民生福祉至关重要。北极变化（特别是冰川融化），可能会对印度的国家发展、1 300多个岛屿和海洋地貌的可持续发展以及13亿印度人民的幸福安康造成严重破坏。

（4）新型冠状病毒感染（Covid-19 Pandemic）向人类展示了病原体造成的巨大破坏规模。全球变暖导致永久冻土融化，可能释放潜伏了数千年的病毒和细菌，从而增加未来疫情发生的可能性。

（5）极地研究与喜马拉雅山研究之间存在相辅相成的关系。印度拥有丰富的南极和喜马拉雅山科研经验，有利于促进印度科学界对北极地区的认识。喜马拉雅山有"第三极"之称，拥有除两极之外世界上最大的淡水储备。

（6）北极冰川融化也带来了新的机遇，如能源勘探、矿物开采、食物安全保障以及航运发展。随着北极日渐为人类所开发利用，印度愿意作出贡献，以确保北极资源可持续利用，并与国际最佳实践协调一致。

2. 印度与北极的合作历史

表1　印度的北极研究史

年份	事　　件
1920	在巴黎签署《斯瓦尔巴条约》
2007	首次开展北极科考
2008	建成西马德里科考（Himadri）站，位于斯瓦尔巴群岛的新奥尔松
2014	部署印度北极研究观测台（IndArc），该观测台属于多重传感系泊观测台，位于孔斯峡湾（Kongsfjorden）
2016	建立格鲁韦巴德特实验室（Gruvebadet Laboratory），位于斯瓦尔巴群岛的新奥尔松

（1）1920年2月，印度在巴黎签署《斯瓦尔巴条约》，首次开始接触北极研究。2007年，印度首次开展北极科考，启动一系列生物科学、海洋科学、大气科学以及冰川学等相关的基线测量。2008年，印度西马德里科考站（Himadri）于

2008 年在斯瓦尔巴群岛斯匹次卑尔根岛的国际北极研究基地——新奥尔松落成并启用。

（2）2014 年，印度首次在北极建立多重传感系泊观测台，即印度北极研究观测台，位于孔斯峡湾。2016 年，印度于格鲁韦巴德特建立大气实验室。此为印度建立的最靠北的实验室。该实验室配备专业仪器，可研究云、降水、远程污染物以及其他背景的大气参数。印度研究人员也对北极冰川的质量平衡进行监测，并与喜马拉雅地区的冰川进行比对。以上皆印证了印度研究人员对于北极认知的技术能力以及责任担当。

（3）印度与北极的联系是"印度极地科研"项目的重要构成部分，在该项目下，有关北极、南极以及喜马拉雅山的研究之间相互联系。1981 年，印度首次开展南极科考，启动了印度的极地研究。在过去 40 年里，印度的南极科研呈多方面发展。印度是南极条约体系（Antarctic Treaty System）、南极研究科学委员会、国家南极局局长理事会（Council of Managers of National Antarctic Programs）以及南极海洋生物资源养护委员会成员。

（4）在北极，印度是新奥尔松科学管理委员会（Ny-Alesund Science Managers Committee）、国际北极科学委员会、北极大学联盟以及亚洲极地科学论坛（Asian Forum for Polar Sciences）成员。在所有涉及北极的国际问题及科考中，印度均有着不可或缺的作用。印度决心将本国的北极事务参与能力提升到更高水平。

（5）印度专注于冰冻圈、永冻土以及冰雪等研究，这些研究有利于丰富人类对北极的认识。印度也积极投身于北极海洋、大气、污染以及微生物等研究。目前，印度有超过 25 家研究所和高校参与北极研究。2007 年起，印度研究人员发表了 100 多篇涉及北极问题的同行评议论文。

（6）目前，印度西马德里北极科考站每年人员值守时间将近 180 天。科考站建成以来，已有 300 余名印度研究人员在此工作。2007 年起，印度已组织 13 次北极科考，开展了 23 项科考活动。印度也参与斯瓦尔巴群岛沿海科考航行和其他国际科考活动。因此，近年来印度的北极事务参与度显著提高。

（7）2013 年成为北极理事会观察员以来，印度一直积极参与北极高级官员会议（Senior Arctic Officials Meeting），也为北极理事会 6 个工作组贡献力量。同时，印度还持续参加北极能源峰会（Arctic Energy Summit）、北极国家科学部长级会议（Arctic Science Ministerial Meeting）以及任务组会议（Meetings of Task Forces）。

3. 印度政府与北极

印度国家极地海洋研究中心（National Center for Polar and Ocean Research）隶属于地球科学部（Ministry of Earth Sciences），是协调印度极地研究项目的核心机构,极地研究项目中包含北极研究。印度外交部负责与北极理事会沟通交流。其他部委机构也参与北极事务,未来将更深入地开展北极事务。这些部委机构包括环境、林业与气候变化部（Ministry of Environment, Forests and Climate Change）、科技部（Ministry of Science and Technology）、航天部（Department of Space）、石油天然气部（Ministry of Petroleum and Natural Gas）、港口航运水运部（Ministry of Ports, Shipping and Waterways）、矿业部（Ministry of Mines）、电信部（Department of Telecommunications）、工商部（Ministry of Commerce and Industry）、农业农民福祉部（Ministry of Agriculture and Farmers Welfare）、渔业畜牧乳业部（Ministry of Fisheries, Animal Husbandry and Dairying）、新能源与可再生能源部（Ministry of New and Renewable Energy）、生物技术部（Department of Biotechnology）和科学与工业研究委员会（Council of Scientific and Industrial Research）。

4. 政策支柱

印度的北极政策依赖以下支柱。
（1）科学与研究。
（2）气候与环境保护。
（3）经济与人类发展。
（4）交通与运输。
（5）治理与国际合作。
（6）国家能力建设。

二、科学与研究

1. 科学

几十年来,印度参与与北极、南极和喜马拉雅山相关的科学研究,为发展北极科研事业和增进北极认识作出了巨大贡献。印度将进一步提高科研水平，并与全球科学研究机构建立合作伙伴关系。印度将积极参与全球科研项目、科技政策对话以及政策制定。以下为印度的科学目标。

（1）加强位于斯瓦尔巴群岛新奥尔松的现有的西马德里科考站的建设，加强观测活动，改进仪器多样化，保持人员全年驻扎北极，并增加科考站建设数量。

（2）将印度的北极科研活动并入斯瓦尔巴群岛综合北极地球观测系统（Svalbard Integrated Arctic Earth Observing System and Sustaining Arctic Observation Networks），并加入北极理事会和国际北极科学委员会联合倡导的持续北极观测网（Sustaining Arctic Observation Networks）。

（3）鼓励印度的北极科研与国际北极优先研究事项保持一致，这些研究事项涉及社会经济、政治、人类学、人种学和传统知识。

（4）拥有一艘极地专用的冰级研究船，提高本国制造此类船舶的能力。

（5）印度开展了丰富的极地研究，如大气与海洋科学、冰川学、海洋生态系统研究（包括渔业、地质和地球物理学）、地质工程、极地基础设施、冷生物学、生态学、生物多样性和微生物多样性，利用现有的极地研究专业知识促进北极科研发展。

（6）参与北极空间数据基础设施合作框架（Arctic Spatial Data Infrastructure Cooperative Framework），为北极空间数据基础设施提供数据支持。

（7）在国家层面，设立北极研究机构专用资金，为国际合作和公私联合项目创建融资渠道。

（8）在各个北极论坛下开展与北极国家和其他合作伙伴的双边与多边合作项目。

（9）更加积极地参与北极理事会各工作组和任务组的科学活动，参与合作北极理事会的环极项目。

（10）作为《保护野生动物迁徙物种公约》（"Conservation of Migratory Species of Wild Animals"）的缔约国，印度将与北极国家开展合作研究，保护北极生物多样性，其中包括禽疫病及其传播途径的监测。

（11）扩大与驻扎北极的国际研究机构之间的合作范围，提高多国项目和科学政策活动的参与度。

（12）积极参与国际北极科学委员会、新奥尔松科学管理人员委员会

（Ny-Alesund Science Managers Committee）、斯瓦尔巴群岛综合地球观测系统（Svalbard Integrated Earth Observing System）、北极大学联盟、北极圈大会（Arctic Circle Assembly）、北极前沿大会（Arctic Frontiers）、"北极科学高峰论坛"倡议（Arctic Science Summit Forum Initiatives），鼓励在印度举办与北极相关学术活动。

2. 航天技术

（1）印度的航空研究水平位于世界前列。随着 2020 年航天部门改革的开展，印度航空研究迎来了迅速发展。印度航天研究组织（Indian Space Research Organisation）操控着大量卫星。其中，雷达成像对地观测卫星可用于开展北极地区的研究。此外，印度航天研究组织拥有的光学、高分辨率和高光谱成像能力也可用于协助北极地区的开发。

（2）印度区域导航卫星系统（Regional Navigation Satellite System）已被国际海事组织接受，成为全球无线导航系统（Worldwide Radio Navigation System）的组成部分。印度区域导航卫星系统也可用于协助保障北极海上航行安全。

（3）"NISAR"项目（NASA-ISRO SAR Mission）于 2023 年发射第一颗卫星。该卫星可测量地球不断变化的生态系统、动态表面以及冰的质量。值得一提的是，它可提供有关生物量、自然灾害、海平面上升和地下水的信息。NISAR 数据有助于更好地理解陆地表面变化的原因及后果、气候变化的影响及速度，从而有助于更好地管理包括北极在内的全球自然资源，更好地应对全球自然灾害。

（4）北极的特点是数字化连接程度较低。而印度具备在偏远地区进行有效卫星通信和数字化连接的专业技能，可能会填补上述北极空缺。

以下为印度航天技术目标。

① 将遥感能力扩展到北极，与北极国家合作，共享印度土地和水管理的资源卫星数据；

② 完善北极设施建设，健全服务机制，服务内容涉及电信通讯、海上安全航行、搜索救援、水文测量、气候模拟、环境监测、海洋资源绘测及可持续管理等；

③ 在北极建立卫星地面站，以优化发射至极轨的印度卫星的探测。

三、气候与环境保护

（1）气候变化是一项紧迫的全球性挑战。

印度是《联合国气候变化框架公约》《巴黎协定》以及《生物多样性公约》

和《防止船舶污染国际公约》（"International Convention for the Prevention of Pollution from Ships"）等相关国际条约的缔约国,是目前全球应对气候变化的中坚力量,也是全球有望超额完成《巴黎协定》承诺和目标的少数国家之一。

（2）气候变化是印度在北极开展科学研究的抓手。

研究气候变化对北极的影响可以完善全球其他地区的应对机制。随着北极大气变暖速度加快,印度洋变暖速度随之加快。因此,必须了解这种变暖现象的成因机制,并对其后果做出预测。联合国政府间气候变化专门委员会于 2019 年发布的《海洋和冰冻圈特别报告》（"Special Report on the Ocean and Cryosphere"）详细记录了北极冰川和喜马拉雅冰川之间的联系。

以下为印度在气候变化与环境保护方面的目标。

① 加深印度与北极地区的合作深度,实现联合国可持续发展目标;

② 与合作伙伴携手并进,共同改善地球系统模型,为全球天气与气候预测提供支持;

③ 参与生态系统价值、海洋保护区、传统知识系统研究,以保护北极生物多样性以及微生物多样性;

④ 参与贡献北极环境管理,管理内容涉及人为甲烷释放、永久冻土源甲烷排放、炭黑排放、海洋微塑料、海洋垃圾以及对海洋哺乳动物的不利影响等;参与开展与国际伙伴、相关论坛的合作,如参加北极理事会的短寿命气候污染物专家组（Short-Lived Climate Pollutants Expert Group）;

⑤ 参与北极理事会紧急、预防、准备和反应工作组（Emergency, Prevention, Preparedness and Response Working Group）,为北极环境突发事件、搜索、救援、自然灾害、人为灾害及事故处理贡献力量;

⑥ 参与北极理事会工作组,如保护"北极动植物保护"工作组和"北极海洋环境保护"工作组,促进在知识、基于自然的应对方案以及循环经济方面的沟通交流;

⑦ 督促印度企业在北极地区从事科学和经济活动时采用高环境标准。

四、经济与人类发展

在北极,机遇与挑战并存。北极大量生物资源和非生物资源未经开发,加上运输路线较短,这些都带来了诸多机遇。但是,北极经济活动与日俱增,产生了诸多不利影响,对脆弱的北极生态环境造成了威胁。北极地区的经济活动必须建立在健全有效的机制之上,从而促进基于可持续发展的 3 个支柱(即环境、经济和社会)的负责任商业活动。

印度力图以可持续方式参与北极经济合作,并为北极居民(包括原住民社区)创造价值。北极为印度企业提供了各种不同的北极机会,使印度企业得以参与北极事务,融入国际商业,促进传播当地原住民传统知识,弘扬最佳实践。

1. 能源、矿产与其他资源

(1)印度以联合国可持续发展目标为指导,参与北极地区的经济发展活动。根据联合国可持续发展目标,印度支持北极经济理事会提出的北极可持续商业发展。

(2)北极是地球上未开发碳氢化合物储量最大的地区,其资源尚未勘探。北极矿藏资源储量丰富,包括铜、磷、铌、铂族元素和稀土等。印度能够协助环北极国家进行矿藏勘探,评估资源的全部潜力。由不断增多的人类活动而引发的北极环境和社会影响评估也需要定期开展,印度可以协助开展这类评估。

(3)由于北极地区和亚北极地区位置偏远、人口稀少,可再生能源(水力电能、生物能、风能、太阳能、地热能和海洋能)和微电网对两地发展具有至关重要的作用。从冰岛利用地热能,到加拿大开展"塔兹特维引水式水力发电"项目(TaziTwe Water Diversion Hydroelectric Project),利用可再生能源为北极地区提供能源的前景广阔。

(4)印度积极与环北极国家合作,以加强在北极可持续生物和非生物资源勘探方面的伙伴关系。机遇需要创造,印度要着力开拓潜在的北极勘探合作项目。

以下为印度在能源、矿产与其他资源方面的目标。

① 开拓机会,开展负责任的北极自然资源和矿物勘探;

② 与北极国家、北极理事会观察员和其他经济行为体进行合作,开展互利互惠、可持续的经济合作投资关系;

③ 与北极国家建立数字伙伴关系,促进北极国家的电子商务发展;

④ 争取北极基础设施的投资机会,特别是海上勘探采矿、港口、铁路、信息通信技术(Information Communication Technology)和机场等领域的投资机会;鼓励在上述领域有专长的印度公共和私营实体积极参与投资;

⑤ 鼓励印度各工商组织增加对北极的私人投资,包括通过公私伙伴关系开展投资;鼓励印度公司争取北极经济理事会的成员资格,积极参与5个北极经济理事会负责的资源开发工作组,它们分别是负责任的资源开发、海上运输、连接性、投资和基础设施以及蓝色经济工作组(Responsible Resource Development; Maritime Transportation; Connectivity; Investment and Infrastructure; and Blue Economy);

⑥ 开拓离网可再生能源、生物能源以及清洁技术推广的北极合作机会;

⑦ 在北极冰冻圈地区发展自动防故障种子储存设施。

2. 人类发展

（1）气候变化、经济发展、连接性日渐通畅,导致北极原住民的独特文化和传统生计受到不可逆转的影响,与喜马拉雅民族的社会、生态和经济困境有相似之处。对于应对这些挑战,印度拥有丰富的专业知识,可以发挥独特作用,因此,通过与北极国家合作,可以帮助北极原住民应对这些相似的挑战,从而作出积极的北极贡献。

（2）印度在运用数字化和创新技术建设低成本社会网络方面拥有丰富的经验,该网络可以提供教育、食品供应以及卫生系统等全方位的服务。印度愿意与环北极国家分享此类经验。

（3）印度购买力日益增长,从而提升了国内外消费能力。印度出境旅游人数稳步上升,为全球经济作出了贡献,也促进各地社区的发展。印度支持"北极海洋旅游"项目(Arctic Marine Tourism Project)的最佳实践指南。该指南力图通过负责、安全和环境友好可持续的方式促进北极海洋旅游。

以下为印度在人类发展方面的目标。

① 与北极国家分享原住民社区和其他社区的治理和福祉方面的专业知识;

② 主动投身参与北极可持续旅游业的发展;

③ 印度被誉为"世界药房",可以为北极提供医疗保健服务和技术解决方案(包括远程医疗、机器人技术、纳米技术以及生物技术等);印度将积极探索传统医学体系在北极的合作(包括阿育吠陀医学、锡塔医学以及尤那尼医学在北极的推广等);

④ 开展喜马拉雅冰川地区和北极地区原住民社区之间的文化教育交流。

五、交通与运输

（1）北极地区一旦海冰融化，会促进新航线的开辟，全球贸易可能会因此重塑。交通量正在呈指数级增长，尤其是北方海航道的交通量。到2024年，北极交通量增至8 000万吨。北极航行需要特定的水文和气象数据、通信覆盖、无冰航道季节性测绘、符合冰级标准的船舶和满足《极地规则》、训练有素的极地航运船员。

（2）印度是第三大海员供应国，满足了全球近10％的需求。印度海事人力资源能够为北极航行贡献人力资源，从而满足北极日益增长的航行需求。

（3）印度也具备发达的水文能力，能够协助调查和绘制北极航线。印度是南极水文委员会（Hydrographic Committee on Antarctica）成员，曾与俄罗斯合作共同绘制《国际南极海图》（"International Chart of Antarctic Waters"）。

（4）印度积极参与环境监测研究，评估未来可能通过北极航线的极地冰级船舶的预计排放量。随着人类在北极开展的活动日益增加，评估炭黑、氮氧化物和硫氧化物（Sulphur Oxides）对环境空气质量的影响，能够保护北极的原始环境。

以下为印度在交通与运输方面的目标。

① 参与环境监测管理，收集水文数据和海洋数据，建立海上安全设施（如浮标、船舶报告系统），以及对在北极作业的船舶进行卫星覆盖；

② 在造船领域，与拥有建造适合极地作业的冰级船舶专业知识的合作伙伴开展合作，积极交流符合国际海事组织指南法规的可持续航运技术的实践经验；

③ 提高印度海员在北极航行船舶上的工作机会；

④ 促进国际南北运输走廊（International North-South Transport Corridor）与联合深水系统（Unified Deep-Water System）的贯通，并将其进一步延伸到北极地区。与东西运输（East-West Connectivity）相比，南北运输（North-South Connectivity）的成本可能较低，可以促进北极腹地和土著社区的整体发展。

六、治理与国际合作

（1）北极地区包括具有管辖权的主权国家和国家管辖外的地区，因此，受国内法律、双边协议、全球条约和公约，以及原住民习惯法的共同管辖。

（2）北极理事会是开展北极合作的首要高级别政府间论坛，担负环境保护和可持续发展的双重任务，由成员国、永久参与方和观察员组成。北极理事会下设6个工作组，负责监督资助项目的开展。此外，还有其他针对具体问题的独立论坛，如北欧防务合作组织、北极海岸警卫队论坛和北极离岸监管机构论坛（Arctic Offshore Regulators Forum）。

（3）北极经济理事会是一个促进企业对企业活动的独立论坛。与北极理事会一样，北极经济理事会下设5个工作组，以支持其可持续发展目标，并制定了《北极投资议定书》（"Arctic Investment Protocol"）。

（4）与北极治理相关的其他国际框架性法律包括《联合国海洋法公约》、国际环境条约、石油与天然气责任制度以及国际人权协定。

（5）在区域层面，与北极治理相关的重要协定包括《北极熊保护协定》（"Agreement on the Conservation of Polar Bears"）、《航空与海上搜救合作协定》（"Agreement on Cooperation on Aeronautical and Maritime Search and Rescue"）、《北极海洋石油污染预防与应对协议》（"Agreement on Cooperation on Marine Oil Pollution Preparedness and Response"）、《关于加强北极国际科学合作的协定》（"Agreement on Enhancing International Arctic Scientific Cooperation"）和《斯瓦尔巴条约》。还有一些特定行业的法律文书和制度，如《北冰洋中央海域渔业协定》（"Central Arctic Ocean Fisheries Agreement"）、北极理事会发布的《石油天然气责任指南》（"Oil and Gas Liability Guidelines"）以及《北极投资议定书》。

（6）与北极治理相关的第三层制度则由国家法律和次国家法律构成。其中，一些当地法律促进北极地区国际航运发展，促进良好秩序的形成，如加拿大和俄罗斯借助《联合国海洋法公约》第234条而制定的相关国内法。加拿大、格陵兰（丹麦）、阿拉斯加（美国）以及俄罗斯特有的次国家法律也在执行。此外，北极理事会、巴伦支欧洲北极理事会（Barents Euro-Arctic Council）、北欧理事会等区域组织和区域渔业组织主要通过协商一致来规范北极部分地区的活动。

（7）印度已经通过了所有国际条约，也是与北极相关国际组织的成员国。

以下为印度在治理与国际合作方面的目标。

① 依照国际条约和承诺，促进北极地区的安全稳定；

② 与北极地区所有利益攸关方开展国际合作,发展伙伴关系;

③ 维护国际法,特别是《联合国海洋法公约》,包括维护该公约所保障的权利和自由;

④ 积极参与北极相关的国际气候变化和环境框架性条约;

⑤ 积极参与印度作为成员国参加的北极相关组织,如国际海事组织和国际水文组织(International Hydrographic Organization);

⑥ 进一步了解北极相关的国家和次国家法律;

⑦ 促进与北极国家、专家机构以及各组织的政府间交流和其他交流。

七、国家能力建设

北极机遇日渐增多,印度将通过增强自身实力迎接机遇。从科学和勘探到航海和经济合作,印度的北极参与需有人力、制度和财政基础的支撑,这符合印度自力更生的哲学理念(Aatma Nirbhar Bharat)。

以下为印度在国家能力建设方面的目标。

① 加强建设国家极地与海洋研究中心,让印度其他相关学术机构和科学机构参与北极研究,确定核心研究所,促进各部门机构之间的伙伴关系,从而增强北极相关的科研能力和意识;

② 促进印度各高校在北极相关的地球科学、生物科学、地理科学、气候变化和航天等领域的研究能力;

③ 扩大北极相关的矿产、石油与天然气勘探、蓝色生物经济和旅游等领域的专家队伍;

④ 加强极地／冰区航海的培训机构,培养训练有素的海员,提高北极航行所需的区域特定水文能力和技能;

⑤ 培养本国建造符合冰级标准船舶的能力,并提高相关研究能力;

⑥ 加强印度海上保险、包租(飞机、船等)、仲裁和经纪业务方面的专业人才队伍建设,以便未来在北极地区开展这些业务;

⑦ 加强更广泛的机构能力,以更好地开展北极海事、法律、环境、社会、政策和治理等方面的研究,包括对《联合国海洋法公约》和其他北极地区条约应用的研究。

八、结语与实施

（1）印度在北极拥有科学、环境、经济和战略利益。正因如此，印度几十年来以连贯并多维的方式参与北极地区的相关事务。印度认为，在脆弱地区的任何人类活动都应符合可持续、负责以及透明的原则，并且应该尊重包括《联合国海洋法公约》在内的国际法。

（2）印度的北极政策旨在使本国更好地应对未来。未来人类只有同心同力才能成功应对将要面临的巨大挑战，譬如气候变化。印度有能力，也对于发挥自身作用准备就绪，为全球美好未来贡献自身力量。与北极地区各国和其他国际伙伴建立密切的伙伴关系，能够保障北极地区的可持续发展，促进北极地区的和平稳定，这对实现印度的国家发展计划和优先事项至关重要。这种做法符合印度哲学——世界就是一个家。

（3）为了执行印度北极政策，应制订行动计划，并确定由部际授权的北极政策组组成的治理和审查机制。执行北极政策将依据时间表、活动优先次序和必要资源分配而开展，所有利益攸关方共同参与，包括学术界、研究团体以及工商业人士。

英国对高北地区的防务贡献

发布时间:2022 年 3 月

发布者:英国国防部

来自英国国防部部长的前言

高北地区,包括北极地区,对英国及其国防事务至关重要。其发展会对英国的生态环境、经济状况、资源供给以及国家安全产生影响。英国作为北极圈外距离高北地区最近的邻国,将继续加强与盟友、合作伙伴的合作,确保当地日渐增多的人类活动及资源利用得到安全、可持续、负责任的管理。

北极地区历来不是局势紧张的地区,英国仍希望可以继续维持这种状况。然而,北极海冰融化带来诸多机遇的同时,也带来了诸多挑战:俄罗斯对北极采取日益军事化的方式;中国正在以一系列基础设施建设与能力建设行动支撑其提出的"北极丝绸之路"(Polar Silk Road)倡议,这些建设具有双重用途的可能。随着北极地区的人类活动日渐增多,全球各地的各种威胁因素可能会蔓延于此。

海冰融化导致地区动态变化,对此英国必须合理应对。必要情况下,英国作为北大西洋公约组织主要的欧洲盟国,将捍卫北极盟国利益,参与对抗威胁本国利益、盟国利益以及破坏地区稳定的恶意行径。

这就是英国武装力量今后会与北极盟国和合作伙伴开展更多合作的原因,包括北大西洋公约成员国、双边合作伙伴以及其他诸如远征军联合部队(the Joint Expeditionary Force)的多边组织。英国皇家海军(the Royal Navy),包括专设的北方濒海反应组(Littoral Response Group(North)),将定期与盟国和合作伙伴一同参与高北地区活动，英国陆军将深入开展寒冷气候条件下的训练，皇家空军将在高北地区部署 P-8A 海上巡逻机（P-8A Maritime Patrol Aircraft），持续参与冰岛空中警戒行动（Icelandic Air Policing）。

北极环境独特，为各种行动带来诸多挑战，因此，人类需要采取新的应对和解决方案。英国国防部将基于最近的投资战略（包括应用最新研发的 P-8A 海上巡逻机以及多功能海上监测船、利用空间技术带来的机遇）来应对北极挑战。

本战略阐明了英国国防部将应用北极地区的国防策略。该国防策略支持更广泛的跨政府北极政策框架，并反映了未来数年北极地区的重要程度。

国防部大臣本·华莱士
（The Rt Hon Ben Wallace MP Secretary of State for Defence）

一、高北地区

高北地区，包括北极和北大西洋部分地区，对英国的环境、社会繁荣、能源供给以及安全具有重要影响。高北地区的重要性在英国政府涉及北极地区的政策文件中有所体现：在 2018 年英国北极政策框架《超越冰雪》（"Beyond the Ice"）中定义了高北地区的重要性，又在《竞争时代的全球英国：安全、国防、发展与外交政策综合评估》（"Integrated Review of Security, Defence, Development and Foreign Policy"）中进一步重申。英国国防部担任着实现英国政府目标的重要角色。本战略设立了防务目标，以支撑英国进一步的目标，并阐明了实现目标所采取的方式。未来 10 年，这将为引领英国国防部，并为国防部能力建设决策提供指导。尽管本战略聚焦高北地区，但也指出了高北地区毗邻北大西洋，与英国对其周边地区的利益不可分离，包括北欧地区、波罗的海地区以及世界其他地区。

多年来，北极地区的国际合作非常具有建设性，因此，北极并非局势紧张的地区。虽然不能免受不断加重的地缘政治压力的影响，英国将与与英国拥有共同愿望的国家开展建设性合作，构建一个和平、合作的北极。

北极变暖的速度是世界其他地方的 3 倍。由于气候变化，北极正在发生变化。北极冰层融化加剧，通往亚洲的更短航线将得以开辟，已知的大量未被开发的自然资源储备将更容易开采,旅游业发展以及游客数量也会随之持续增长。尽管这会为北极地区提供诸多经济利益,但也会加剧事故发生(如石油泄漏等环境风险)的可能性。这需要所有北极国家与相关社区开展密切合作,以确保海上安全。

随着北极地区进一步向人类活动开放,北极地区的经济竞争会更加激烈。由于冰盖覆盖,北冰洋一些地区的丰富自然资源目前无法开采,《联合国海洋法公约》明确指出这些资源将由北极五国控制。然而,虽然一些具有争议的领土主张得以和平解决,但北极大陆架的部分海域边界与划界问题还有待解决,特别是与《联合国海洋法公约》第76条相关的外大陆架问题。北极五国发表了《伊卢利萨特宣言》,承诺将基于《联合国海洋法公约》解决海洋问题。因此,目前尚未出现严重的资源竞争问题。

针对未来愈来愈繁忙的海上交通,北极五国制定了超越《联合国海洋法公约》的国内法管理航道。这些国内法既适用于国际海域,也适用于国内海域,从而可能违反《联合国海洋法公约》的相关条款。公海自由、公海通行权、领海和专属经济区的无害通过权、自由航行权以及海峡过境通行权必须得以保障。英国不会接受违反《联合国海洋法公约》的航行条款,也时刻警惕任何做出破坏《联合国海洋法公约》行为的国家,必要情况下,会采取应对措施。

俄罗斯视北极为具有重大战略意义的地区,对其北极海域海冰融化所带来的风险十分敏感。英国认为,俄罗斯作为北极五国之一,在北极具有重要地位,也具有重要权利,故希望俄罗斯能够遵守相关国际法。过去15年,俄罗斯越来越多的北极领土实现军事化,俄罗斯不仅逐渐增加了当地的军事活动,投资军备设施建设,还建立了新的北方联合战略司令部(Northern Joint Strategic Command),在北极圈内重新开放冷战时期的基地,大力投资可应用于北极作战的设备。俄罗斯在北大西洋的核潜艇活动已达到冷战等级。虽然核潜艇活动本身并未违反国际法,但带来了诸多挑战,影响了英国、盟国、合作伙伴以及北极居民的利益。对此,英国必须保持警惕,做好随时应对的准备。

同样,中国也在增加对北极地区的投资,并频繁地开展活动。2013年,中国成为北极理事会观察员国;2018年,中国公布了《中国的北极政策》。如今,中国将"北极丝绸之路"作为"一带一路"倡议的拓展内容。2021年,"一带一路"倡议在其第14个五年计划中再次被提及。中国拟开展一系列北极基础设施和能力建设,包括投资北极国家的港口、海底电缆、核动力破冰船以及承诺加强与北极国家之间的务实合作。这些举措均旨在支撑其"北极丝绸之路"倡议。

北极地区进一步对人类活动开放,增加了发生国防和安全问题的可能性。这些问题不仅来自北极,还会从全球其他国家的竞争和冲突中蔓延至北极。《安全、防务、发展与外交综合审查》("The Integrated Review of Security, Defence, Development and Foreign Policy")预计,未来几年,随着欧洲－大西洋地区和其他地区的国家和非国家行为体之间的竞争加剧,国际环境将更具竞争性和流动性。北极地区存在诸多潜在威胁,其中,全球安全日益恶化是威胁北极地区的最根本因素。北极例外论的时代正走向终章。

二、英国的角色

英国几乎与所有北极国家都有紧密的合作关系,有责任支持盟国和合作伙伴,以维护北极地区的稳定与安全。多年来,英国与其盟国和合作伙伴一直参与北极合作。英国将继续支持北极现有的法律框架及建设性的国际合作。英国会保护,并在适当情况下维护本国的北极权利,反对企图挑战基于规则的国际体系、航行自由以及其他威胁北极稳定的行为。英国作为北大西洋公约组织的主要欧洲盟国(European NATO Ally),已经准备好保卫北极盟友,将对侵略行径做出回应。英国坚决反对恶意破坏北极地区稳定的行为和活动,即对英国利益、北极居民安全以及北极稳定性造成威胁的行为和活动。在北约内部,英国国防部在保护北大西洋水下重要国家基础设施以及保障该海域自由行动的方面发挥着特别作用,特别是在格林兰、冰岛和英国之间的海域。

三、英国政府政策

根据 2018 年英国北极政策框架《超越冰雪》,对高北地区的防务贡献是英国政府在北极要进一步实现的目标。《超越冰雪》强调了英国在北极地区的广泛利益,包括经济利益、在国际科学和环境领域的重要作用以及与北极国家、北极当地社区及北极居民携手合作等。《超越冰雪》也肯定了英国"致力于维护北极地区的稳定与安全"。《安全、防务、发展与外交综合审查》重申了上述主张,保持北极地区高度合作氛围和低压氛围,与合作伙伴携手合作,以安全、可持续和负责任的态度,管理日渐增多的北极人类活动和北极资源。英国政府研究对北极的进一步政策,并于 2022 年发布了最新的北极政策框架。

四、英国对高北地区的防务贡献

2021 年,英国国防指挥文件明确指出:"高北地区以及维护北大西洋安全仍然具有重要地位。"接下来的几年,随着北极地区的人类活动进一步增多,英国国防部保证该文件仍具有保护英国利益的效力。英国将通过以下方式实现这些目标。

为实现英国政府维护北极地区的稳定与安全的目的,英国国防部的目标如下:

- 保护本国国家关键基础设施、其他国家利益以及盟国利益。
- 保障英国在更大范围内的航行自由及其他活动自由。
- 强化基于规则的国际体系,特别是《联合国海洋法公约》。
- 反对恶意破坏稳定的行为。

(1)增强对北极地区、北极变化以及国家和非国家行为体在北极相关活动的理解。

(2)参与地区盟国和伙伴合作,包括北大西洋公约组织、北约北方集团军群以及联合远征军等,尽可能在所有领域内共同参与政策制定、各类活动以及能力建设。

(3)在北极持续保持防御姿态形象,包括在北极开展训练、合作以及各类行动等。

(4)开展可持续、现代化以及与当地相匹配的北极防务能力建设,包括参与研发投资等。

五、英国的态度

1. 增强对北极的理解

全面理解北极地区的环境,是实现和支撑英国在北极自由行动的关键。通过各个专业的地理空间研究中心,英国将与北极盟国以及合作伙伴携手合作,保持加强英国对高北地区环境的理解,这将涉及水下、水上以及空间环境数据的收集、处理、分析、利用及传播等。

英国在提供水文、天文、海洋数据和服务方面位于世界领先地位。英国将进一步发展与北极国家之间牢固的双边防务关系,包括增加北极地理空间数据储量以及有效利用北极地理空间数据等。

由于北极地区国家间经济竞争和紧张局势可能会加剧,英国将持续密切监测评估北极国家和非北极国家的行动。监测评估对象包括俄罗斯,尤其是其军事行动以及任何可能违反诸如《联合国海洋法会议》在内的国际准则和协议的活动。

2. 与盟国和合作伙伴携手合作

为了制定本战略,英国与北极盟国以及合作伙伴进行了磋商。英国国防部将继续为北极盟国和合作伙伴提供支持,通过双边伙伴关系以及多边论坛维护北极地区的稳定与安全。

许多北大西洋公约组织成员国都在北极拥有主权领土。必要情况下,北大西洋公约组织必须捍卫成员国在北极的主权领土。基于北约"三叉戟"联合军事演习（Exercise Trident Juncture）和"寒冷反应"演习（the Cold Response Series of Exercises）的成功开展,英国充分认可 5 个北约盟国的领导力以及专业知识,倡导北大西洋公约组织对高北地区采用更加积极主动的措施。北大西洋公约组织的相关措施应该因应得宜,避免造成紧张局势。但是,必须承认北极的重要性,英国需全方位捍卫北极并威慑不轨行为;必须认识到北极在跨越北大西洋实现增援方面的关键作用。

英国领导的远征军联合部队的 10 个成员国中,有 5 个国家的主权领土位于北极圈内。通过定期沟通、制订共同计划、提高互通性、开展各类活动,远征军联合部队将确保其在高北地区的作战能力,以实现成员国的目标,确保成员国的优先地位。北约北方集团军群（同样是由英国领导的组织）将继续开展重要论坛,分享高北地区防务和安全问题相关的各种信息,并开展相关讨论。

英国继续致力于通过地方性论坛支持北极盟国和合作伙伴,其中包括北极安全部队圆桌会议。英国将充分利用论坛机会,分享环境变化信息,提高北极地区的集体意识,在北极开展有利于消除冲突的活动,寻求深度的北极合作机会。

英国与大部分北极国家都保持着密切关系,为彼此携手合作提供了坚实基础。通过合作,英国可以加强保障高北地区通行和航行自由的国际权利。英国已经与加拿大、美国和挪威就加强北极和高北地区合作达成了协议。英国国防部将加强在北极地区的双边关系,以确立进一步的合作机会。

对于在高北地区的安全稳定发挥重要作用的非北极主要盟国和合作伙伴,英国将与其探索合作机会,包括与荷兰共同发展水陆两栖作战能力以及与法国、德国、日本等国开展航行自由和经济安全等方面的合作。英国将进一步探索与北极国家和非北极国家的合作机会。这包括与俄罗斯开展合作,以此致敬两国之间北极护舰战(the Arctic Convoys)的合作历史,并确保两国依照签署的《海上事件条约》("Incidents at Sea Treaty")开展安全并规范的北极行动。

3. 在北极继续保持防御姿态形象

2020 年,在高北地区,英国与丹麦、挪威和美国在内的主要北极盟国重新开展了例行的海军行动。英国将与北极盟国和合作伙伴一起,定期派遣英国皇家海军奔赴往高北地区,以展现实现高北地区通行和航海自由的决心。就投资新一代反潜护卫舰(AntiSubmarine Warfare Frigates)事宜,英国将与北极盟国(如美国、加拿大、丹麦和挪威)以及非北极盟国(如法国和荷兰)保持深度的互通性。

英国国防指挥文件指出,英国承诺围绕北方濒海反应组建立常设反应部队,这是确保英国在北极持续发挥作用的关键。该部队将建立在英国突击队(Commando Forces)山地作战和寒冷天气作战专业技能的基础上,组成和建成可以优化高北地区作战能力的专业突击队、舰船及直升机。北方濒海反应组具备随时合作、行动和作战的能力,将在高北地区与北大西洋公约组织成员国以及远征军联合部队北极合作伙伴并肩作战。

台风战斗机演习、空中警务行动以及空中机动和螺旋翼支援防御行动将进一步体现英国在高北地区的防务决心。2019 年,英国派遣台风战斗机参与冰岛空中警戒行动,凸显了英国致力于捍卫格林兰、冰岛和英国之间海域安全的决心和行动。为了进一步维护地区安全,英国可以派遣 RC-135W 侦察机(the RC-135W Rivet Joint Aircraft)继续适时地支持冰岛空中警戒行动,其他北约空中警戒力量也会为其提供援助。

英国皇家空军拥有 9 架新型 P-8A 海上巡逻机。英国将寻求机会,定期部署 P-8A 海上巡逻机,与挪威、冰岛及美国在内的盟国一同参与当地军事演习。

在 P-8A 海上巡逻机派遣问题上与盟国携手合作,有利于提升英国对高北地区的局势感知力。英国与丹麦、芬兰、挪威以及美国携手合作部署 F35 雷电 II 隐形战斗机（F35 Lightning II）,有利于为盟国和当地合作伙伴进一步提供增强互通性的机会。

六、能力发展

就发展突击队以及加强联合直升机司令部的寒冷天气作战能力,英国将加强与部署于挪威的挪威和美国相关部门之间的互通性,这体现了以高北地区为核心的重要合作伙伴关系。各国之间曾就一个耗时 10 年、以培养和发展北极环境能力并支持挪威应对危机的计划（Project HEIMDALL）开展过合作,过去的合作为现在的合作奠定了坚实的基础。英国皇家海军陆战队与荷兰相关部门合作,可能将参战部队数量扩大至 4 支。除了挪威的寒冷天气作战训练,英国将依约定期在加拿大、芬兰和美国开展寒冷天气作战训练。英国国防部将对如何增强寒冷天气作战能力进行研究,从而确保英国可以开发并维护可用于北极作战的装备,开展相关北极活动,提供环境支持及基础设施建设。

基于地理位置、季节和威胁程度,英国皇家海军能够在高北地区运用各种资源部署军力,包括发挥濒海能力。英国国防指挥文件宣布了对新一代反潜护卫舰和支援舰以及北极航行进行重大投资,这有助于将英国军队派遣至高北地区,也能确保英国在北大西洋的行动自由。此外,英国将保持在北极冰下作业的能力。英国皇家海军正在大力投资适用于各种环境下的军事数据收集能力,以加深对高北地区水下环境的了解,为英国水下关键的国家基础设施提供保护,并提高英国在高北地区探测威胁的能力。为了实现上述目标,需要应用破冰巡逻专用船"HMS Protector"号以及 2021 年英国国防指挥文件中宣布的新型多功能海洋监测能力。

英国陆军已经加大寒冷天气作战训练的力度,这在加强爱沙尼亚前线部署（Forward Presence Deployment in Estonia）的行动中已有所体现。在爱沙尼亚,英国陆军与爱沙尼亚国防军共同测试和完善了军队寒冷气候理论。基于英国皇家海军与联合直升机司令部的专业技能,英国陆军与远征军联合部队伙伴共同参与了军事演习,远征军联合部队伙伴包括芬兰、挪威以及瑞典。这样的军事演习增强了英国陆军的寒冷天气作战能力。

英国皇家空军具备在高北地区快速部署和作战的能力。英国皇家空军配备 P-8A 海上巡逻机和雷电 II 隐形战斗机,包括"伊丽莎白女王"号航空母舰(HMS Queen Elizabeth)和"威尔士亲王"号航空母舰(HMS Prince of Wales),有利于保障英国在高北地区的作战能力。英国订购了 3 架 E7 楔尾预警机(E7 Wedgetail Aircraft)和 1 架 2024 年投入使用的"守护者"RGMK1 型无人机(the Protector RGMk1)。这些行动将在未来为英国带来新的机遇,也将进一步增强英国的能力,促进英国对高北地区的局势感知力。

不论是现在还是将来,空间技术和英国工业实力会提供诸多机遇。英国国防部将利用这些机遇满足情报、检查和侦查的需要,并在适当情况下,寻求与业界以及国际伙伴的合作机会。下一个 10 年,英国将充分利用 14 亿英镑的国防空间投资组合来满足国家要求,包括对高北地区的要求。其中,有 9.7 亿英镑的额外投资与之特别相关:该投资将应用于先进太空情报、检查和侦查,这有助于培养快速响应太空发射能力(Responsive Space Launch Capability)的潜力,使英国和英属海外领土发射成为可能。

不论是现在还是将来,英国将保证其在科学技术上的投资有助于提高良好的寒冷天气作战能力。在国防研发领域,英国额外投资 66 亿英镑,这使英国能继续投资对流层散射通信技术(Mobile Troposcatter Technology)的研发。该技术属于目前正在开发的一系列通信技术。对流层散射通信技术通过利用地球大气层,能够保障安全的高带宽远程通信,能够应用于卫星通信无法使用却需要远距离通信的环境当中,如在高北地区作战就需要这样的技术。

英国国防部将寻求与非政府伙伴建立更紧密的合作,如英国科研界;同时,会跟进可能有利于未来北极能力建设的外部科技创新,包括电力、新型材料、无人系统以及新型物流解决方案等。英国确信,寒冷天气作战需求将推动科技和能力规划,这将保障未来英国设备以及相关人员能够在高北地区正常运作。

概　要

英国国防部切实认识到,高北地区对英国国防安全的重要性日益凸显,认识到高北地区所代表的各种机遇，认识到环境变化导致的日渐激烈的竞争。英国决定发挥政府引导作用，力所能及地与各盟国、合作伙伴及北极当地社区携手合作，实现英国的目标。本战略表明了英国的承诺，其有效期预计为10年，英国将定期对其开展评估审查。